PATERNIDADE
E SAÚDE MENTAL
Parentalidade, Psiquismo e Transformações

Arianne Angelelli

PATERNIDADE E SAÚDE MENTAL

Parentalidade, Psiquismo e Transformações

manole
editora

Produção editorial: Departamento Editorial da Editora Manole
Projeto gráfico: Departamento Editorial da Editora Manole
Diagramação: Deborah Takaishi
Ilustrações: Formato Editoração e Luiz Torreão
Capa: Ricardo Yoshiaki Nitta Rodrigues

CIP-BRASIL. CATALOGAÇÃO NA PUBLICAÇÃO
SINDICATO NACIONAL DOS EDITORES DE LIVROS, RJ

A589p

Angelelli, Arianne
Paternidade e saúde mental : parentalidade, psiquismo e transformações / Arianne Angelelli. - 1. ed. - Barueri [SP] : Manole, 2025.

ISBN 9788520466681

1. Paternidade. 2. Saúde mental. I. Título.

25-100388.0 CDD: 306.8742
CDU: 159.964.2

Gabriela Faray Ferreira Lopes - Bibliotecária - CRB-7/6643

Edição – 2025

Editora Manole Ltda.
Alameda Rio Negro, 967 – cj. 717 – Alphaville
06454-000 – Barueri – SP – Brasil
Fone: (11) 4196-6000
www.manole.com.br | https://atendimento.manole.com.br/

Impresso no Brasil
Printed in Brazil

Dedico este livro ao meu pai, Valdosul; ao meu esposo, Cleyton; e a todos os pacientes que generosamente compartilharam comigo a experiência da paternidade.

No final, precisamos começar a amar,
para não adoccer.
S. Freud

Sobre a autora

Arianne Angelelli

Psiquiatra especialista em psiquiatria infantil e da adolescência pela Associação Brasileira de Psiquiatria. Mestre em psicologia clínica pela Pontifícia Universidade Católica de São Paulo (PUC-SP). Psicanalista, vice-presidente do Núcleo de Saúde Mental da Sociedade Paulista de Pediatria. Colaboradora do ProMulher: Ambulatório de Saúde Mental da Mulher do Instituto de Psiquiatria do Hospital das Clínicas da Faculdade de Medicina da Universidade de São Paulo (HC-FMUSP). Membro da International Marcé Society.

Prefácio 1

Minha primeira frase deste prefácio é um agradecimento: há muito tempo uma leitura sobre paternidade não me captura como o texto de Arianne. O convite para prefaciar este livro foi imediato, por admirá-la como pensadora e cuidadora, mas ainda não tinha me colocado diante de sua palavra escrita. Ao escrever esta frase, estou sorrindo, em consonância com inúmeros momentos em que li tomando notas, feliz que estava ao sentir-me em posição de aprendiz. O estilo de Arianne é uma liga concisa entre a teoria, a clínica, a arte e o gosto pela carpintaria do bem-dizer. Ela vai complexificando sem jamais complicar alguns fenômenos culturais que têm sido comentados com simplificação narrativa no mundo das redes sociais. Nesse sentido, em muitos momentos, o texto vai levar o leitor a reconsiderar ideias que se apresentam para nós com notável estreitamento perceptivo e que, portanto, merecem voltar a existir com muitas camadas, como são mesmo as identidades humanas.

Não me parece um livro denso, porque a palavra é usada como laço entre a cultura e os fenômenos que capturam o interesse da autora. Tornar-se pai é uma proposta de metamorfose que não se encerra nem se resolve com receitas fáceis de positividade tóxica, por isso, o livro não pesa nem alivia nada; é como a própria vida, uma travessia que sobretudo não merece ser solitária. Arianne se posiciona como uma companhia para uma jornada de desconstrução, aprendizagem e reposicionamento identitário de quem abraça a paternidade como uma de suas identidades vivas. É assim a paternidade: um papel que pode pesar mais do que se supunha, porque nós homens somos ensinados culturalmente a um desvio do letramento emocional e relacional mais básico. No entanto, podemos fazer um reencontro com nossa dignidade através de um esforço de sustentar, sem desistir, a vida que nos pede passagem.

É uma obra que rejeita binarismos, como a crença em uma masculinidade ou feminilidade puras. Aqui, prefere-se a ambivalência, a imperfeição como processo e linha de chegada, a falta como constituição e jamais como desculpa para não agir. Na paternidade não há atalhos, e tornar-se pai não é efeito colateral de um parto, mas uma passagem humana, social e simbólica. Abundam cenas de pais instagramáveis quando escorremos o dedo pelo feed, mas a realidade nos devolve números alarmantes de ausência. Afinal, tudo o que é vitrine também é produto da sociedade da performance, descrita por Byung-Chul Han: um pai exposto, mas esgotado; presente na imagem, mas esvaziado na substância. Esse contraste entre vitrine e silêncio revela a esquiva, ativa ou passiva, de homens que não conseguem sustentar a travessia. Homens que dizem "não" de imediato ou que até dizem "sim", mas soltam a criança no meio da correnteza. Tudo isso é nomeado neste livro, com coragem clínica e sensibilidade social.

Uma das palavras que Arianne mais reitera em seu texto é ternura. Essa palavra aparece várias vezes para nomear uma das características de um estilo paterno responsável, afetivo e conectado às necessidades do filho e, em uma parentalidade heteroafetiva, da mãe que costuma balançar o berço, a logística e a vida com o bebê, criança ou adolescente de forma bastante solitária. Não me parece aleatória a escolha dessa palavra, porque é a metonímia de todo o livro. É um livro escrito com ternura e entregue com ternura ao mundo, porque antes de classificar, julgar ou apenas expressar problematizações, ele cuida. São muito raros em nossa cultura literária de não ficção os livros que realmente cuidam, sem que resvalem para a autoajuda barata. Eu me senti cuidado em muitos momentos. Voltei a inúmeras cenas vividas na condição de pai ou na de filho. As páginas têm textos capazes de embalar nossas memórias com um cuidado que nos ampara sem superproteger, o que é capaz inclusive de levar-nos até sombras mais abissais e escondidas de nossos ideais, como quando visitei minhas invejas, ciúmes, medos, inseguranças e ressentimentos. Enquanto lia, não me senti convidado a abandonar o livro de forma defensiva; pelo contrário. O vínculo com ele se aprofundava a cada experiência reflexiva, ainda que no corpo houvesse algum desconforto, porque afinal mudar é movimento que faz vibrar tudo que a pele guarda, na cadência imperfeita que une um tremor a um suspiro. A imagem-guia é potente: ninguém se faz pai sozinho. Ser pai é carregar e ser carregado, suportar o peso e buscar ombros para si. É caminhar entre forças culturais que ora autorizam, ora interditam, idealizam e invisibilizam a presença paterna. É assim, acreditando em uma paternidade reinventada nesses caminhos paradoxais, que Arianne nos entrega uma obra rara que não é apenas uma investigação clínica nem um compilado bibliográfico asséptico. Desejo que "Paternidade e Saúde Mental" passe a ser conhecido entre nós como um inesquecível gesto de amor político.

Alexandre Coimbra Amaral
Psicólogo, escritor e *podcaster.*

Prefácio 2

Na minha primeira madrugada como pai, ainda no hospital, a bebê nos meus braços era leve, mas minha responsabilidade pesada. Ao homem cabe fazer-se cuidador de uma hora para outra, enquanto seu bebê chora desesperadamente. Estava com as pernas bambas e frio na barriga quando pedi ajuda a uma enfermeira que, providencialmente, respondeu: "Papai, agora é com você". Horas depois, quando finalmente minha pequena adormeceu nos meus braços, lembro que o frio na barriga foi substituído por um peito aquecido. Eu estava me tornando um cuidador.

Como pai de duas meninas e produtor de conteúdo sobre paternidade, li o trabalho de Arianne Angelelli com gratidão. Existe algo transformador acontecendo no Brasil e no mundo. Cada vez mais pais estão dispostos a participar atenta e amorosamente da criação de seus filhos.

Arianne desmonta a crença de que o amor materno é "natural" e o paterno, impossível. A ciência sustenta que a parentalidade remodela o corpo e o cérebro de quem cuida — inclusive do pai. Há evidências de queda de testosterona na transição para a paternidade e de aumento de circuitos de cuidado modulados por ocitocina quando o pai se envolve ativamente com o bebê. Em outras palavras, o vínculo não vem pronto; ele se constrói no fazer, no toque, no olhar ritmado com o recém-nascido.

A "esquiva paterna" é percebida nos círculos de convívio com grupos de homens: medo da vulnerabilidade, ideal de autossuficiência, defesa pelo silêncio. A literatura também aponta que a adesão rígida às normas de masculinidade reduz a procura por ajuda e piora os desfechos de saúde mental. Some a isso as estruturas sociais que ainda colocam o cuidado como "território feminino" e as políticas insuficientes de licença para o pai, e o resultado é previsível: ele hesita, adia, terceiriza. O livro enfrenta esse nó sem moralismo, propondo um caminho concreto de entrada do pai no cuidado cotidiano.

A metáfora de São Cristóvão é poderosa: o peso do filho cresce depois, nos braços. Na linguagem da psicanálise, esse peso é também a função paterna — oferecer limites, apresentar o mundo, ajudar na passagem da díade ao laço triangular — sempre com tato, como lembram Winnicott e Ferenczi. Quando o pai se implica de verdade, não é só o bebê que ganha; a mãe também. Revisões mostram associação entre envolvimento paterno e melhores desfechos cognitivos e socioemocionais da criança, e na prática vemos alívio real da sobrecarga materna quando o cuidado é repartido com presença, não apenas com provisão.

Arianne também mira onde mais precisamos de luz: a saúde mental paterna. A prevalência de depressão no período perinatal masculino gira em torno de 10% e atinge pico entre 3 e 6 meses pós-parto — um número que muda vidas quando reconhecido a tempo. Há estratégias que vejo funcionar: engajamento desde o pré-natal, rodas de homens para nomear angústias, protocolos de cuidado que incluem o pai e políticas públicas que autorizem sua presença. A neurociência confirma que cérebros de cuidadores primários — mães, pais e casais homoafetivos — convergem em redes de empatia e mentalização quando o cuidado é assumido. Este livro é, no fim, um convite sereno e firme: atravessar o rio com o filho nos ombros não nos afunda; nos transforma.

Marcos Piangers
Pai da Anita e da Aurora.

Prefácio 3

Não é fácil tornar-se pai!

Arianne Angelelli, além de psiquiatra psicodinâmica, é uma escritora. Ela facilita a compreensão do relato acadêmico e expõe teorias psicanalíticas a partir das situações cotidianas de casais que acolheu. Este livro traz uma leitura saborosa que envolve o leitor desde o começo com a história do forte, grande e cuidadoso São Cristóvão, seu sincretismo com Xangô e suas simbologias, principalmente sobre o "peso" da paternidade.

Este livro, que surgiu não só de uma pesquisa sobre parentalidade, mas de algumas décadas de escuta clínica, esclarece o papel do pai, focando na sua saúde mental, nas suas peculiaridades e nas repercussões sobre o homem, além da importância do pai para a mulher e os filhos. É um livro necessário para todos os profissionais de saúde perinatal, que discute o paradoxo dos movimentos crescentes que descobriram a paternidade "ativa" versus a ausência do nome do pai em dezenas de milhares de registros de nascimento a cada ano.

A crise na estrutura patriarcal e nos modelos de cuidado, em face da ausência da família ampliada que compunha a rede de apoio, levam diretamente ao adoecimento psíquico masculino quando este se torna pai sem suporte. Isso pode resultar no início de uma rota de fuga, de negação: a esquiva paterna ou a violência doméstica.

Arianne, mestre em psicologia, acende uma luz sobre essas questões. Com uma lente de aumento, ela revela a complexidade das relações familiares, sociais, culturais e psíquicas envolvidas nessa adoção paterna, porque todo filho, mesmo biológico, precisa ser adotado.

Nota o despreparo dos profissionais de saúde que centram sua atenção exclusivamente na puérpera/lactante e no recém-nascido/lactente, enquanto o novo pai não é visto, ouvido ou convocado.

Esse universo vai além das histórias parentais e se confronta com políticas públicas insuficientes: com apenas 5 dias corridos de licença-paternidade (isso quando o trabalhador não é autônomo ou precarizado), não há tempo para criação de vínculos, de presença, de dispensar os cuidados necessários ao binômio mãe-bebê.

O respeito e atenção das múltiplas maternidadeS e paternidadeS, que na contemporaneidade se tornam mais visíveis e lutam por direitos, também são abordados.

Décio Noronha, obstetra, afirma que quando assistimos a um parto, presenciamos quatro nascimentos: nasce uma criança, uma mãe, um pai e uma família. E é importante que não deixemos de lado a assistência ao desenvolvimento desses novos papéis psicossociais que surgiram.

> No silêncio dos berços e nas ausências que ecoam,
> o livro revela o pai — presença essencial, muitas vezes preterida.
> Entre alegrias e abismos, fala-se da dor que cala,
> da depressão que veste o silêncio masculino.
> A esquiva paterna, ativa ou sutil, fere laços que não nascem.
> Mas há também ternura, reinvenção, cuidado que aprende.
> Pais de sangue, de escolha, de afeto — todos cabem.
> A paternidade é travessia: amadurecer, adoecer, renascer.
> É abraço que sustenta, mesmo com medo.
> É tempo de romper mitos, dividir pesos, curar feridas.
> Para que o pai, enfim, encontre seu lugar no começo da vida."

Marcus Renato de Carvalho
Pediatra. Docente da Faculdade de Medicina da UFRJ e coordenador da Campanha de Valorização do Cuidado Paterno desde 2003. Pai da Clara e da Sophie.

Sumário

Introdução: do paterno ao pai terno .... **XIV**
O lugar do pai XVII

Capítulo 1 – Psiquismo paterno **1**
Importância de pensar sobre o psiquismo 1
De onde vem o desejo de filho? 6
O pai como um dos vértices de um triângulo 20
Emoções do pai 39
Couvade paterna 86
Masculino e feminino 105

Capítulo 2 – Adoecimentos paternos **125**
Transtorno ou mal-estar? 125
Depressão pós-parto paterna 131
Transtornos de ansiedade 155

Anexo I: aspectos cognitivos e biológicos da ansiedade 175
Violências paternas 177

Anexo II: trauma e desmentido: as violências ambientais e suas consequências para o sujeito 208

Capítulo 3 – Novas paternidades **213**
Parentalidade homoafetiva 218
Conclusão 225

Agradecimentos **234**

Posfácio **235**

Referências bibliográficas **236**

Índice remissivo **243**

Introdução: do paterno ao pai terno

Conta a lenda que, na região da Turquia, há muitos séculos, viveu um homem chamado Réprobo. Ele era muito forte, alto e de coração simples. Desde moço, esse homem vivia perambulando em busca do senhor mais poderoso de todos, a quem desejava servir como soldado. Em sua busca, chegou a trabalhar para um rei cruel e destemido. Mas, quando descobriu que o rei temia o demônio, saiu em busca de alguém que não temesse a ninguém, nem mesmo ao mal. E assim ele partiu novamente. Em suas andanças, o homem conheceu um eremita, o qual lhe falou sobre Deus. O eremita sugeriu ao jovem que usasse sua enorme força e altura para ajudar as pessoas. Réprobo passou, então, a viver à beira de um rio, auxiliando aqueles que precisavam passar de uma margem para outra.

Um dia, apareceu-lhe um menino, que pediu a sua ajuda. O menino queria que o homem o carregasse em seus ombros para atravessar as águas. Réprobo, então, pegou a criança e começou a travessia. Porém, à medida que cruzavam o rio caudaloso, o peso do menino aumentou enormemente, de modo que a dupla quase foi levada pela correnteza. Ao chegar à outra margem, depois de muito esforço, o homem disse ao menino que sentiu que estava carregando o peso do mundo em suas costas. E o menino lhe disse que sim, pois, de fato, o homem carregara aquele que havia criado o mundo. A partir de então, Réprobo passou a se chamar Cristóvão, que significa "aquele que carrega o Cristo".

Figura 1 VAN EYCK, Jan. São Cristóvão. c. 1460–1470. Óleo sobre painel, 29,5 cm × 21,1 cm. Philadelphia Museum of Art, Filadélfia, EUA.

Fonte: disponível em: www.bbc.com/portuguese/articles/cv2j3429wq4o.

A respeito da simbologia do mito de Cristóvão, é possível que o leitor, mesmo que nunca tenha ouvido falar dessa história, já tenha encontrado representações deste homem em amuletos e "santinhos", os quais podem ser vistos nas cabines dos caminhões ou retrovisores de táxis (embora esse costume esteja se perdendo hoje em dia). Isso porque Cristóvão é considerado o santo padroeiro das travessias e viagens. Para os caminhoneiros do Brasil, é um personagem querido, que invoca a proteção para os perigos das estradas. Sua figura também é popular na Europa, cuja devoção ao santo data do século XIV. Naquela época, durante a epidemia de peste negra, Cristóvão se tornou uma figura notória, uma espécie de amuleto para quem se deslocava pela região, temendo se contaminar pela doença. Como Santa Bárbara ou São Jorge, o santo foi então enquadrado no seleto grupo dos catorze "santos auxiliares", uma espécie de "liga da justiça" dos heróis católicos, cuja proteção é invocada pelos fiéis em situação de necessidade.

Em sua origem, a história de Cristóvão é ainda mais antiga. Surge como uma lenda do início da época medieval, a partir da mescla de mitos pagãos e fatos possivelmente verdadeiros, como era comum naqueles tempos. As características físicas derivam dos fragmentos de uma antiga lenda persa, a história do gigante que desejava servir ao senhor mais forte do mundo. Mas a evidência de que Cristóvão existiu procede dos registros de seu martírio e morte, sob o reinado de Décio, imperador romano do século III d.C.[1]

Historicamente, sabemos que, por volta do ano de 250, sob o comando de Décio, o império romano enfrentava uma crise, atacado pelos bárbaros em suas fronteiras. Como estratégia para fortalecer o governo, o imperador adotou uma política de "tolerância zero" a qualquer dissidência, o que resultou na morte de muitos membros do cristianismo. O martírio dos primeiros cristãos deu origem às lendas dos santos antigos, contadas de boca em boca através dos séculos, até serem compiladas pelas hagiografias medievais. Assim, Cristóvão, que teria nascido em Canaã (hoje Israel), foi um guerreiro que se converteu à Igreja, cuja morte se deu na Anatólia (região da Turquia). Ali, havia uma comunidade cristã em ascensão.[1,2]

Essa figura, portanto, tem muita história. Sua simbologia transcende a ideia das viagens e travessias e, aqui no Brasil, também foi associada a Xangô, orixá do fogo e da justiça do nosso candomblé.[2] É possível que a semelhança entre Xangô, Deus da justiça, e São Cristóvão tenha origem na força e proteção. Xangô teve um papel importante no imaginário dos homens e mulheres escravizados que vieram da África para o Brasil. O orixá do fogo e do trovão, ainda hoje, simboliza a firmeza, o equilíbrio, a luta contra a injustiça.

Outro ponto em comum, na iconografia dessas duas figuras, é o homem que segura nas mãos um atributo fálico. Cristóvão tem um cajado e Xangô, um machado, ambos representantes da força masculina. O bastão de Cristóvão é também o instrumento que auxilia a passagem pelo rio, representando o caminhar com segurança diante da adversidade, além de simbolizar a fertilidade. É através do bastão que Cristóvão realiza seu primeiro milagre, quando termina sua travessia e é apresentado a Deus na forma de menino. Ao apoiar seu cajado no chão, nascem flores a partir da terra, representando assim a generatividade masculina e o milagre da fecundação.

Embora este seja um aspecto menos comentado, o santo protetor dos viajantes já foi associado à paternidade.[3] Representado como um homem que se apoia em seu cajado e leva a criança nos ombros, Cristóvão pode ser visto como um representante de Deus cuidando dos filhos. Além disso, por transportar os filhos no colo, por meio das dificuldades, sua figura representa a travessia masculina. O pai, diferente da mãe, não carrega a criança no ventre. Mas, se no início da vida, é a mãe quem gera e amamenta, o peso da paternidade se faz notar depois. É quando o filho faz uma demanda ao pai, pedindo sua ajuda para poder sair do colo da mãe e descobrir o mundo. Esse sentido da paternidade, facilitando a travessia da criança, encontra figurabilidade na imagem de Cristóvão erguendo o menino. E o elemento do peso, que fica cada vez maior, representa a função e a missão desse pai, a importância de que tenha força para realizar a travessia com o filho.

Da mesma maneira, a ideia da resistência diante da adversidade lembra a invocação de Xangô pelo povo que aqui chegou, escravizado, depois de uma longa viagem para este país sem hospitalidade. O sincretismo entre essas figuras se apoia no mesmo princípio: a necessidade de proteção, por parte dos que o invocam, para a travessia difícil. Além disso, a iconografia de São Cristóvão, em particular, reúne a imagem do masculino – representado pela força e pelo cajado – e do cuidado. Cristóvão continua sendo terno e cuidadoso, sem precisar se caracterizar, imaginariamente, por meio de atributos considerados femininos. Alto, forte e benevolente, ele cumpre sua missão de guiar e proteger a criança. É como um pai.

Afinal, o ser humano não está pronto assim que nasce: ele precisa de muitos ombros e braços para trilhar o seu caminho de amadurecimento.

Este livro fala da importância do pai na travessia do filho, que inclui compreendermos o sentido de carregar alguém sobre os ombros, o peso dessa responsabilidade, e a necessidade de que os pais também encontrem proteção no seu ambiente, para realizarem a sua missão.

O LUGAR DO PAI

Este livro nasceu de uma pesquisa na área da parentalidade, a partir da constatação da importância do pai no início da vida. Em comparação ao que já se escreveu sobre a maternidade, existem menos estudos sobre o processo de se tornar pai. Isso despertou minha curiosidade sobre o tema. Passei a acompanhar publicações que têm demonstrado um interesse crescente sobre o assunto, enquanto o termo "depressão pós-parto paterna" vem se tornando mais conhecido. E pesquisas importantes, que outrora focavam a questão materna, agora entrevistam também os pais, para saber como anda a sua saúde mental.[4]

Da mesma forma, o movimento de "descoberta" do pai está nas mídias. A paternidade passa a ser compreendida como um tema relevante para a subjetividade do homem, assunto de conversas entre comunicadores e escritores.[5,6] Eles descrevem sua experiência com os filhos, falam sobre as vantagens da paternidade responsável e trazem "a causa do pai" para o campo do cuidado. Nessa perspectiva, este livro acompanha tal tendência. Seu foco é a entrada na parentalidade sob o ponto de vista do pai, sua relação com a saúde mental masculina e os aspectos psicológicos deste processo. Além disso, as questões contemporâneas que influenciam a experiência paterna também são discutidas nestas páginas.

Nos dias atuais, o modelo patriarcal de família vem sendo profundamente questionado, o que transformou a paternidade e os ideais que norteiam o comportamento masculino. A crise do modelo patriarcal em muitos lugares do mundo não significa, porém, que ele tenha sido superado ou substituído completamente. Nesse sentido, encontramos dois fenômenos aparentemente opostos entre os homens. Um deles é o surgimento do "novo pai". O outro, a ausência paterna em muitas famílias.[7,8] Cada um desses fenômenos repercute na clínica de forma diferente, mas existe uma relação entre eles. De certa forma, a valorização da ternura surge para trazer um novo sentido à paternidade, por meio da figura do pai amoroso e presente, uma referência que se difunde em várias culturas e camadas sociais.[5] Porém, este pai da ternura também pode ser objeto de uma idealização.

Assim, quando contei a alguns amigos que ia escrever sobre este tema, ouvi me dizerem: "Que legal! Você vai falar sobre os pais "modernos", os pais que participam muito mais?" Mas eu respondi a alguns deles que talvez se decepcionassem com o que tenho a dizer. A exaltação da figura do bom pai, como um ideal a ser perseguido pelos homens, também tem suas contradições. Essa figura surgiu quando o imaginário social deixou de valorizar aquele pai imponente, autoritário e distante do passado. O novo pai, que é o pai do cuidado, já não se contenta em ser apenas o provedor.[5] Hoje o pai está "na vitrine", postando alegremente nas redes as suas fotos com o bebê, mas também sendo cobrado pela participação em casa. Surgem conflitos, pois o cuidado parental igualitário é uma mudança difícil de ser colocada em prática. E os resquícios do modelo patriarcal permanecem de forma mais ou menos consciente, tanto para as mães como para os pais, que se sentem sobrecarregados e cansados diante das demandas da contemporaneidade.

Isso ocorre porque, quando as cartas na família se embaralham e trazem o pai para mais perto, tais mudanças não acontecem sozinhas. Elas ocorrem de forma concomitante à crise no campo do cuidado que caracteriza a sociedade atual.[9] Por isso, o pai idealizado, como a mãe idealizada, tornam-se "amuletos" para aplacar a angústia de ser pai ou mãe hoje em dia, na falta de modelos e boas condições para o cuidado *em geral*. São idealizações que só podem mesmo encontrar lugar numa sociedade como a nossa, individualista ao extremo, que "desmontou" quase completamente o sentimento de tribo e solidariedade tão necessários ao suporte dos cuidadores no começo da vida. Tal fato repercute na clínica e é uma das principais questões levantadas neste livro, ao lado da questão da saúde mental paterna. Por isso, o que se pretende nestas páginas é pensar a paternidade do ponto de vista biopsicossocial. E, assim, os capítulos deste livro foram escritos, começando por uma visão psicológica do processo de se tornar pai, das emoções envolvidas nessa passagem e das transformações subjetivas a ela ligadas. Afinal, apresento ao leitor uma revisão sobre as doenças mentais paternas – os processos mais patológicos ligados a esse momento.

Quando um sujeito se torna pai, a sua maneira de encarar o estresse ligado a essa mudança depende da sua constituição psíquica, da vulnerabilidade individual para o adoecimento e das condições ambientais que podem facilitar ou dificultar essa transição. Levando em conta essa complexidade, a abordagem biopsicossocial ultrapassa a visão biológica dos "sintomas" que o pai apresenta. Ela considera, também, a doença do pai no social, o apagamento do seu lugar. Movida pelas questões clínicas, posso dizer que a pergunta inicial que norteou minha pesquisa foi a relação entre a saúde mental do pai e a sua esquiva, sua resistência em ocupar o seu lugar. Pois, apesar do novo ideal da paternidade, constatei na clínica o fato de que vários homens parecem ter se perdido na trajetória do "paterno" de antigamente para o "pai terno" dos dias atuais. Assistindo ao adoecimento psíquico masculino no período da transição perinatal, também percebi que muitos homens, simplesmente, afastam-se dessa cena. Não são poucos os que recusam as responsabilidades e renúncias ligadas ao seu papel, e tenho chamado esse fenômeno de *esquiva paterna*. No Brasil, são 11 milhões de mães solo;[7] 170 mil crianças registradas sem nome do pai só no ano de 2023.[8] Chegamos, então, a um fato curioso: enquanto as obras escritas por homens que se encantam em aprender a ninar e trocar fraldas estão nas livrarias, os números dos jornais nos trazem outra realidade.

Por isso, quando falamos de "pai", é preciso entender a diferença entre ser genitor – pai biológico – e ser um pai que cuida e se responsabiliza, cada um destes sujeitos tendo um papel e uma importância distintos, para a vida do seu filho. Ao abordar a paternidade e a esquiva paterna, é preciso antes pensar a parentalidade, as diversas "modalidades" de ser pai ou mãe, e compreender que a família tradicional é uma configuração que vem se tornando mais rara. Podemos considerar que o pai biológico, o pai adotivo, o padrasto e o pai que cria o filho são "modalidades" particulares de ser pai. E aquele "padrão-ouro" do nosso imaginário, ou seja, o pai biológico, cuidador e provedor "tradicional", que vive numa união duradoura com a esposa e mãe dos filhos, não é o único jeito de ser pai hoje em dia.

Parentalidade

O termo "parentalidade", em relação aos termos "maternidade" e "paternidade", é uma palavra que busca salientar a natureza psicoafetiva da filiação, tanto do ponto de vista do homem como do ponto de vista da mulher. A ideia enfatiza a rede de significados que vão além do cuidado material ao corpo do bebê e passam por aspectos psíquicos profundos, conscientes e inconscientes. Além disso, o termo busca expressar o vínculo e a transformação que atinge a todos num tal nível que ser pai, ser mãe, ou ser filho significa trazer em si mesmo a marca dessa conexão. Quem atende crianças ouve frequentemente os pequenos dizerem: "eu sou do meu papai e da minha mamãe". Também os pais reconhecem o filho como parte de sua linhagem, como herdeiros de partes de si mesmos (tanto físicas como comportamentais).

Por outro lado, a parentalidade pode ser compreendida em três aspectos, que não coincidem necessariamente, pois nem os genitores, nem a pessoa que gestou a criança, serão necessariamente aqueles que se responsabilizarão por ela perante a sociedade, ou se encarregarão do seu cuidado.

Além do aspecto biológico, sem o qual a vida não pode se perpetuar, o aspecto civil e legal da parentalidade é importante. O registro do nome do pai na certidão de nascimento tem peso na sociedade e se liga a direitos civis, materiais, de herança e de responsabilização. Por isso, a luta dos casais homoparentais pelo direito de registrar os filhos com o nome dos dois pais ou das duas mães, que fez com que as leis mudassem e se flexibilizassem para reconhecer a diversidade das famílias.

Já a dimensão afetiva do cuidado, essa não pode ser forçada nem garantida por lei, pois pertence a uma outra área no campo da parentalidade. Nessa dimensão, o pai que cuida é aquele que, como Cristóvão, decide colocar o menino em seus ombros e enfrentar as turbulências da vida. Ele se responsabiliza pelo bem-estar da criança durante a travessia, no corpo a corpo, no dia a dia. Cristóvão é pai porque quando o menino lhe pede colo, ele diz "sim". A construção da paternidade cuidadora é trabalhosa e leva mais tempo do que é necessário para gerar um bebê, do ponto de vista "biológico" apenas. O pai, além de reconhecer o filho como parte de sua linhagem, estabelece com ele uma conexão que vai além do corpo. E, se a verdadeira transformação experimentada pela mulher que se torna mãe já foi bastante discutida, no caso do pai existem particularidades que ainda estamos tentando compreender melhor.

Senão vejamos: para ela, mesmo quando gesta e amamenta, a mãe só se "entende" nesse lugar depois de percorrer um longo caminho, que começou na infância, quando sonhou em ter um bebê. Na vida adulta, mesmo grávida, a mãe leva tempo para se apropriar dessa condição. E, então, quando o filho nasce, pode ter dificuldade para *assimilar a realidade* de que aquela pequena criança é sua *de fato*. As coisas costumam se passar assim, como se o psiquismo tivesse sempre um *delay* em relação ao que acontece com o corpo![10] Se as coisas acontecem dessa maneira com a mulher, imagine como é para o pai (ou mesmo para a companheira da mãe, ou a mãe adotante de um bebê) que não gerou essa criança de forma "concreta".

Quando é que essas figuras podem acreditar, inteiramente, que aquele bebê que tomam em seus braços realmente lhes "pertence"? Existe, é claro, no caso do pai genitor, uma questão, que está no imaginário masculino desde que o mundo é mundo. Intimamente, o pai sempre se pergunta: "será que este filho é *meu* mesmo?"[11] A suspeita em relação à mulher pode ter base na realidade, é lógico. Porém, em certa medida, tal suspeita pode se ligar a uma fantasia esquecida, originada na meninice do pai, no modo como elaborou sua própria dependência e diferença em relação à mãe. A dificuldade de aceder ao sentimento de ser pai, em certos casos, depende de como o pai "entendeu" o fato de que não poderia ter filhos como sua mãe o teve. Este fato se liga à anatomia masculina, já que o homem cisgênero não pode engravidar. *Em um nível profundo, o pai pode suspeitar de si mesmo, de sua própria capacidade de gerar.* Quem disse que os homens não têm inveja do útero, da amamentação, da capacidade criadora da mulher? A capacidade de gerar a vida é o dom mais desejado, um dom que os homens sempre tentaram controlar de alguma forma.

No final do primeiro capítulo deste livro, teremos a oportunidade de falar sobre a construção da masculinidade e as maneiras como um homem pode lidar com a impossibilidade de ter bebês. Porém, qualquer pessoa, seja ou não progenitora do bebê, tem a sua trajetória a percorrer, para "entrar" na parentalidade, do ponto de vista afetivo e simbólico.[12, 13] Todos nós, em algum nível, *temos de adotar os nossos filhos*! No caso do pai, a trajetória é diferente da mãe. As experiências diferentes são marcadas pela posição do pai, que é mais externo ao filho, por assim dizer, em relação à mulher que gestou. Nem por isso, o homem deixa de fazer um trabalho psíquico para *reconhecer* e *identificar-se* com a criança.

Com relação a este trabalho psíquico, os fenômenos pelos quais o pai passa durante o processo gestacional da parceira também são estudados neste livro. Em diversas culturas e épocas, os homens desenvolveram sintomas físicos semelhantes aos da gravidez e praticaram rituais para o momento do parto e recepção do bebê, que hoje estão mais camuflados, mas continuam sendo identificados em pesquisas.[11] Tais fenômenos podem ser vistos como indicadores do envolvimento masculino na tremenda transformação que representa, para o homem, o fato de tornar-se pai. Sob outro aspecto, o pai poderia estar respondendo, a partir desses rituais, à impossibilidade de gestar. Construindo de forma imaginária a identificação com o bebê e experimentando a feminilidade nesses rituais, ele se apoiaria no social para se adaptar à nova realidade. As fronteiras que separam o masculino e o feminino dependem grandemente da cultura, sendo justamente na parentalidade que essas representações são "balançadas" diante dos processos reprodutivos e da chegada do bebê. Foi um paciente que me disse, na época da chegada da sua primeira filha: "Agora acabou a brincadeira, agora é a hora de separar os meninos dos homens". Considerando-se as mudanças psicológicas pelos quais um sujeito tem de passar para tornar-se pai, o fato de estar "livre" do peso (e prazer) da gravidez e amamentação não podem ser considerados uma verdadeira vantagem.

Esquiva paterna

É por isso que tentar entender a esquiva paterna não é uma tarefa simples. Para pensar a relação entre essa esquiva e o psiquismo do homem é preciso moderar a expectativa de encontrar a "explicação" do problema, como, por exemplo, a "crise do patriarcado", ou a "depressão paterna". Quando o pai se recusa a assumir o seu papel, isso pode se dar por muitas razões. E, se ele diz "não", pode fazê-lo de forma ativa ou passiva, recusando o filho ou se afastando dele aos poucos. Se o pai recusa o filho, ele na verdade é um não-pai, só se faz presente por meio da falta que marca a criança como alguém que não foi desejado ou reconhecido. Já a esquiva passiva é representada pelo homem que diz sim, mas não consegue sustentar essa situação no tempo. Falta-lhe a resiliência de Cristóvão, para "bancar" a travessia da paternidade. Se a lenda do santo é precisa em dizer que o peso do menino aumenta com o tempo, a esquiva passiva é a desistência gradual do lugar paterno, em função das contingências. Pode-se pensar a "correnteza" do rio como uma metáfora para a adversidade econômica, o peso da responsabilidade ou até um quadro de deficiência da criança. Mas, em alguns casos, o pai pode ter dificuldade de achar espaço para construir sua própria ligação com o bebê, diante da "correnteza" do amor exclusivo entre a mãe e seu rebento. Neste caso, a "doença" pode estar no sistema familiar. Sem força para erguer o menino nos ombros, o pequeno se solta do colo do pai na primeira dificuldade, e vai embora com as águas. No caso de separação, o risco de desfiliação aumenta quanto mais precoce o rompimento do casal.[5]

Dentre todas essas possibilidades, em algumas situações o pai pode se afastar por estar deprimido, ser imaturo ou ter dificuldades psicológicas ligadas ao fato de se tornar pai. Ele, então, pode "pular fora do barco" quando as águas da família se tornam turbulentas. São casos em que o cuidado com o pai pode mudar o destino de uma família em dificuldade. A cada dez homens, um relata sintomas depressivos no primeiro ano de vida do bebê, e este número aumenta se a parceira também tem depressão. Em alguns casos, a chegada de um filho pode desencadear a psicose paterna.[11] Porém, o atendimento ao pai não é simples e os estudos deixam margem a dúvidas a respeito dos quadros paternos, cujas características dificultam sua detecção e classificação dentro dos transtornos mentais. Por vezes, o sofrimento que atinge níveis patológicos se confunde com sinais mais gerais de desajustamento. Entre eles, os comportamentos aditivos, as somatizações, problemas de raiva ou descontrole diante do estresse, isolamento e evitação do contato com o filho. Este tipo de sintoma, ligado ao comportamento violento e disruptivo do pai, é chamado de "externalizante" e se relaciona com a construção da masculinidade predominante na cultura. É mesmo no sofrimento que a predisposição masculina para manifestar o desconforto psíquico de forma violenta se demonstra de forma mais contundente. O patriarcado ainda está longe de ser superado em nossa sociedade, e traz para o homem a dificuldade de nomear os sentimentos, lidar com a própria vulnerabilidade e acessar os recursos psíquicos necessários para enfrentar a ambivalência ligada à chegada do filho. No extremo dessa dificuldade, se um pai falha gravemente em desenvolver este sentimento de responsabilidade, temos os casos de abuso físico e sexual intrafamiliar.

Estamos então diante de um outro tipo de esquiva paterna, que pode estar camuflada pelo fato de que o pai abusador, muitas vezes, é provedor, está presente em casa e até registra o filho em cartório. Neste caso, a família enfrenta um outro tipo de desamparo, que não se explica somente pela doença mental paterna. Este desamparo envolve questões ambientais, culturais e transgeracionais. Embora nos casos de abuso o uso problemático de substâncias e os transtornos de personalidade paternos sejam frequentes, isso não resume nem contempla a natureza complexa da questão. A violência é uma doença sistêmica que não pode ser tratada com remédios, representando uma subversão profunda na função primordial do pai em relação ao filho e à mãe, que é a de proteger e cuidar.

Nesse sentido, devo dizer, não sou imparcial. Além de mãe e mulher, tenho acompanhado as consequências da falta da ternura paterna, na clínica perinatal. Pela natureza do meu trabalho, direciono meu olhar para os impedimentos nesse campo. Como "ajudar" os sujeitos que estão passando por dificuldades nessa área? Coloco a palavra ajudar entre aspas porque, na perinatalidade, o desejo de interferir muito pode ser inadequado. Quando deixamos de considerar os desejos reais e as capacidades parentais, em função da imagem da família idealizada e do pai ou mãe que achamos que o paciente "deveria" ser, estamos certamente ferindo a ética do cuidado. Pensar essa ética de forma abrangente significa exatamente cuidar com reserva, respeitando o tempo, o desejo e as possibilidades do outro.[9] Minha "parcialidade", sim, se liga à causa da criança.

Parto do entendimento de que ela precisa ser amparada e protegida, pois a responsabilidade pelas gerações futuras é uma tarefa de toda a sociedade.

A melhor coisa do mundo

Na perinatalidade, pode-se imaginar que a oportunidade de se preparar para a chegada do filho é menor no caso do pai, pois é a mãe gestante quem conta com as mudanças fisiológicas, anatômicas e psicológicas da gravidez durante 40 semanas. O pai, por outro lado, tem que lidar com a inveja e a incapacidade de viver essas mudanças, tornando-se então "invisível" para o corpo social.[14,15] A pressão social, no caso dele, é por desempenho, pois a cobrança por ser provedor aumenta nessa fase. Os pais relatam insegurança, medo e preocupação na fase perinatal, mas são desencorajados a expressar tais sentimentos.[16] Nesse caso, o mesmo ambiente que pressiona e idealiza o "novo pai", também torna os sujeitos contemporâneos de nossa sociedade acelerada cada vez menos aptos para o cuidado. A questão da sexualidade do casal, que se transforma diante da chegada do bebê, coloca também o pai sob estresse. Ele pode se sentir excluído, enciumado ou mesmo acuado. Para ele, esses são sentimentos que não têm um nome, difíceis de identificar, mas que costumam estar presentes assim como a alegria, a ternura e o orgulho por ter um filho.

Assim, o ressentimento e a rivalidade, a ambivalência e a raiva também fazem parte da paternidade "normal". Isso é bem retratado em mitos, histórias e filmes, alguns dos quais poderemos discutir neste livro. Mitos que descrevem batalhas sangrentas entre pais e filhos repetem-se desde a Antiguidade e nos dão uma "pista" sobre esse lado mais sombrio do processo de se tornar pai.[17,18] A intensidade das emoções experimentadas pelo pai fazem com que ele vivencie sentimentos contraditórios em relação ao filho, e pode fazer os homens mais suscetíveis chegarem a uma descompensação psiquiátrica na entrada da paternidade. Mesmo nos casos em que a felicidade é genuína, o pai sempre se apaga um pouco com a chegada do bebê. Percebe que envelheceu, que transmitiu sua vitalidade à nova geração. Existem emoções e sentimentos que costumam ser desafiadores, exigindo o trabalho psíquico de elaboração dos lutos e transformações da vida. É por isso que, para alguns, a paternidade é uma grande aventura, oportunidade de amadurecimento pessoal. Já para outros, ela pode ser sentida como uma castração, uma perda, uma prova de que o tempo do pai já passou.

Nessa perspectiva, poderíamos pensar em um diálogo hipotético entre o pai enternecido e a outra figura masculina, aquela que não vê sentido em ocupar este lugar. Foi justamente o pai de duas crianças pequenas que me apresentou um diálogo assim, através de um *podcast* sobre o assunto, conduzido pelos atores Gregório Duvivier e João Vicente Castro. No *podcast*, João faz troça dos inúmeros "apertos" pelos quais os amigos que têm filhos passam, enquanto Gregório advoga em favor da paternidade. João não consegue entender como ser pai pode ser "*a melhor coisa do mundo*", se isso significa acordar de madrugada, gastar um dinheiro que não se tem, sacrificar o tempo do lazer e a intimidade com a parceira. Mas Gregório, que é pai e já falou sobre o assunto em diversas entrevistas, tem a explicação para isso "na ponta da língua". Ele descreve o amor de um pai pelos seus filhos como uma verdadeira dádiva, a oportunidade para um descentramento de si que muda a perspectiva do homem. Como pai, ele já não se considera mais "o centro do universo" em função da importância que o filho passa a ter em sua vida. "A coisa mais bonita da paternidade, da parentalidade, é você, justamente, se doar".[6]

Pensando nas palavras de Duvivier, podemos imaginar que é aí mesmo que está o "x" da questão: a possibilidade – e o desejo – de se doar. Mas o que significa isso, exatamente? Vamos discutir o *desejo de filho* na primeira parte desse livro, e um importante componente deste desejo passa pela disposição para investir narcisicamente o bebê, depositando nele uma parte do amor que o pai sente por si mesmo. Ainda assim, nem todos chegam a encontrar nessa "doação" uma verdadeira chance de amadurecimento. Para algumas pessoas, ter um filho é "a melhor coisa do mundo". Para outras, um gatilho para o adoecimento. Certamente, a nossa época não ajuda muito o pai nesse quesito, já que envelhecer e amadurecer são coisas que estão "caindo de moda".

Um roteiro para a nossa jornada

No alvorecer da era da inteligência artificial, sei bem que *as perguntas certas* são ainda mais importantes do que as respostas que encontramos para as questões da clínica. A parentalidade contemporânea é um trem em movimento, e qualquer fotografia que procure capturá-lo nos trará sempre relances e imagens fugidias, ainda mais quando tentamos investigar a subjetividade humana. É nesse contexto que este livro se organiza, a partir do desejo de compreender melhor a construção do sentimento paterno. A recusa do pai em ocupar o seu lugar é um fenômeno que não pode ser explicado a partir de uma única causa, como a saúde mental do pai. Ainda assim, o tema é importantíssimo: as dificuldades psicológicas e os adoecimentos mentais paternos estão associados às suas falhas, constituindo um campo que precisa ser mais bem estudado, inclusive por suas repercussões na saúde da mãe e da criança. Pensando a paternidade, este livro foi planejado de modo a abordar, sob diversos ângulos, *a experiência* do sujeito diante da chegada do filho. Este trabalho pretende contribuir para a prática do profissional de saúde que atua junto ao pai, junto à família, e deseja ampliar o seu olhar sobre a parentalidade. Para ilustrar este tema, obras da cultura, vinhetas clínicas e histórias de personagens reais, conhecidos na estrada dos meus 30 anos de profissão, acompanharão o leitor por essas páginas. Neste caso, detalhes sobre os pacientes foram alterados para preservar sua privacidade.

Além disso, o processo de se tornar pai, como uma transição vital, é uma transformação que precisa do cuidado, validação e suporte de toda a equipe de cuidadores na perinatalidade. Assim, conforme eu escrevia, pensava no pediatra, no médico que atende o pai, na psicóloga perinatal, na doula, no enfermeiro da maternidade, no estudante de terapia ocupacional e medicina, no obstetra, no terapeuta de família e na parteira, todos aqueles que se dedicam aos processos da saúde e do cuidado, no alvorecer da vida. Tentei trazer conceitos úteis de uma forma que mesmo os pais, as mães, ou aqueles que trabalham com a lei e com a escola também possam aproveitar este livro. Pensar sobre o amor paterno também é desconstruir "certezas", entre elas o mito do "instinto materno" que nos faz acreditar que a mãe que não se liga ao filho é desnaturada, e assim naturaliza o abandono paterno, só porque o homem não gesta e amamenta. Também a crença de que o pai não sabe cuidar, a recusa em relativizar os papéis de gênero, a tendência medicalizante que reduz o mal-estar paterno aos manuais de doenças mentais... É necessário questionar essas ideias se desejamos reconhecer a importância do pai no início da vida e em outras fases do desenvolvimento da criança. A invisibilidade do pai no período perinatal lhe traz um sentimento de alienação desde o princípio em relação ao cuidado e à possibilidade de se ligar, de forma terna, ao seu bebê.[14]

Na composição deste livro, a escolha de dividi-lo em duas partes principais – uma voltada aos aspectos psicodinâmicos e outra às doenças mentais paternas – é uma proposta de promover o diálogo entre esses dois campos. O psiquiatra psicodinâmico está sempre com os pés em duas canoas, olhando para o corpo e para o psiquismo, em suas complexas relações.[19] Sua visão não é reducionista, pois aceita o paradoxo e a impossibilidade de traduzir completamente os conceitos e o modo de compreender o ser humano, que são específicos a cada uma dessas abordagens. Ao final dessa jornada, o leitor que me acompanha terá sua visão ampliada sobre o tema, de modo a poder olhar com mais *curiosidade* o sujeito "pai". Este sujeito, como todos nós, depende de um ambiente suficientemente bom para conseguir se sustentar neste lugar.

CAPÍTULO 1

Psiquismo paterno

IMPORTÂNCIA DE PENSAR SOBRE O PSIQUISMO

Aos 32 anos, Ana conheceu Miguel em um curso de inglês. Ambos trabalhavam na área da saúde e logo desenvolveram uma amizade que se tornou um namoro, descobrindo que tinham muitos pontos em comum. Miguel é três anos mais novo do que ela e já morava sozinho quando se conheceram. Depois de alguns meses, Ana decidiu se mudar para a casa do namorado, para fazer um *test drive*, segundo ele, e ver se daria certo morarem juntos. Já pensavam em um projeto de união a longo prazo. Na época, Ana tinha mudado de emprego, e logo se empolgou com a ideia do casamento, sem pensar em ter filhos naquele momento.

Tudo foi bem, até que, aos 37 anos, a moça começou a falar com Miguel sobre seu desejo de engravidar. Na verdade, este desejo sempre estivera em seu horizonte. Miguel, porém, até então reticente sobre o assunto, tentou "escapar" de uma conversa definitiva sobre isso. Até que Ana o "colocou na parede", principalmente depois de falar com sua ginecologista, que discutiu abertamente com ela a diminuição da fertilidade após os 35 anos. Isso gerou uma crise no casal, pois, de repente, parecia que tudo o que tinham em comum deixava de contar diante dessa diferença fundamental: o desejo de ter ou não ter filhos.

Depois de muitas brigas, Miguel conseguiu se posicionar claramente: não queria ser pai. Justificava sua posição pelo fato de não se sentir preparado e ter uma preocupação financeira, a respeito de sustentar um filho, que não fazia parte do seu projeto de vida. Foi sofrido para ambos, pois, de modo geral, o casal se dava bem e gostavam um do outro. Contudo, Ana decidiu sair de casa, "dar um tempo" e até conhecer outras pessoas. Pensou mesmo em tentar uma "produção independente", pois descobriu que a vontade de ser mãe era muito forte e estivera escondendo essa vontade de si mesma, justamente, por saber da opinião de Miguel.

Foi nesse momento que Miguel marcou uma consulta comigo. Estava abalado com a separação, pois tinha clareza de querer estar com Ana, mas não conseguia se imaginar como pai de alguém. Isso lhe trouxe um conflito muito grande, que gerou ansiedade e tristeza, com repercussões diversas em sua vida. Encaminhei Miguel para análise e acabei sabendo, depois, que ele e Ana tinham voltado a conversar e decidiram fazer uma terapia de casal.

Miguel retornou, após alguns meses, e começou a me contar fatos da sua vida que não tinha relatado até então. Quando nos falamos pela primeira vez, como de praxe, eu tinha perguntado sobre os seus antecedentes familiares, e ele não citou nada de importante. Desta vez, porém, trouxe uma história diferente. Após o nascimento de sua irmã, quando Miguel tinha 4 anos de idade, sua mãe desenvolveu uma doença mental da qual jamais se recuperou. Ela teve de tomar um medicamento chamado "*melleril*" por muitos anos, mas, até encontrar um remédio que lhe fizesse bem, ficou sem trabalhar, sem conseguir cuidar dos filhos e vivendo quase "*como se fosse uma criança*", segundo Miguel. Os filhos passavam o dia todo na casa dos avós, e o pai vinha para buscá-los só de noite. Não se falava sobre o assunto da doença da mãe.

Quando Miguel já estava na faculdade, foi a vez de a irmã desenvolver um transtorno mental. Ela abandonou a escola, pois começou a achar que as amigas estavam tramando contra ela, mas a família levou um tempo para entender que isso não era real. Miguel, apesar de se preocupar com ela, não sabia como lidar com isso. Mudou-se logo de casa para fazer um estágio fora do país. Com isso, foi se desligando cada vez mais da família.

Agora, com Ana, na terapia de casal, todas essas histórias voltaram à tona, e Miguel conseguiu perceber que o desejo de não ter filhos tinha relação com o medo de trazer ao mundo uma criança com problemas mentais, como a mãe ou a irmã. Mais ainda, na própria terapia, foi percebendo sua maneira de lidar com os seus medos: simplesmente deixando de lado, "*passando por cima*", evitando pensar ou falar sobre isso. Assim, tinha se ligado à Ana mesmo sabendo da vontade dela de ter filhos, "*esperando essa vontade passar*"; "*desconversando*" toda vez que ela tocava no assunto. Para si mesmo, não ousava dizer que seu maior temor era "*passar adiante*" a doença da família. Achava que tinha tido sorte de não ter este problema e, desde muito jovem, sempre que pensava no assunto da paternidade, achava uma explicação financeira para não se aprofundar no tema: *"Não tenho condição para isso no momento"*. Depois do doloroso processo da separação de Ana, entendeu que, na verdade, *não sentia que tinha condições de gerar um filho que tivesse saúde*, e esse era o seu principal medo em relação à paternidade.

O caso de Miguel, entre tantos outros, mostra-nos como as verdadeiras motivações para ter ou não ter filhos não são simples. Por vezes, é até mais complicado do que no caso deste rapaz que, embora não se desse conta do motivo real para não querer filhos, não tinha dúvidas sobre não os querer. Na clínica, porém, ouvimos de nossos pacientes falas contraditórias, como *"eu queria engravidar, mas não queria ser mãe"*; ou *"eu amo meu filho, mas não gosto dele"* e até *"fiz tratamento de fertilidade, na época era tudo que eu queria, mas, agora que minha parceira conseguiu engravidar, percebi que não quero ser pai"*. Neste caso, a própria pessoa tem desejos contraditórios entre si. Para Miguel, o conflito se colocava ao nível do relacionamento; para outras pessoas, o conflito se coloca entre partes de si mesmo que desejam e não desejam, ao mesmo tempo, ser pai ou ser mãe. Às vezes, a pessoa só descobre que tem uma dificuldade nesse âmbito, depois da chegada do filho.

Esse foi o caso de Carla e Diana, namoradas desde a faculdade, que sempre quiseram ter filhos. Assim, o casal partiu para um processo de reprodução assistida. Escolheram um doador de sêmen com características físicas semelhantes a elas e decidiram de comum acordo que Diana seria a pessoa a gestar a criança. Diana engravidou de um menino muito desejado pelas duas; um bebê que já tinha nome antes mesmo de ser implantado no útero da mãe. Contudo, quando o menino nasceu, Diana começou a se desesperar. Passou a ter um pensamento obsessivo: *"Como vamos poder registrar esse filho no nome de nós duas? Só pode haver uma mãe"*. O casal entrou, então, num litígio a respeito do registro civil da criança.

As histórias de Ana e Miguel, Carla e Diana, são diferentes, mas nos mostram como o desejo humano não se move pela racionalidade; como, muitas vezes, existem aspectos inconscientes que determinam os nossos comportamentos em relação à parentalidade.

Nesse campo, questões diferentes entram em jogo. Uma delas é o que chamamos "desejo de filho". O desejo de filho tem aspectos conscientes e inconscientes e, é claro, também é influenciado pelos valores sociais e culturais do sujeito.[20] No caso da mulher, principalmente, existe o *desejo de engravidar*, que pode não corresponder exatamente ao desejo de *ter* um bebê. Já o *desejo de cuidar* de um filho, de se responsabilizar por ele, tem outras raízes. Por isso, às vezes, os pais querem gerar uma descendência, muito mais para provarem a si mesmos a sua capacidade generativa do que pelo desejo de amparar, verdadeiramente, os filhos que vão chegar.

No estudo do psiquismo paterno, passamos por diversos aspectos. Estes incluem desde o desejo de filho até as nuances contraditórias da ligação do pai com o bebê; desde a identificação com a mãe, que lhe desperta a ternura de cuidar, até as representações da masculinidade que lhe dificultam a expressão dos afetos. A maneira como o pai lida com a dor psíquica, como se defende da angústia, pode gerar seu desequilíbrio ou comportamentos de evitação e fuga. Estes comportamentos têm um efeito negativo para as relações familiares. Como qualquer pessoa, no enfrentamento dos conflitos relativos a este momento, o pai pode utilizar defesas que prejudicam sua acomodação no lugar de pai.

Assim, pode *projetar* o que é ruim para fora de si, ficando cismado e raivoso com o médico do bebê, a equipe do hospital no dia do parto, com a parceira ou a família. Pode somatizar o desconforto emocional, transformando-o num desequilíbrio do corpo – é claro que isso é inconsciente, pois ninguém quer ficar doente de propósito. O pai também pode *isolar* os sentimentos, deixando de percebê-los. E o embotamento da capacidade de sentir, à custa de livrar o pai da experiência do sofrimento, pode levá-lo a um empobrecimento da percepção de si mesmo e da sua condição de se conectar com o filho. De forma quase oposta a essa suposta frieza, a busca por diversas formas de entorpecimento, a fuga para o trabalho, o envolvimento em casos extraconjugais e até a violência também são respostas mal-adaptativas do homem ao estresse de se tornar pai.

De qualquer forma, os comportamentos e sintomas paternos, organizados como defesa contra a angústia, podem fazer parte da experiência subjetiva da paternidade – tanto quanto a alegria e as descobertas da fase. Nesse quesito, cada um sente, defende-se e comporta-se como pode – não como quer. Os pais mais maduros são aqueles que já desenvolveram recursos para equilibrar as coisas. Para eles, é possível tolerar a ambivalência dos afetos, os conflitos e o medo da situação nova. Inclusive porque, na maturidade, a defesa da "onipotência" é menor; e já se sabe como pedir ajuda.

Funções de um psiquismo saudável

Diante dessas questões tão humanas, podemos nos perguntar: afinal, o que é ser saudável no campo do psiquismo? O que é normal, o que é anormal? O tema, se pensado a fundo, leva-nos a problematizar a ideia da saúde mental como um estado de completo bem-estar, que permite ao indivíduo enfrentar os desafios da vida. O psiquismo tem a função de equilibrar as tensões internas, os desejos individuais, com as demandas do ambiente. Mas, na verdade, quem é que pode dizer que vive num total "bem-estar"? É da natureza humana estar sempre em conflito, desejando algo que não se tem, oscilando entre o anseio por liberdade e a necessidade de intimidade, afetos e desejos contraditórios.

Os conflitos se ligam à nossa tendência a ter relações ambivalentes com as pessoas que amamos e explicam nossa predisposição para dividir a realidade entre *um lado bom* e *um lado mau*, sempre que experimentamos a dolorosa sensação de divisão interna, de amar e odiar, de querer e não querer, tão comum aos relacionamentos humanos.[21]

Diante disso, entende-se o psiquismo saudável como a capacidade de tolerar essas tensões internas, validar e, de certa forma, *metabolizar* os próprios afetos. Contudo, poder viver as emoções não significa a sua livre expressão. Vejam que isso não significa ser completamente feliz, nem perenemente tranquilo. As emoções precisam ser, constantemente, transformadas pelo pensamento.

Roussillon, psicanalista contemporâneo, afirma que o ser humano tem a necessidade de representar, psiquicamente, aquilo que vive, ou seja, a necessidade de simbolizar.[22] Por isso, o trabalho psíquico é incessante: traduz e interpreta as experiências do sujeito, produzindo ligações entre as representações psíquicas daquilo que se passa, dentro e fora de si. É do ser humano narrar o que vive, pensar o que sente, dar nome e atribuir juízo à percepção do mundo. Tudo isso é processamento psíquico dos afetos e relações do sujeito com o ambiente.

Talvez o leitor tenha notado que, nesse primeiro capítulo do livro, usei uma analogia "computacional" para falar da mulher gestante, que tem um *delay* para se apropriar dessa condição.[10] Pode-se pensar também em um *delay* paterno, o tempo de que o pai necessita para superar o estranhamento dos primeiros dias com o bebê e entender seu lugar naquela cena. Existe uma dualidade entre o corpo e o psiquismo, a natureza e a cultura: às vezes, o corpo chega primeiro e o entendimento vem muito depois. Por isso, tal dualidade fica mais marcante e difícil de equilibrar nas fases de transição de vida, quando o corpo "dá uma acelerada" e faz uma maior exigência de trabalho ao psiquismo. É o caso do adolescente que, de repente, ganhou um corpo sexuado adulto, que deve aprender a dominar; ou do sujeito que envelhece e, a contragosto, percebe que o corpo ficou mais lento que sua vontade. E, é claro, são também os pais, ao embarcar na aventura da parentalidade.

Para o homem e para a mulher, gerar um novo ser é algo que mobiliza seus corpos, suas representações sobre gênero e sexualidade, suas indagações sobre a origem e a fragilidade da vida. Isso tudo enquanto, na prática, precisam lidar diretamente com a situação da reprodução, parto, amamentação e o corpo do bebê.

Para discutir esses temas, vamos começar refletindo sobre as raízes do desejo de ter um filho, que se formam muito cedo na vida.

DE ONDE VEM O DESEJO DE FILHO?

De onde vem o desejo de filho? O *desejo*, que parte do inconsciente, possui um caráter enigmático. Na vida adulta, não nos recordamos das inscrições psíquicas – memórias e fantasias – colecionadas ao longo da vida, acerca do significado que possuem a procriação e a concepção de um bebê. É interessante: as crianças pequenas são transparentes em relação às fantasias sobre a origem dos bebês e bastante sinceras sobre os seus propósitos. Ouvi de um menino de 4 anos, indignado, o relato de que descobrira que só as meninas tinham em seu corpo a possibilidade de gerar bebês. Ele dizia que estava muito bravo, pois seria um grande desaforo dar a uma menina as *sementinhas* do seu "pipi" para ajudá-la a gerar bebês que não seriam seus. Concluiu, então, que não queria ter filhos; ou os bebês eram para a *sua barriga*, ou nada feito! Apesar de narrativas como essa nos causarem empatia, quando elementos dessa natureza surgem em situações adultas, podem ser difíceis de superar.

Sementinhas roubadas

Em 2019, Luís Felipe Pondé publicou na *Folha de São Paulo* um texto denominado "Não engravido mais ninguém. Depois ela leva meu filho embora e sobram só as contas". Nesse artigo, Pondé comenta que, para muitos, "o papel social que cabe ao homem heterossexual no mundo contemporâneo não mais vale a pena o investimento".[23] Para Pondé, a mulher emancipada da atualidade, que tem mais liberdade em relação ao homem do que em tempos passados, é um perigo para o narcisismo masculino. Na medida da sua autonomia, ela pode ir embora com os filhos e deixar o pai com a responsabilidade financeira, já que o poder patriarcal, hoje diminuído, não mais garante ao homem o controle da família e as decisões. Para que ter filhos, então?

O ressentimento do homem destituído de importância lembra o do menininho, que tem as sementes "roubadas" e "sai perdendo" com a paternidade. Logicamente, a sensação de injustiça do adulto e da criança têm motivos diferentes. Contudo, no discurso e nos temores do homem-pai, ressoam sentimentos infantis, ligados à inveja e aos conflitos gerados na relação com a mulher.

As motivações inconscientes, escondidas sob o discurso do adulto, são, em parte, reivindicações da criança que mora dentro do homem. Essas reivindicações, ainda que disfarçadas, podem levar o pai a certos impasses. A pessoa crescida esconde de si mesma o que a criança expressa claramente: o sonho de ter bebês conforme sua imagem, produzir filhos só para si, ou, pelo menos, que sejam frutos de sua linhagem. Isso pode originar as disputas em relação à posse e "autoria" do filho. Nesse quesito, a vantagem é da mulher, pelo menos em relação ao fato da gravidez – uma vantagem que, através dos tempos, o homem sempre tentou ultrapassar.

O desejo de filho tem três núcleos inconscientes: o desejo narcísico de imortalidade do eu, a identificação primária com a mãe, e um aspecto que surge mais tardiamente no desenvolvimento, ligado à identidade de gênero.[20] As representações do filho como uma "posse", um duplo, ou um produto do corpo, fazem parte do primeiro núcleo deste desejo. Nesse sentido, o homem, que não engravida, vive uma desilusão. Mas isso não impede que ele tenha, dentro de si, a fantasia de gestar, ou de se duplicar. Vamos falar, a seguir, dos três componentes do desejo de filho.

Um filho que vem do meu corpo

A fantasia da produção do filho a partir do corpo tem uma explicação natural. Filogeneticamente, isto é, segundo a história evolutiva dos modos de reprodução, os primeiros seres vivos se duplicavam de forma assexuada. Além disso, existe uma lógica intuitiva, que liga o filho ao que "sai por baixo" do corpo, considerando a posição dos genitais, ligando o bebê a uma parte da pessoa que dela se desprendeu. Por isso, a questão da gestação não é banal: a mãe é a pessoa que, no real, gera o filho e dele se desprende no processo do parto. O pai não vive essa experiência e isso organiza seu psiquismo de modo diferente, em relação às fantasias ligadas à origem das crianças.

Para alguns homens, o fato de o filho ser gerado fora do corpo pode ser insuportável; um total descontrole, que mobiliza defesas psíquicas, como me contava um paciente obsessivo que entrava em crise cada vez que iniciava um namoro. Mesmo sabendo que havia tomado todas as precauções anticonceptivas, ele era assombrado pela ideia de que uma gravidez pudesse acontecer à sua revelia. Assim, tomado pela dúvida, perdia o sono, a fome, não conseguia pensar em outra coisa. No seu caso, o medo de ficar "refém" de uma situação como essa o tornava prisioneiro de si mesmo, dos próprios pensamentos, que o atormentavam noite e dia: *"E se ela tiver engravidado? Não terei como saber!"*

A ideia de ser "refém" da mulher e da paternidade pode aparecer de outras formas, considerando a parcela masculina da procriação, em relação à fantasia de produzir bebês. Se o leitor puder tomar um tempo para pensar neste assunto, entenderá quanta abstração é necessária a um menino para acreditar na história da "sementinha". Assimilar a ideia do bebê produzido fora da "barriga" exige um esforço da imaginação! Do ponto de vista lógico, a ideia de gerar um outro a partir do próprio organismo é mais simples e intuitiva. O pai tem sempre o medo de ser levado a um engodo, ser feito de bobo, ser traído pela mulher, pois sua anatomia o torna dependente dela para que o bebê se torne real. É claro que os sujeitos que não têm útero, mas querem filhos, constroem mil e uma compensações em relação a esse limite. Porém, basta um dia em uma clínica de reprodução assistida para perceber como as teorias sobre a reprodução dos corpos estão impregnadas de sentimentos arcaicos, mesmo na fase adulta.

É comum, por exemplo, que o pai que doou seus gametas para a fertilização *in vitro* fique enciumado do médico que vai implantar o embrião na parceira, como se aquele ato representasse uma traição, *como se o bebê fosse mais do médico* do que dele. E esse tipo de ciúme pode acontecer, também, com a mulher. Uma outra paciente, que engravidou com um óvulo doado, fantasiava que o parceiro iria se encontrar com a doadora e fugir com ela e o bebê. Essa mulher, volta e meia, perdia-se em pensamentos repetitivos a respeito do filho que não era *dela*, e sim de outra, a mulher que tinha doado o óvulo para a fertilização.

Os exemplos se multiplicam, mostrando como, tanto para o pai como para a mãe, as fantasias infantis estão sempre presentes em algum grau, qualquer que seja a forma de aceder à parentalidade.

Narcisismo

Além da fantasia do filho como um produto do corpo ou continuação de si, a ideia do filho como a imagem duplicada do Eu pode estar presente no inconsciente dos pais, ligando-se a afetos contraditórios, ambivalentes, sobre essa "duplicação" do si mesmo em outra pessoa. Tal configuração psíquica sugere a ideia do narcisismo, com base na história da paixão de Narciso, personagem da mitologia grega, por seu reflexo no espelho. Já dizia Freud, quando descobriu esse aspecto fundamental do psiquismo humano: começamos por amar nossos filhos como reflexos de nós mesmos.[24]

A ideia do filho como um duplo é muito presente nos *cartoons* e desenhos infantis. Percebemos também o resquício desse desejo na revolta dos pais quando percebem que o filho, ao crescer, torna-se diferente deles, às vezes em questões essenciais para a família. Este é o drama da adolescência: o filho que quer seguir seu caminho, para se diferenciar dos pais, e os pais que resistem em relação a isso. O filho, este *outro*, é também um *duplo*, uma continuação do si mesmo e, como tal, pode representar o produto de histórias vividas ou imaginadas muito lá atrás, no passado dos seus pais. Como um duplo, o filho pode ter um aspecto regressivo ou idealizado no imaginário parental, já que os pais esperam que os filhos os repitam, os superem... ou até fracassem.

Isso pode parecer contraditório, pois, em geral, os pais querem *o bem* dos filhos, não medem esforços para que cresçam saudáveis e se desenvolvam. Mas o desejo de que o filho não adquira uma verdadeira autonomia pode estar inconsciente. Isso porque, se o filho não cresce, permanece dependente, não alcança o estatuto de "outro" e vive para confirmar eternamente o quanto os pais são imprescindíveis. É atraente ver-se no filho, satisfazer por meio dele a própria necessidade de repetição.

Experiência do sinistro diante da chegada do filho

Há também um aspecto sinistro na ideia de alguém que se duplica em outro. Essa clonagem, ou duplicidade, pode ser assustadora. Em obras literárias, o "duplo" é visto, em muitos contos, como um usurpador, trazendo a ideia de que não há lugar para o original e sua cópia ao mesmo tempo. Tal imagem aparece em romances e novelas de irmãos gêmeos em que um deles é, invariavelmente, o malvado. Nas histórias fantásticas, quando um homem se choca com seu duplo, o encontro fantasmagórico tem sempre um fim violento e trágico, pois o personagem se dá conta da impossibilidade de conviver com sua réplica, cuja existência adquire um caráter profundamente desorganizador. Afinal, o Eu não suporta viver duplicado sem mergulhar no terror e na perseguição.[25]

Muitas vezes, histórias e mitos que se repetem na cultura são representações do inconsciente humano, como os contos sobre os "duplos" portadores da loucura. Essas histórias nos advertem sobre o perigo de realizar, sem mediação, fantasias primitivas que habitam nossos desejos mais profundos. É, portanto, saudável para pais e filhos – tanto quanto para os parceiros amorosos – que entre eles existam *diferenças*. O que estes contos nos revelam é o perigo existente na fantasia narcísica da duplicação: quem conhece o mito grego sabe que Narciso, ao refletir-se nas águas límpidas de um lago, ficou tão apaixonado por aquela imagem que acabou se afogando.

Imortalidade

O sonho de Narciso não se liga somente à ilusão especular, mas à extrema beleza de um jovem que, fechado em si mesmo, ignorou a experiência do mundo e do tempo. Seu aspecto menos comentado liga o desejo pela beleza com a suspensão da passagem do tempo, que nega a mortalidade e finitude da vida, a imperfeição e o defeito. Esse desejo de imortalidade[20] pode ser pensado como o cerne da ideia de duplicação, ou de produzir um filho no corpo e a partir do corpo. Afinal, duplicando-se indefinidamente, não se morreria nunca.

Por isso, o anseio de ter um descendente acalma o desespero de pensar nos nossos limites, pois alguém irá nos manter, de certa forma, *vivos*, quando não mais estivermos aqui. O filho vai carregar os genes dos pais, será semelhante, herdará e continuará o seu legado nessa terra. Isso vale, também, para os avós, para quem a questão da finitude está mais próxima, o que explica a grande alegria sentida com a chegada de um neto.

É claro que, se o narcisismo é imenso, um filho (ou neto) pode não ser bem-vindo, por lembrar demais ao pai que ele envelheceu. É tudo uma questão de grau, mas, simbolicamente, o filho é o fiador da continuidade do pai através do tempo. A vontade de continuar vivo, enfim, resume a primeira raiz do desejo de filho, no *continuum* entre o desejo narcísico de replicação do eu e o desejo de se perpetuar por meio de um outro. É a fantasia do UM, que gera o ímpeto para a procriação e constitui o paradoxo da parentalidade. Há aqui um paradoxo, porque parte do anseio por um filho, que se ancora na loucura da repetição – e nega a morte – acaba por encontrar, nessa loucura, seu maior limite. Pois, afinal, é só a partir do *diferente* que se cresce. A reprodução sexuada marca, justamente, a necessidade do dois para gerar o um.

Generatividade

E então, chega um momento em que o desejo de filho já não parte mais do UM, mas do DOIS, da relação da criança com seu cuidador. Aqui, é o anseio por *ser como os pais* que anima essa vertente do desejo. Tornar-se pai é, também, um jeito de "matar a saudade" do tempo em que o pai era filho. Um jeito de reviver o amor recebido na infância, de reencontrar os pais da infância, ao se tornar pai de alguém.

Aqui está, portanto, a segunda raiz inconsciente do desejo de filho. Sob este aspecto, a generatividade se liga às *identificações*, principalmente à identificação do bebê com seu primeiro cuidador. Essa identificação data de um tempo em que o casal parental não é percebido como separado, entre si, pelo bebê, e, portanto, a fertilidade masculina e a feminina estão amalgamadas no poder de gerar a vida, nutrir um outro ser, multiplicar-se. Tais atributos se ligam à concepção atávica do bebê que foi gerado e ainda mantém continuidade com aquela que o hospedou dentro de si. Essa é uma ideia de "mãe", com quem o bebê se funde e se identifica de modo primário.[26] Nessa fase, a pequena criança é totalmente aberta à influência e ao estilo do seu cuidador. Tal é a natureza da primeira identificação com a "mãe"*, independentemente de o bebê ser menina ou menino.[27]

De qualquer maneira, num nível profundo, o homem que se torna pai está primeiramente *imitando a mãe*, aquela que o gerou e alimentou.

O primeiro desejo de paternidade é um desejo de maternidade

Pode-se, então, dizer que o primeiro desejo de paternidade é um desejo de "maternidade",[26] quando pensado em relação à identificação com o adulto do cuidado, incorporado pelo bebê como parte de si. Nenhuma dificuldade se o gênero desse adulto não for feminino; o bebê perceberá sua generatividade da mesma forma, pois se trata da *concepção da ligação* com este adulto *doador de vida*. Nessa fase, a criança bem pequena, que ainda não sabe que é menino ou menina, percebe o alívio e o prazer proporcionado pelo leite, pelo colo, pela condição deste adulto de lhe dar conforto e segurança. As memórias corporais dessas sensações e experiências são revividas quando a pessoa, já adulta, toma um bebê em seus braços, agora na condição de mãe, ou de pai.

Há uma consequência importante dessa observação. O homem pai, que não vai gerar a criança, nem por isso deixa de guardar em si o desejo arcaico, profundo, de gestar um filho e alimentá-lo da forma como foi alimentado. Se há

* Aqui, o termo "mãe" é colocado entre aspas para dizer que não é necessariamente a mulher, genitora, que ocupará esse lugar na fantasia e na experiência do bebê.

maturidade, o homem pode se encantar pelo processo vivido pela parceira. Pode se enternecer pelo seu ventre gravídico, emocionar-se com o parto e sentir gratidão por emprestar a ela "as sementes do seu pipi", como dizia aquele garotinho. Vivendo essa condição, o que um pai recebe em troca é um bebê que ele pode segurar, banhar, cheirar e abraçar com ternura.

E pode acontecer o contrário. Se o pai, diante da generatividade feminina, fica tomado de ciúme ou inveja, ele pode se tornar destrutivo neste momento.

O filho como suporte da masculinidade e da feminilidade

As primeiras raízes do desejo de filho, como o leitor pode perceber, ligam-se ao tempo em que os adultos de hoje eram bebês, desenvolvendo-se numa relação dual e íntima com o cuidador. Contudo, existe ainda uma outra motivação inconsciente para ter filhos, que surge posteriormente, em termos de desenvolvimento. Nesse tempo, o menino ou menina já se entendem como fazendo parte de um determinado gênero; percebem claramente a diferença entre o pai e a mãe e a diferença imaginária entre o masculino e o feminino. Aqui não há mais um bebê em relação dual com o cuidador, e sim a criança que vive relações triangulares, com a mudança de perspectiva que tal situação envolve.

O leitor consegue imaginar essa diferença? Há uma grande mudança, em relação ao desenvolvimento, quando o "dois" passa a ser "três" na fantasia da criança. Vamos falar muitas vezes desse assunto neste livro, pois essa é uma questão crucial para o tema da paternidade. Primeiro se pensava que o bebê não percebia nada do pai no começo da vida; e que para ele mãe e pai eram uma coisa só (supondo uma organização familiar do tipo pai-mãe-bebê). Porém, hoje se sabe que, até por meio da observação dos bebês e da interação diferente que existe entre ele e os cuidadores, o bebê reconhece, sim, a diferença: a voz do pai, o cheiro do pai, o colo do pai.

Porém, mesmo assim, para a criança bem pequena o pai e a mãe (ou as duas mamães, ou os dois papais) estão como que amalgamados, fazem parte do mesmo ambiente de cuidado nos estágios iniciais. Já o "três", como uma conquista do psiquismo da criança, no sentido de atribuir diferenças de gênero e formar as fantasias relativas à sua posição "no meio" desses pais (ciúme, rivalidade, identificação com ser "como o pai", ou ser "como a mãe", homem ou mulher), isso vem muito depois. Para dar uma ilustração sobre o que é essa fase, vou contar ao leitor a história de uma menina que eu conheço, que chamaremos de Mariana.

Por volta dos 5 anos de idade, Mariana começou a sondar a mãe com várias perguntas relativas ao uso da aliança de casamento. A menina estava curiosa sobre esse assunto, observando que algumas pessoas tinham aliança, e outras não. Então, a mãe explicou à menina que a aliança representava o compromisso entre pessoas que tinham decidido formar um casal. Mas Mariana continuava curiosa, perguntando à mãe se a aliança "saía" ou se era "grudada" no dedo, se a mãe tinha outros anéis e, se os tinha, por que ficava com aquele, que não tinha "pedrinha", nem enfeite, e era sem nenhum "desenho". Depois, quis saber o que aconteceria se, por acaso, a mãe perdesse a aliança.

No começo dessas conversas, a mãe chegou a perguntar à menina se ela queria ganhar um anel também, pois poderiam comprar um anelzinho de que ela gostasse. Mas aí ela saiu com essa: *"Não, mamãe, não é isso, estou pensando se, por acaso, você perder o anel, eu posso casar com o papai no seu lugar."* O que a menina estava matutando era um jeito de poder se casar com o papai, construindo a teoria de que, se a mãe perdesse a aliança, ela poderia pacificamente fazer sua própria "aliança" com ele, formando com ele um casal. É isso que significa quando o "dois" passa a ser "três" na fantasia infantil. É isso que chamamos de constelação edípica.**

Quando os pequenos atravessam essa fase do desenvolvimento, a ideia do filho ressurge fortemente, na fantasia de ter um bebê com o papai ou com a mamãe. À medida que ter filhos passa a representar, para a mulher, uma prova de feminilidade e, para o homem, uma prova de potência,[28] a procriação é imaginada como a realização suprema da potencialidade percebida nos pais. Essa é a terceira raiz do desejo de filho, que está ligada ao gênero e à maneira como a criança imaginariza a relação entre os sexos.[20] Aqui, o anseio por ser pai ou mãe é algo mais próximo da realização de fantasias de virilidade e masculinidade, para o homem, ou completude e interioridade, no caso da mulher. Estamos mais distantes daquela ilusão do UM, embora o filho ainda possa ser sentido pelos pais como aquele "algo a mais", que vem para preencher as suas faltas.

Há um perigo em imaginar o filho a partir dessa posição. Nunca seremos completos, ninguém pode realizar essa fantasia de plenitude para um outro. E

** Chamamos essa fase do desenvolvimento de fase edípica, pois, em geral, as crianças dessa idade têm essa fantasia de se casar com o papai ou a mamãe de forma muito prevalente. O termo "edípica" foi emprestado da tragédia grega, porque Édipo foi um personagem que se casou com a própria mãe, sem saber do laço de parentesco entre eles, pois havia sido criado por outra família.

não é o filho que garantirá que uma pessoa é "mulher" ou "homem". Há um risco particularmente alto, nesse sentido, para a mãe. Quando ela toma o filho como resposta para o enigma da sua feminilidade, valendo-se dele para se imaginar inteira, completa e absoluta, as coisas podem ficar complicadas. Se o filho faz a mãe se sentir "total", ele passa a servir mais ao desejo dela do que ter uma existência própria. Isso pode acontecer também no caso do pai, mas, imaginariamente, o *masculino* da nossa cultura não precisa do filho para se provar (embora os "garanhões" que encontramos por aí também nos mostrem que a fertilidade, ao lado de outros atributos fálicos, pode ser, para certos homens, um dos elementos a atestar a sua força e potência).

Exogamia

A questão da realização da masculinidade e feminilidade costuma estar presente, em maior ou menor grau, em toda pessoa que sonha com um filho. E isso, tanto no caso de pessoas heterossexuais como homossexuais. Como poderemos discutir mais adiante neste livro, casais não heteronormativos costumam ter um desejo de filho genuíno e, nestes casos, é mais difícil que alguém se torne pai ou mãe por acaso. A diferença sexual, quando assimilada, no sentido do abandono das teorias sexuais infantis, tem uma implicação simbólica, *independente da orientação sexual*. É quando se compreende que o filho é resultado da união de dois, proposição que pode ajudar a compor uma visão mais madura da parentalidade. Pois, se precisamos de dois para fazer um filho, fica mais fácil o raciocínio de que o filho não veio ao mundo para pertencer a qualquer um dos pais. Sob este ponto de vista, um casal homoafetivo pode lidar com a alteridade do filho e dividir melhor as reponsabilidades entre si, do que um casal heteronormativo mais "narcisicamente" orientado.

O dualismo entre as raízes mais precoces e narcísicas da fantasia de filho e os componentes mais tardios deste desejo podem ser comparados à diferença entre a endogamia e a exogamia. Antropologicamente, o estatuto da *exogamia* se refere à proibição do incesto, presente em todas as sociedades humanas.[29] Ou seja: conforme nos desenvolvemos, entendemos que é preciso buscar referências e amores fora do nosso núcleo familiar, o que parece se repetir na história da humanidade como uma regra geral. Esse princípio básico, afinal, era a interdição sobre a qual Mariana matutava, tentando achar uma brecha na ligação entre os pais, que permitisse a ela ocupar o lugar da mãe. As teorias sobre o uso da aliança logo cairiam por terra, quando a menina tivesse a certeza de que, com anel ou sem anel, ela nunca poderia se "casar com o papai". Com seus 5 anos de idade, todas aquelas perguntas eram a tentativa de construir uma maneira de realizar seu desejo edípico, desde que a mãe topasse trocar a aliança por um anel mais "bonitinho". Afinal, não custa tentar, não é mesmo?

E a história de "casar" com o papai ou com a mamãe ainda vai longe na vida de todos nós. Uma paciente minha sonhou, depois de ter ficado noiva, que estava trancada no banheiro de casa, vestida de noiva, e chorando. Tinha descoberto que armaram uma cilada para ela e, agora, teria que se casar com um velho, que não era mais o noivo, era outra pessoa, que ela não conhecia, mas para quem estava "prometida". Estar prometida e trancada dentro do banheiro tinha um sentido para aquela moça, que era muito ligada à família e estava ambivalente em relação à ideia de se casar. Pode-se pensar que o "velho" representa o pai, mas também a impossibilidade dessa moça em abraçar o novo (noivo): a questão do casamento, que tinha se tornado mais concreta depois da festa do noivado.

A questão da endogamia/exogamia tem muitas nuances, estando também sujeita ao conflito, do lado "de lá" e do "lado de cá" da família. Da mesma forma que demoramos a entender que, para casar, precisamos "sair de casa", também os pais nunca acham que o genro e a nora são bons o suficiente! Dessa forma, a endogamia pode ter inúmeras gradações na fantasia das pessoas. E é comum que o homem-pai "normal", que bem sabe que não pode "se casar com mamãe", talvez ainda mantenha um agarramento simbólico a ela. Isso, independentemente do gênero desse adulto. Quem falou que a menina também não tem vontade de "casar com a mamãe?"

Um pai, que foi meu paciente, vivia ressentido com a esposa, que falava com a mãe várias vezes por dia. Ela não levava em conta a opinião dele em relação ao filho, seguindo à risca as recomendações da avó tanto em questões corriqueiras como em assuntos importantes. Assim o pai era, simbolicamente, "anulado" da vida do filho, que parecia ser um assunto exclusivo da linhagem matrilinear, muito coesa entre si, que o tratava como um mero "agregado" naquele meio.

Hospitalidade

Agora que falamos um pouco sobre três componentes do desejo de filho (pode haver outros, pois cada pessoa tem suas particularidades em relação às fantasias), podemos ir um pouco mais longe nesse pensamento. Pois, independentemente do gênero e orientação sexual, cada sujeito, em sua trama identificatória, dá à ideia de filho um valor e uma qualidade diferentes. São tantos os fatores em jogo nessa hora, que o que deveria ser a razão mais lógica para querer um bebê se torna somente um, dentre os vários motivos possíveis, para viver essa aventura. A vontade de cuidar, querer bem, o desejo da vida do filho pode, inclusive, estar ausente em alguns casos. Quando o anseio por receber com hospitalidade o novo ser humano está ausente, temos situações complicadas, de crianças que chegam para a vida sem ter quem as receba de boa vontade.

Curiosamente, problemáticas relacionais dos pais com seus próprios pais podem ser um bom combustível para amar e investir numa criança, o que pode acabar "dando muito certo" na motivação de formar família. O filho pode ser uma resposta para os sentimentos de rivalidade que os pais, quando pequenos, nutriram em relação àqueles que, hoje, se tornam avós. O desejo de filho, quando ligado à necessidade de passar a vida "a limpo", pode impulsionar um sujeito a assumir uma posição de responsabilidade. Afinal, o anseio de superar, ou ultrapassar, os pais da infância, alimenta a esperança de ser bom, dar ao filho o que gostaríamos de ter tido quando pequenos. Por outro lado, o filho é a possibilidade de realizar a potencialidade criadora que, do ponto de vista da criança, foi barrada pelos pais da infância. "Agora, finalmente, chegou a minha vez!", pensa o sujeito que vai ter um filho. E isso é uma maneira de se reconciliar com o passado. É uma maneira de dar um destino ao conflito nuclear da situação edípica, quando o menino e a menina perceberam que, sendo crianças, não podiam ter filhos como os pais (e *com* os pais). *O filho como reparação* pelo sentimento de rivalidade com o próprio pai é particularmente importante para o psiquismo masculino, porque o menino, inicialmente ligado à mãe, tem no pai um oponente em potencial.[30]

Algumas vezes, a gravidez adolescente ou não planejada pode ter, sim, uma participação da vontade inconsciente do pai, haja vista o discurso de homens muito jovens que buscam, por meio da paternidade precoce, curar a ferida da ausência paterna em suas vidas.

Árvore da vida

Outro modo de pensar a parentalidade, a partir da perspectiva da continuidade entre gerações, é considerar que o ato de trazer um filho à vida pode funcionar como uma forma de "presentear" os avós e, em nível inconsciente, entender-se melhor com eles. Ao quitar uma dívida intergeracional, podendo dar algo em troca daquilo que se recebeu, o sentimento gerado é de alegria, gratidão, "missão cumprida", embora isso também signifique abandonar a posição de filho! Como o leitor pode imaginar, em termos da ambivalência dos afetos, há de fato muitos sentimentos contraditórios que podem estar presentes nessa hora. Assim, o reverso da alegria de ser pai é o medo de desagradar os pais da infância, ao invés de gratificá-los. Sempre é possível que os avós não gostem ou não aceitem o presente; e o menino e a menina que vivem dentro dos pais de agora ainda guardam aquelas velhas fantasias dentro de si. "E se os avós não aceitarem o fato de que eu cresci? Será que vão ter *inveja* de mim agora?" São medos que surgem nesse momento e estão por trás da fantasia de que os avós podem ser vingativos, e retaliar a impostura de se tornar *igual* a eles.

Felizmente, a maioria dos avós está tão feliz nessa hora que, quando chega o neto, desmancham-se de amor pelo bebê. Se os avós recebem o neto com carinho e dão apoio aos jovens pais, sem invejarem demais a generatividade deles, a chegada da criança pode curar velhas feridas e aproximar as gerações. "De repente", os pais descobrem que os avós não eram assim tão ruins e vingativos, como os genitores que moravam na sua fantasia, pois quando os avós estampam o orgulho em seu rosto, aqueles velhos temores vão se dissipar. No ano de 2023, participei de um debate sobre um filme que fala da depressão pós-parto e traz o testemunho de quatro mulheres brasileiras que passaram pela experiência.*** Uma das mães pôde estar nesse debate com meu grupo de pesquisa e fez uma fala que ilustra a atitude carinhosa da avó, mãe dessa moça, diante da insegurança relativa a este "medo de deixar de ser filha". Essa mulher, quando recebeu a visita da mãe, que vinha de outra cidade para ajudá-la com o bebê, caiu no choro e pediu desculpas. Tinha se dado conta que o amor que sentia pelo filho era *muito maior* do que o amor que sentia pela mãe! Pelo seu discurso, parecia haver uma culpa, como se aquele amor fosse uma espécie de traição para com a avó. Ou, talvez, um desligamento em relação àquela conexão que, até então, era sentida como insuperável pela moça. Mas a avó teve uma atitude de reconhecimento e validação pelo sentimento da filha. Abraçou-a com carinho, rindo, e lhe disse: "é óbvio!!!".[31] Imagine o alívio da moça sabendo que a mãe a estava "perdoando" pela grande impostura de sentir todas aquelas coisas (e, inconscientemente, "passar por cima" da devoção que sentia por ela). São atitudes assim que fazem a grande diferença em certos casos.

Por isso, o desejo de filho tem sempre algo que transcende os pais, é um recado endereçado aos mais velhos e antepassados. A balança dos sentimentos pode pender mais para o lado da gratidão ou do ressentimento, mas cada crian-

*** Esse debate está disponível em: www.youtube.com/watch?v=mmoB-UKjmro

ça que nasce, em uma família, é um capítulo da sua história, que não começa nem termina no desejo dos seus pais. O filho, na verdade, transcende sua existência na árvore da vida e a conecta a uma rede de pessoas com histórias felizes e infelizes, traições e segredos, narrativas compartilhadas (ou silenciadas) através das gerações.[32,33]

Como na história de Miguel, que temia que sua descendência pudesse levar adiante a doença da família, um filho pode chegar para cumprir um destino, uma promessa, uma dívida, uma barganha, uma necessidade de ter um sucessor ou um herdeiro. O filho também pode ser uma grande esperança, promessa de futuro para a família, ou carregar a sina de "resolver" e "vingar" sofrimentos e traumas dos antepassados. Às vezes, é tudo isso ao mesmo tempo! São elementos que "explicam", em parte, alguns dos comportamentos mais *inexplicáveis* das crianças. Há filhos que adoecem diante da transmissão inconsciente de feridas transgeracionais, as quais "passam" de uma geração a outra, numa repetição sem fim, sem jamais terem sido simbolizadas.[34]

Pais faltantes, pais desejantes

Todos esses componentes do desejo de filho, que podem pouco parecer com as razões conscientes ligadas à vontade de gestar ou adotar alguém, entram em jogo quando um sujeito, homem ou mulher, encaminha-se para a realização deste desejo. Quem não se lembra do ditado "o coração tem razões, que a própria razão desconhece"? Alguns filhos que chegam, em função de um "descuido" ou acaso, sem serem planejados, podem, na verdade, estar respondendo ao desejo não declarado dos pais. Por isso, podemos comparar a parentalidade a um "trem-fantasma",[35] tão cheio de sustos e surpresas, que é impossível adivinhar o que vai acontecer quando embarcamos nele. Pode ser muito pior, pode ser muito melhor, mas com certeza não vai ser como os pais imaginaram.

Nesse sentido, o abandono de uma posição *narcisista*, que deseja o filho como um duplo, uma resposta para um dilema pessoal, deve ocorrer em algum momento, se existe uma disposição para o amadurecimento. Só assim os pais se tornam capazes de acolher verdadeiramente a novidade da pessoa que nasce – alguém que merece e deseja ser reconhecido como sujeito de pleno direito. Obviamente, essa é apenas uma das formas de lidar com a chegada do filho.

Há mulheres que gostam de engravidar, mas têm dificuldade em se vincular ao bebê que chega querendo ser um sujeito, demandando seu olhar. Há homens para quem procriar, fazer muitos filhos em quem quer que seja, é prova de virilidade: fazer filhos só por fazer, sem ter que cuidar de ninguém. Há quem deseje gestar para conquistar a feminilidade ou a sensação de importância, para sair de casa, para cumprir uma expectativa social, familiar ou imaginária. E há ainda aqueles e aquelas para quem ter um filho é uma maneira de resolver um impasse profissional, fugir de uma dúvida sobre a sexualidade ou salvar um casamento em crise.

Alguns pais até conseguem lidar com a alteridade – reconhecendo a subjetividade de alguns dos filhos –, mas elegem o caçula ou o filho que nasceu prematuro para serem os representantes dos seus aspectos mais primitivos, superprotegendo essa criança mesmo quando já está de cabelos brancos. Nem todos os filhos, então, chegarão à vida com a garantia de que seus pais os possam acolher, no sentido de se ocuparem, de se responsabilizarem e serem hospitaleiros para consigo. Muitos pais biológicos, enfim, não conseguem *adotar* os filhos verdadeiramente.

Adoção

A adoção é um paradigma para pensar o desejo de filho pois, de certa forma, os pais que adotam pela impossibilidade de gestar ou produzir "biologicamente" uma criança são o vivo exemplo da imaterialidade do desejo. O impulso altruísta de "ajudar", salvar uma criança abandonada, fazer "o bem", não são suficientes para este laço.[36] É preciso, sim, que os pais adotantes se motivem pelas raízes inconscientes que levam qualquer sujeito a desejar um filho. Essa expectativa pode ter sido machucada pela realidade da infertilidade ou perdas gestacionais, mas possui a mesma origem, em qualquer pai ou mãe.

Assim, tanto a criança precisa dos pais *como os pais precisam dela*, e é a partir daí que o laço da adoção se constitui. O filho adotivo é uma criança como qualquer outra, mas há particularidades da sua situação: o desconhecimento de partes do seu passado e a dicotomia entre ter sido escolhido por aqueles pais e não por aqueles outros, que o geraram. Os pais adotivos, também, estão mais sensíveis à rejeição, precisando de mais garantias de estarem "fazendo certo", mais garantias de pertencimento em relação ao filho e seu papel. O tema do "segredo" e os fantasmas da origem são sensíveis nos casos de adoção, podendo complicar as coisas se os pais não conseguem lidar bem com tais questões. Todavia, a base para o vínculo nestes casos revela justamente o que a parentalidade tem de mais interessante, que é a filiação incondicional.[36]

Em qualquer caso de adoção, como também na recepção do filho biológico, o desejo de filho está enraizado em aspectos inconscientes, precoces, ligados aos primeiros vínculos dos pais. Mas um filho será alguém, e sempre um outro alguém, que precisará, ao nascer, do seu próximo cuidador,[37] capaz de renunciar à realização de seus desejos por meio dessa criança. Encarar as próprias faltas diante da imperfeição é algo que caracteriza a nossa natureza humana, quer tenhamos, ou não, gerado este filho a partir do nosso corpo.

O PAI COMO UM DOS VÉRTICES DE UM TRIÂNGULO

Enquanto o desejo de filho se refere a questões pessoais dos pais e não depende tanto da criança que vai chegar, existem outros componentes da parentalidade que se constituem na *relação* entre os cuidadores e a criança. Esses aspectos da parentalidade se ligam à função do cuidado, ao modo como os pais fazem laço com seu filho, como o enxergam e se conectam com ele.[38] Se considerarmos o psiquismo humano em toda sua complexidade, como discutido até agora, compreendemos a importância de que os pais, ou cuidadores, ajudem a criança a entrar na linguagem, simbolizar, aprender a controlar seus impulsos, relacionar-se com o próprio corpo e com os outros, vivenciar as emoções e viver em sociedade. Não é pouca coisa! Além de ser alimentado e aquecido, um bebê precisa ser ninado, segurado e confortado, precisa que se fale com ele para que aprenda a falar, precisa de outras pessoas ao seu lado para se socializar, e assim por diante. Tudo isso, um bebê jamais conseguiria aprender sozinho, mesmo que tivessem garantidas as condições materiais para continuar a existir.

Nesse sentido, as relações, ações e competências daqueles que cuidam de um bebê podem ser englobadas dentro de dois grupos de funções essenciais, que chamamos de *função materna* e *função paterna*. Até pela própria palavra que as denomina, tendemos, intuitivamente, a ligar a ideia da função materna à mãe; bem como, naturalmente, lembramo-nos da pessoa do pai quando falamos de função paterna. Porém, como funções, essas duas modalidades, diferentes, de se ligar ao bebê não dependem do gênero dos cuidadores, pois têm um sentido mais amplo. Ou seja, a mãe também exerce função paterna, o pai também pode "maternar" o filho.

Mas o que são, enfim, essas funções?

Função materna

A função materna está ligada à conexão amorosa e próxima ao corpo da criança, que se estabelece a partir dos cuidados iniciais. No caso da espécie humana, o bebê nasce tão pouco preparado para lidar com o mundo que precisa de um adulto por muito tempo para que possa sobreviver. A função materna, porém, não diz respeito somente ao cuidado material do corpo do bebê, ligado à sua sobrevivência, no sentido de ser alimentado e aquecido. Na verdade, essa função é tão essencial à constituição do ser humano, que pode ser pensada quase como uma segunda gestação da criança; é a maternagem que possibilita a sua *gestação psíquica*. Isso porque aquele que cuida de um pequeno dessa maneira não está interessado apenas em prover o cuidado físico, mas, sim, investir no bebê amorosamente, atribuindo-lhe conteúdos psíquicos, tentando adivinhar o que ele sente, interpretando seus choros, falando com ele, ajudando-o, enfim, a *tornar-se humano*.[39] Veja-se aí o aspecto onipotente de ocupar este lugar materno para o bebê.[38] Quem nunca ouviu a mãe do bebezinho dizer palavras como essas – "eu *sei* o que ele quer, eu *sei* do que ele está precisando?" E isso deve ser assim mesmo, pois a pessoa em função materna realiza uma aposta no recém-nascido, antes mesmo de poder ter os seus gestos e cuidados retribuídos. É uma aposta no vir a ser do bebê que ainda não se constituiu como pessoa. Por isso, a função materna parte de uma condição inicial mais indiferenciada entre os componentes dessa dupla e necessita da sintonia entre os corpos, da sustentação e da continência que o adulto cuidador promove para a pequena criança. O reconhecimento, o espelhamento, o manejo e o ritmo são aspectos dessa função primordial.[9,40]

Indiscriminação

Considerando as raízes e a natureza dessa relação tão próxima, entende-se que os processos de separação e discriminação emergem a partir de uma relação indiscriminada e simbiótica inicial, que todos nós, clínicos, observamos diante de alguém que estabeleceu este tipo de laço com o bebê. Em letras miúdas, a função materna acontece a partir de uma certa *simbiose* entre a criança e a pessoa que cuida dela. Hoje, estudos sofisticados já nos permitem entender que, na espécie humana, esse tipo de relação é condição *sine qua non* para que o ser humano possa iniciar o processo de subjetivação, ou seja, para que possa tornar-se pessoa.[22,37] Com seus neurônios-espelho, ele imita seu cuidador, com os órgãos dos sentidos, reconhece sua voz e musicalidade característica. A partir da sintonização desse adulto com os seus ritmos de dormir e mamar, adquire um senso de organização no tempo e no espaço.[22,40]

Do ponto de vista do cuidador, o exercício da função materna se liga a aspectos afetivos de contenção das angústias da criança, uma receptividade a tudo o que pode vir dela, seu choro, sua desorganização, sua impossibilidade de se autorregular. São elementos e afetos que são transformados dentro do psiquismo do adulto em algo que pode ser pensado, compreendido e atendido.[9,37] A função materna, pensada como este continente receptivo do desamparo do bebê, é generosa, doadora e perdoadora, um "seio" que alimenta o filho de uma forma não somente física, mas também mental e emocional.

Receptividade

Pensando em todos esses aspectos, podemos compreender essa modalidade do cuidado como oscilando entre dois polos. O polo *receptivo* da função materna liga-se à generosidade e ao acolhimento daquele pequeno ser tão despreparado para a vida, que precisa de um adulto disposto a sentir e pensar por ele, para que um dia ele chegue a ter a capacidade de sentir e pensar por si mesmo. O polo *simbiótico* liga-se à intimidade física e mental entre o bebê e o cuidador, cujo exagero pode levar o adulto a *se confundir* com ele.

Se o leitor estiver atento, facilmente poderá relacionar a simbiose inicial da criança com a mãe (ou quem exerce para ela a função materna) com as fantasias mais primitivas ligadas ao desejo de filho, discutidas anteriormente: ser um só, ser igual, tudo saber e tudo fazer pelo outro. E aqui os pediatras poderão se lembrar de casos atendidos em sua clínica, casos em que aquela simbiose dura tempo demais. Isso pode aparecer nas dificuldades de desmame, de linguagem, na criança que não consegue dormir sozinha, nas fobias escolares e até em certos casos de transtornos psiquiátricos mais tardios. É intuitivo, em casos assim, alguém perguntar: onde está o pai dessa criança? Quem presencia o sofrimento de uma dupla que não consegue se separar, mesmo quando já é hora para isso, costuma pensar que alguma coisa importante deixou de acontecer na história do vínculo entre essas duas pessoas. Essa coisa importante é a função paterna.

Função paterna

Por que a função paterna é necessária? Podemos dizer que, entre a mãe e o bebê ligados pela simbiose, existe uma fantasia de continuidade, uma certa indiscriminação, a *ilusão* de serem um só. No início, é assim que deve ser. Mas, depois, precisa haver uma instância que ajude a mãe a se lembrar que o "grude" com o bebê não é mais necessário, que aquela continuidade que experimentou com a criança, desde a fase pré-natal, foi se acabando. É uma "des-ilusão" que permite que o bebê caminhe em direção à autonomia. Isso ocorre na medida em que a mãe pode permitir que ele se torne uma pessoa separada dela, com seus próprios pensamentos e desejos. Da mesma forma, se consideramos o polo receptivo, doador, da função materna, a falta de um limite para essa receptividade transforma facilmente a generosidade em abuso, o cuidado em excesso de solicitude, a hospitalidade ao bebê em um parasitismo mútuo, o que é prejudicial ao seu desenvolvimento.

A função do cuidado que estabelece um limite entre a mãe e a criança é chamada de função paterna.[38] Entre as funções materna e paterna há, portanto, uma relação dialética, de modo que uma só funciona bem na presença da outra. Ambas são essenciais para que o psiquismo da criança venha a se organizar. Isto posto, podemos imaginar a função paterna como sendo justamente um corte na simbiose mãe/bebê, um elemento organizador que vem para separar a relação original, permitindo que possa haver dois onde, inicialmente, havia uma matriz fusional e unida.[38] Esse corte, longe de ser uma violência, é o que permite ao cuidador perceber que o bom cuidado tem também uma dimensão de reserva[9] e de limite, ajudando na discriminação entre os membros da díade. Em outras palavras: a função paterna, complementar à função materna, é a instância organizadora e moderadora que, por meio do corte da relação imaginária que se constitui entre o bebê e a mãe, na ilusão de serem um só, propicia o desenvolvimento de um pensamento próprio na criança.

O primeiro "não"

Do ponto de vista da mãe, a função paterna é o primeiro "não" que a mãe ouve em relação à sua onipotência, sua impressão de saber absolutamente tudo, de poder fazer tudo pelo seu bebê.[38] Porque não são a mesma pessoa, mãe e criança vão entrar no mundo da linguagem e entender que entre eles há limites, há diferenças, há impedimentos.

Na vida adulta, encontramos muitos pacientes que sofrem para lidar com a realidade e seus limites, por apresentar falhas na instalação da função paterna em seu modo de pensar, agir ou sentir. Um outro modo de dar figurabilidade à função paterna é relacioná-la com a instalação de uma terceira pessoa, ou seja, um elemento a mais que tornará a relação dual entre mãe e bebê mais relativa, não tão absoluta. A *instalação do terceiro*,[9] que coloca limites para o desejo de tudo saber e tudo poder, é estruturante para o psiquismo de muitas maneiras, pois a função paterna apazigua o bebê, possibilitando a ele a conquista de um limite e um contorno próprio.

Quando falham as funções do cuidado

Embora esses conceitos possam parecer um tanto abstratos, têm grande utilidade clínica. Inicialmente, falhas graves da função materna podem ser, inclusive, incompatíveis com a vida.

Primeiro pesquisador a documentar a depressão em bebês, Spitz,[41] descreveu casos de pequenos que deixavam de se alimentar e entravam num quadro de grave apatia quando internados em hospitais, separados de suas mães. Apesar de os bebês estarem aquecidos e cuidados, paravam de interagir, retraíam-se; alguns chegavam a desenvolver complicações clínicas e vinham a falecer. Foram estudos como esse que modificaram a prática hospitalar da pediatria, que hoje permite e encoraja que os cuidadores das crianças as acompanhem nas internações, pois isso melhora o seu prognóstico e a evolução em todos os sentidos.

Num outro extremo, se a função paterna está ausente, temos problemas de diversas ordens, tanto do ponto de vista do comportamento social de uma pessoa quanto do ponto de vista da sua estruturação psíquica. De certa forma, a psicose se liga justamente à falta de um contorno entre o "eu" e o "outro" e à dificuldade de discriminar entre fantasia e realidade. Embora as causas da psicose sejam múltiplas, envolvendo também a predisposição orgânica e os traumas precoces, existe uma relação entre esses transtornos e as falhas na *instalação* da função paterna no psiquismo do sujeito. A própria aquisição da linguagem, então, relaciona-se com a função paterna, porque a capacidade de entender e formar símbolos, que se liga ao uso das palavras, precisa dessa função estruturante para se desenvolver.[42]

Entre uma mãe e um filho muito simbióticos, não precisa haver nem mesmo palavras. Eles adivinham tudo o que o outro está pensando e desejando. Mas é claro que as falhas na função paterna podem acontecer em variados graus. Em geral, o senso comum traduz a função paterna como o mero ato de "dar limites" a uma criança. Mas ela é muito mais que isso.

Relação entre as funções materna e paterna e a pessoa do pai

Com relação aos cuidadores, as funções materna e paterna podem se sobrepor parcialmente às figuras da mãe e do pai. Mas é claro que a mãe também dá limites e contorno ao filho, introduzindo-o ao mundo da linguagem, e é claro que o pai cuida amorosamente do bebê, podendo fazer um laço muito próximo com ele. Podemos imaginar uma cena: o pai, um dia, diz à mulher: "Olha, já está na hora de colocar o Joãozinho no berço". Mas pode acontecer o contrário: existem pais que têm mais pena de deixar o filho no berço do que a mãe, e nestes casos é a mãe mesmo quem percebe que já chegou a hora de o bebê aprender a dormir sozinho. Há mulheres que são melhores em exercer esse e outros aspectos da função paterna do que os seus parceiros. Isso varia de família para família.

Na linguagem mais coloquial, o "limite" da função paterna diz respeito à observância de certas regras, na vida em sociedade, mas limite também significa contorno, litoral entre duas margens, essa barreira que traduz, justamente, o corte da onipotência e do "grude" que pressupõem que a mãe e o bebê não são pessoas separadas. Se entre a criança e o seu cuidador não se introduz nenhuma falta, nenhum espaço, até as palavras são desnecessárias entre eles. Qual pediatra não percebeu um atraso de linguagem porque o cuidador da criança dá a ela tudo que quer, sem que ela precise pedir por isso? O pediatra sugere que se coloque a criança numa escolinha e rapidamente o menino começa a falar porque, nesse contexto, ele tem necessidade de se fazer entender para as outras pessoas.

Referindo-se ao lugar do pai como agente da função paterna, Graciela Crespin relaciona a capacidade separadora do pai à sua função reguladora da onipotência da mãe.[38] Mas a função paterna, por fim, é também reguladora das fantasias onipotentes da criança, que entende que o seu limite termina onde começa o do outro. Por isso, nunca é demais insistir que a função paterna e a pessoa do pai não significam a mesma coisa. Em variados contextos percebe-se uma colagem imaginária da função paterna à figura masculina. É comum que eu receba em consultório crianças opositoras e desafiadoras que não estão indo bem, e por isso pedem-me que indique um "terapeuta homem" para que a criança aprenda a ter limite. Não é o "terapeuta homem" que vai resolver o problema. A função paterna não tem gênero.

Inclusive, se prestamos bastante atenção, percebemos que a coisa toda começa, num nível muito primário, na relação que a mãe, ou agente da função materna, tem com a outra pessoa que compõe, com ela, um casal. Um dia ouvi essa fala de uma mulher: *"Eu quero ser mãe sim, mas depende. Depende de eu achar um pai para ter uma criança comigo. Tem mulheres que querem ter filho de qualquer jeito; eu não. Quero achar o pai primeiro, então, se estivermos juntos, e ele quiser, eu vou querer também. Ninguém faz filho sozinha"*. Essa fala é interessante porque, na verdade, existem muitas pessoas, sim, que querem o filho para si, "sozinhas" em sua certeza de que bastam, de que são suficientes para ele. E isso independe de gênero, orientação sexual, até mesmo da situação conjugal da pessoa. Há mães solo muito mais atravessadas pela verdade de que o filho não é propriedade sua, do que certas mulheres, casadas, em uniões tradicionais, que não permitem a entrada do pai na vida dos filhos. Em um certo nível, é dentro da mente da mãe que a função paterna começa!

Da mesma maneira, as funções de um pai vão muito além da função paterna *no sentido do corte* e da discriminação entre a criança e sua mãe.

Para exemplificar essa nuance do lugar do pai, uma pequena vinheta clínica.

Pai de pandemia

Durante a pandemia de covid-19, participei de um grupo *on-line* de orientação de pais na clínica com que colaboro (Casa Curumim). A configuração familiar predominante naquele grupo eram casais heteronormativos, pais de bebês e crianças pequenas que buscavam o grupo para compartilhar experiências. Neste grupo, um pai "de primeira viagem" descreveu seu sentimento de responsabilidade e urgência, consciente que estava de sua importância na fase do puerpério da mulher. Todos se emocionaram com seu relato, pois "abriu o coração" no grupo contando como foi difícil se dar conta da empreitada que é cuidar de um recém-nascido. Estávamos na fase do isolamento social. Sabendo que em casa seriam somente ele e a companheira, este pai esmerou-se em aprender, rapidamente, tudo que pudesse. Seguiu as enfermeiras do berçário para observar o banho, as técnicas da mamada e outros detalhes do cuidado. Sabia muito bem da necessidade de dar suporte à companheira para a amamentação. Dizia que achava importante que o bebê pudesse mamar e estava disposto a fazer todo o possível para que isso ocorresse. Na clínica, tal fato se confirma: a atitude paterna é um dos fatores ambientais que contribuem para o sucesso ou fracasso de um processo de amamentação.[14]

Como podemos qualificar a atitude desse pai em termos da função que está exercendo? Aqui temos o pai como aquele que garante uma boa situação ambiental para que a mãe e o bebê possam se encontrar. Ele deve estar, junto com a parceira, muito provavelmente, cuidando também, diretamente, do bebê. Não se trata, portanto, de exercer uma função de corte e separação, mas de conexão e suporte. Proponho nomear este pai como o pai da ternura, o pai terno. A capacidade cuidadora do pai está aí, compondo "o outro englobante" do bebê.[9] O pai que se coloca nessa atitude coloca-se também como um *terceiro*, mas no sentido de favorecer a ligação e o vínculo entre os dois elementos (bebê e mãe), sustentando a função materna da companheira.

Função paterna de suporte

A função terceira, de suporte, é o outro lado da função paterna. É esse dispositivo que, num primeiro momento, não faz corte, mas ligação, e sustenta, assim, a possibilidade da ilusão de continuidade necessária à função materna. É o pai que está "nos bastidores", garantindo que a cena perinatal possa acontecer da melhor maneira, que o encontro entre o bebê e a pessoa que está em contato direto com ele possa fluir bem.

Nesse momento, o leitor pode se perguntar: mas a função "paterna" não é justamente a função de dar limite e fazer o corte, de dar "um basta" no grude da mãe e do bebê, de apresentar a criança ao mundo, ajudando-a a largar aquele colo "quentinho", quando este colo já está exagerado? Ao que respondo: claro que sim. Porém, no começo da vida, a função da terceira pessoa que atua entre a mãe e o bebê não é colocar-se "entre" eles para separá-los, mas sim para uni-los. Pensar a função paterna que não faz corte, ampliando o sentido dessa função, equivale a reconhecer que a mãe já tem, dentro de si, o *chip* de um "pai" instalado no psiquismo, independentemente de seu estado civil ou orientação sexual, seja ela solteira, viúva, lésbica, mãe trans. Se a função paterna está dentro da mãe, também o pai não pode ser reduzido àquele eterno "estraga-prazeres" que é chamado à cena para dizer quem é que manda, quando o filho está "sem limite", ou fazendo "malcriação". As nuances do exercício das funções materna e paterna, em relação às figuras parentais, ligam-se à complexidade e complementaridade destes aspectos dentro do psiquismo de cada um.

No caso da função paterna, um modo de pensá-la é como se estabelece em relação à função mais inicial do cuidado, *como ela vai mudando de forma conforme a criança cresce*! Por isso, a função paterna começa assim, sustentando a possibilidade do cuidado mais intensivo ao bebê, no alvorecer da vida. Só aos poucos vai se tornando uma instância mais separadora, mais limitadora ao exagero do cuidado.

Cuidando do cuidador

Neste momento, o leitor pode estar pensando que o aspecto da função do cuidado que "cuida do cuidador" é como se fosse uma "maternagem" da mãe, uma proteção para ela, e esse é mesmo um dos sentidos da ternura paterna. Mas, além disso, o desejo de sustentar, prover, garantir a segurança e a tranquilidade necessárias para que a função materna exista é também uma prerrogativa desse aspecto "paterno" do cuidado, que está numa interface mais próxima ao mundo externo.

Assim, uma outra maneira de pensar a função de suporte é imaginar a situação perinatal por meio de dois círculos concêntricos: em um deles, o círculo menor, está o bebê aninhado no colo da mãe; no outro, o círculo maior, está a família dando colo à mãe, para que ela envolva o bebê em seus braços.[43] E, para contemplar a todos que podem se alternar nesses lugares, independentemente do gênero ou relação biológica com a criança, podemos trocar as palavras nessa frase e dizer assim: no círculo maior, está a terceira pessoa, dando colo àquela que exerce a função materna, para que esta possa segurar o bebê em seus braços.

A imagem dos círculos concêntricos foi criada por Winnicott,[43] autor que já foi, algumas vezes, criticado por ressaltar o lugar da mulher como cuidadora, como quando, por exemplo, usa a palavra "ajudar" para descrever o papel do pai em relação a ela. A palavra "ajudar" é bem complicada hoje em dia, quando se diz que o pai "ajuda" em casa ou "ajuda" a mãe, pois isso dá a entender que as tarefas domésticas não fazem parte do trabalho do pai. Porém, lá no início da vida, a questão não é essa, pois "ajuda" significa exatamente "cuidado" e "cuidar do cuidador".

É algo que todos sabem, e nas comunidades do interior há vários costumes, como levar comida e deixar a mulher fazer o seu resguardo, tranquila em casa sem ter que se preocupar com coisas práticas, para poder se dedicar ao recém-nascido e descansar do mundo. Como essa função "terceira", de suporte, pode ser exercida por outra pessoa que não o pai, a mãe pode ser ajudada por sua mãe, seu pai, uma irmã, um amigo, uma comunidade, ou todos eles. Nesse caso, a "turma do cuidado" está fazendo, sim, a função paterna para a mãe e para o bebê. Assim, proponho ler as palavras de Winnicott trocando a palavra "pai" por "terceiro", na frase a seguir:

> *"O pai pode ajudar a criar um espaço em que a mãe circule à vontade. Adequadamente protegida pelo seu homem, à mãe é poupada do trabalho de ter que ocupar-se das coisas externas que acontecem à sua volta numa época em que ela tanto precisa concentrar-se, quando tanto anseia por preocupar-se com o interior do círculo formado pelos seus braços, e no interior do qual está o bebê."*[43]

A imagem do círculo, como espaço protetor para "que a mãe circule à vontade", expressa bem a necessidade das pessoas diretamente envolvidas com o bebê, no sentido de poderem se permitir estar com ele, fora do ritmo do mundo.

Alimentar, acordar de madrugada, aprender a entender o choro e tomar o tempo necessário para isso requer um grande envolvimento, que precisa perdurar até o ponto em que o bebê possa se "des-envolver", por si mesmo.

Nesse sentido, a palavra "mãe" é um modo de resumir a função primordial de continência, de continuidade dos cuidados, de círculo protetor do bebê. Ideia que lembra, na verdade, mesmo a imagem de uma bolha, por causa da delicadeza desse círculo que protege a pequena criança da experiência de descontinuidade, do contato com o próprio desamparo nos estágios iniciais. Manter uma bolha intacta, pelo tempo necessário, é uma tarefa difícil. E, ao mesmo tempo, é impossível que a bolha não estoure diante de uma ventania, uma mudança brusca de temperatura. Então, quem é que corre para fechar a janela, esquentar a mamadeira quando o bebê está gritando de cólica, fazer a compra do mercado, da fralda, enquanto alguém está lá, "dentro da bolha" com o neném? É essa a ideia principal dos círculos concêntricos. O círculo mais externo é o guardião da ilusão da bolha, aquele que garante que o quarto esteja quentinho, quietinho, de modo que a "bolha" permaneça, que a pequena criança possa experimentar a sensação de confiabilidade e previsibilidade no seu ambiente.

Além de Winnicott, o psicanalista uruguaio Vitor Guerra explorou a ideia de "cuidar do cuidador" e a questão da ilusão do bebê, quando nem percebe a existência da pessoa que cuida dele. A ilusão de ser "um" tem contrapartida no psiquismo materno, quando a mãe, muitas vezes, sente-se "misturada" com o filho, naquela preocupação que a faz desligar-se do mundo para focar quase exclusivamente no bebê. Guerra ressaltou o fato de que uma ilusão dessa natureza, para se manter no tempo, precisa de certa blindagem – e só mesmo uma terceira pessoa, nessa cena, pode garantir que as coisas se passem dessa forma – isso tanto para o bebê como para aquele que está exercendo essa função materna em relação a ele.[40]

É preciso três para que dois possam ter a ilusão de ser um

A imagem trazida por Victor Guerra tem uma qualidade poética, afirmando a importância do pai quando diz que "são necessários três para que dois possam ter a ilusão de ser um".[40] Ao afirmar que "é preciso três", o autor considera que a díade, a dupla mãe-bebê, não pode existir sem um terceiro elemento. Ele é condição *sine qua non* para que a díade se mantenha no tempo. Daí a importância do pai na função de sustentação. A ideia de que a mãe pode "dar conta do recado" sozinha não se sustenta na prática. Quem sabe, até essa ideia não seja um resquício da nossa *saudade* de viver aquela *ilusão de ser um* com nossa mãe, na época em que a gente não percebia que ali, naquela cena, tinha mais gente. A experiência da "bolha", projetada na ideia da maternidade perfeita, que se sustentaria sozinha, independentemente de qualquer condição ambiental, pode ter muito mais a ver com esse desejo do que com os dados da realidade.[44]

E, sobre a realidade, os estudos sobre as sociedades humanas têm nos mostrado a importância dos terceiros, reiteradamente, para que o bebê possa se desenvolver de modo satisfatório. Embora seja suficiente apenas um adulto para garantir que o recém-nascido não morra de fome ou de frio, a função do cuidado, "desde que o mundo é mundo", tem sido exercida de forma compartilhada. Toda vez que há alguém junto do bebê, há outro alguém que se coloca na função de suporte para o adulto cuidador. Por isso, o ditado que diz: "é preciso uma tribo para cuidar de uma criança" – e, na falta dessa tribo, o cuidador, ou a criança, tem grande chance de adoecer. Esse dado é confirmado pelos antropólogos e historiadores. Os cuidados dos bebês nas sociedades mais antigas se organizavam de forma que, junto à mãe, havia sempre uma outra mulher por perto.[45] Muitas vezes essa figura era a avó da criança.

Trazendo essa mesma ideia para a fala do nosso "pai de pandemia", fica patente que, no caso dele, como ocorre em muitos lares contemporâneos, a figura que está numa função de suporte em relação à mãe é justamente o companheiro ou companheira dela, ou seja, a "tribo" é o pai. Ele é a pessoa que passa a ser este "outro", o sujeito necessário ao bem-estar do bebê e do adulto que faz a maternagem da criança. Nesse caso, é importante entender a diferença entre a *pessoa* do pai e o *lugar* do pai, embora qualquer uma dessas instâncias possa interferir na outra. Se o pai como pessoa não vai bem, pode engajar-se em diversos comportamentos que, finalmente, deixarão vazio o seu lugar. Isso é particularmente verdadeiro nos dias de hoje, em sociedades que se organizam de modo diferente da família de outros tempos. Hoje, a função de suporte do pai está ligada mesmo à sua pessoa, pois a tribo "encolheu", há muito menos braços dispostos a segurar o bebê.

O pai, então, é convocado a partir desses dois lugares: ali onde a função paterna é necessária para fazer um corte da simbiose mãe/bebê e apresentar a criança ao mundo (como Cristóvão) – mas também no início, exercendo um suporte que, outrora, era dividido com as mulheres do grupo familiar. Quanto mais minguada a tribo de pertencimento de uma família, mais necessário se torna o pai da ternura. No início, a sua função não é fazer "corte", pois, nesse momento, não é possível nem desejável que mãe e bebê estejam separados.

O terceiro da ligação e do suporte

A importância de falar da diferença entre o "corte" e a conexão está em perceber a dupla valência deste traço que se coloca entre a criança e a pessoa que faz a função materna. O "terceiro" da conexão, como nos disse aquele "pai de pandemia", deseja ajudar a mãe a se entender com o bebê. Para marcar a posição do pai como um terceiro que não separa, o psicanalista Bernard Golse chamou este sujeito de pai "re-ligante".[45] Neste momento, não predomina a rivalidade entre o pai e o filho, como na história de Édipo. Aqui, a história é outra, as fantasias são outras, é o tempo em que a menina Mariana mamava no peito da mãe e não sabia o que era aliança, casamento, nada disso. Nessa fase, o pai da Mariana era "o cara" que fechava a janela e ajudava a mãe a amamentar, esperando a hora de pegar a menininha no colo para arrotar, torcendo para que tudo desse certo naquela amamentação.

É claro que as rivalidades, os ciúmes e até a inveja do pai, em relação à conexão entre a mãe e o bebê, existem desde o início. Mas o pai da conexão é aquele que consegue superar ou até transformar este ciúme em função do desejo genuíno de ajudar o filho a se desenvolver bem. Isso tem a ver com a ideia da ternura, que é um modo diferente de dizer que, afetivamente, o pai é capaz de esquecer sua possessividade em relação à mulher para dividi-la com o bebê. Ninguém há de negar a intensidade da intimidade física que costuma existir entre os pequenos e suas mães. O pai da ternura consegue levar isso "numa boa", não se desorganizar com isso.

Contudo, do ponto de vista do bebê, não existe nem ciúme, nem rivalidade, pois, para ele, na fase correspondente ao começo da vida, o bebê e a mãe não estão diferenciados. O pai, nesse momento, é percebido pela criança muito mais como parte do ambiente do cuidado do que como uma pessoa "inteira". Para quem olha de fora, há três pessoas; para o bebê, somente uma. Isso é um ponto extremamente importante para pensar não só a situação inicial da vida, como os momentos em que regredimos a essa condição psíquica. Em certos adoecimentos ou em situações de extrema pressão, podemos deixar de perceber a realidade do mundo como composta de pessoas que são externas a nós mesmos. No segundo capítulo deste livro vamos explorar mais essa ideia, mas aqui, no caso do bebê, a ilusão de ser um com a mãe não é patológica, de modo algum. Pelo contrário, é justamente quando essa ilusão acaba depressa demais que se instalam os problemas do desenvolvimento.

Importância do pai

Pensando sobre a importância do pai nesse lugar sustentador do vínculo, podemos imaginar o papel do pai da Mariana. Sua função vai além de segurar a menina para a mãe amamentar, pois a sua presença, nessa cena, também pode enriquecer a experiência da dupla. Quando isso acontece, aquele estado de simbiose, que caminha em direção à diferenciação entre a mãe e o bebê, pode se desenrolar mais suavemente. Conforme o bebê vai se dando conta dos limites do seu corpo em relação à mãe, por meio do refinamento da sua percepção do mundo, é justamente o pai, nessa função "terceira", que torna esse processo mais fácil.

Como isso acontece? No início, o pai está num lugar de terceiro sustentador e "re-ligante". Ele é a "cola" que permite que a "mãe circule à vontade", é a peça-chave para que a mãe e o bebê se confundam, à vontade. Mas, sutilmente, aos poucos, o pai ajuda que o processo de separação entre a dupla se inicie. E isso não ocorre assim, de uma hora para outra. Separações bruscas podem ser sentidas como uma violência, tanto para a mãe como para o bebê. O processo contínuo, que tem idas e vindas, mas vai se especializando na direção do desenvolvimento da pequena criança, pode ser artificialmente dividido em três tempos. Primeiro, há uma simbiose, em seguida, um processo intermediário de diferenciação entre o bebê e seu cuidador primário e, finalmente, a separação propriamente dita.[45] A sutileza da presença do pai, facilitando o desenrolar desses acontecimentos, está justamente na conexão entre a mãe (ou pessoa que ocupa esse lugar para o bebê) e essa figura. Por isso, faz diferença que tipo de conexão existe entre o casal parental, e o fato de haver ali, realmente, um casal. Cada vez que a mãe se dirige ao pai, parceiro ou parceira, desviando os olhos da pequena criança, algo se passa no campo perceptivo desse bebê. A mãe se mantém ligada a essa terceira pessoa, com quem está amorosamente conectada. E, assim, mesmo sem perceber, ela *direciona o olhar do bebê para essa outra pessoa*. A presença da terceira pessoa, nessa cena, ajuda o bebê a perceber que, no mundo, não existem só ele e a mãe. É o começo do processo de diferenciação.[45]

Diferenciação e separação

A sutileza de distinguir a diferenciação e a separação não é um mero detalhe teórico. No caso da clínica perinatal, a dificuldade de uma dupla pode estar na primeira parte desse processo, quando uma mãe que está desamparada, ou num estado deprimido, não tem condição de acessar o apoio ambiental para poder ajudar seu bebê a se "descolar" dela. O leitor pode imaginar como o processo de diferenciação entre mãe e bebê, inicialmente tão "misturados", precisa de um terceiro sustentador para conseguir chegar, de fato, a se tornar separação? A diferenciação é o início desse processo, cujas etapas se ligam umas às outras, de modo que a separação não pode se instalar sem que a fase anterior tenha se completado minimamente. Em algum momento, quando o bebê se percebe realmente apartado da mãe, a percepção do limite entre eles representa um salto do amadurecimento. É o resultado da maturação do processamento sensorial (percepções) no cérebro do bebê e o estabelecimento da noção de um "eu".

E é justamente o pai, nessa função "de ser terceiro", que ajuda a mãe e o filho a se descolarem, sem se separar totalmente naquele momento em que uma separação completa seria precoce. O pai, *como um ímã*, estando presente, é o elemento diferente, que tem uma voz diferente, um jeito diferente de segurar o bebê, e que também captura o olhar da mãe em alguns momentos. É o pai quem dá à pequena criança a impressão de que entre ela e a mãe *existe algo mais*. Qual a diferença entre a separação e a diferenciação? Para Golse, a diferenciação é o que permite que o bebê e os adultos que dele cuidam possam se distanciar, sem se perderem.[45] Quando diferenciados, o bebê e os adultos estão presentes uns para os outros, mas como que ligados por alguns fios. A diferenciação diz respeito ao vínculo.

Nesse momento, leitor, você deve estar pensando: como podemos representar, de um jeito mais simples ou por uma imagem, um vínculo forte e flexível a ponto de permitir uma diferenciação, sem a necessidade da separação propriamente dita? Bernard Golse pensou nisso. Para nos ajudar a imaginar o bebê nesse momento, ele nos traz a figura de uma aranha, que está no teto e quer descer até o chão. Mas, para isso, a aranha não se joga ao ar, e sim vai descendo pelo seu fio, até chegar lá. Quando chega ao chão, ela está separada do teto, mas permanece ligada a ele pela sua teia. Se precisar voltar ao teto, fará isso pelos mesmos fios. Nesse sentido, a diferenciação significa se separar sem se romper o fio, é se separar sem se perder, sem estar sozinho.[45]

Ao observarmos os bebês, notamos um momento em que eles já podem se distrair com seus brinquedos, desde que tenham a segurança de que o adulto, em quem confiam, está suficientemente perto. A pequena criança olha, às vezes, para este adulto ou faz um barulho, esperando a resposta, dando sinal de si e reassegurando-se de que o adulto está ali. É somente quando um vínculo de segurança se instaurou corretamente que a criança pode caminhar para a linguagem, para a separação, que é simbolizada pela fala. A fala é desenvolvida para comunicar-se com o outro separado de si. Só podemos falar ao outro se nos distanciamos, se podemos sentir o outro como outro. O fato de falar significa: eu e o outro não somos o mesmo, por isso tenho que me comunicar, explicar o que quero e o que estou sentindo. Existe uma ligação entre a função paterna e a linguagem, pois ambas pressupõem uma certa separação, saudável, entre o bebê e a mãe, entre o eu e o outro.[42]

E podemos caminhar mais ainda nessa ideia. Em relação às imagens do cuidado, na mesma linha da figura dos círculos concêntricos, do triângulo e da aranha com sua teia. Há outro exemplo utilizado pelo autor para marcar a sutileza da diferenciação.[45] Aqui, a dupla que começa a se discriminar, na presença de um terceiro, é representada na pintura *A virgem e o menino com Santa Ana*, de Leonardo da Vinci (Figura 2).[46]

Figura 2 Pintura *A virgem e o menino com Santa Ana*, de Leonardo da Vinci.[46]

Se o leitor puder observar a figura com atenção, vai se recordar da ideia dos círculos concêntricos. Observe bem. Nesta obra, temos Maria no colo da mãe, dando colo ao filho que, por sua vez, brinca com o cordeirinho. O leitor pode notar como os três, a mãe, o menino e a avó, mantêm contato visual e estão ligados, como se aqueles rostos humanos se colocassem numa mesma linha. Nos esboços dessa pintura, que também foram estudados por um psicanalista,[47] até os pés da mãe e da avó se confundem, já que uma está no colo da outra. Esse é o significado do terceiro em sua função de suporte.

E é somente porque a mãe e o filho estão seguros, que o bebê pode, aos poucos, interessar-se pelas coisas do mundo, começando a se desligar dela sem se separar completamente (o que, na tela, é representado pelo seu contato com o pequeno animal, enquanto seus olhos estão dirigidos à mãe).

Figuras do cuidado

A tela de Da Vinci foi pintada há mais de 500 anos, mas presumo que o leitor concorde comigo que hoje, apesar de muita coisa ter mudado, as mães que cuidam de bebês pequenos precisam de tanto colo como antigamente. Em nosso meio, é comum que a função materna seja compartilhada nos lares com as avós e cuidadoras; e há pequenos que frequentam berçário, além de passarem mais tempo com o pai. Não é raro que uma criança passe o dia todo, ou até a noite, com uma babá, que vai se tornar uma figura importante para ela. Mas a falta da percepção da importância daqueles círculos concêntricos do cuidado pode levar a alguns equívocos na forma como as famílias valorizam esses terceiros. São distorções que, a meu ver, podem ser prejudiciais à criança e refletem tanto as questões sociais como a rigidez do pensamento atual, que idealiza a figura da mãe como única provedora do amor. Isso aumenta a culpa da mãe que precisa trabalhar ou que se sente melhor compartilhando o cuidado do filho com outras pessoas, como se isso fosse errado.

O apagamento da figura da babá, considerada "secundária", facilmente substituível e desvalorizada por conta da diferença econômica e social em relação à família, diminui sua importância no imaginário dos pais e pode levá-los a uma situação paradoxal. Isso porque, nesses contextos, entregam o filho aos cuidados de outrem, mas se veem impedidos de perceber a relevância da pessoa para a criança.[48] Isso repercute na clínica, quando rupturas bruscas nessas relações podem ter efeitos que os pais nem chegam a perceber. Uma criança que eu atendia, com questões de neurodesenvolvimento, teve uma piora súbita de seus sintomas, passando a expressar muita angústia, inquietação e problemas de sono, sem uma causa aparente. Os pais não conseguiam perceber o que teria ocasionado a mudança. Foi a terapeuta ocupacional quem me contou que eles haviam demitido a babá, e o fato coincidia temporalmente com as dificuldades da menina. Os pais, na consulta comigo, sequer relataram essa mudança, pois não atribuíam importância a essa relação!

Assim, apesar de este livro ter o foco no pai, a questão da ternura dessa terceira pessoa, que não é a mãe da criança, mas compõe com ela o "outro englobante" do bebê,[9] diz respeito à nossa possibilidade de enxergar o cuidado como algo amplo, incluindo todas as possibilidades de composição desse cuidado, que possam surgir em nossa clínica e na vida. Em muitas configurações, não é exatamente o pai a figura de suporte (terceiro) que sustenta a função materna para a criança. Quando os pais trabalham ou por qualquer motivo dividem o cuidado do filho com outra(s) figura(s), precisam também eles saberem dar suporte, permitir e facilitar o trabalho destes outros cuidadores, para que possam exercer sua função com tranquilidade. Podemos, então, entender que é somente quando os pais enxergam o valor da babá, dos berçaristas e funcionários da escola do filho, para além das diferenças em seus estilos de cuidar, que podem, verdadeiramente, garantir um bom ambiente para a criança. Talvez, então, em outras cenas, fosse Maria a dar colo para a Santana que está ficando, a maior parte do dia, com o menino Jesus em seu colo!

Na clínica, rivalidades e ciúmes, além do apagamento da importância dessas figuras, fazem com que mães e pais deixem de sustentar e valorizar a dignidade e importância desse tipo de trabalho, que acontece de forma silenciosa, em muitos lares de nosso país.[48]

Turma do cuidado

Dividir o cuidado do filho com outras pessoas pode ser muito bom; na verdade, pode ser mesmo essencial para a mãe e para o bebê. Mas, se é importante para os pais perceberem o valor dos cuidadores que lidam com a criança, o inverso também é verdadeiro. Qualquer mãe que renuncia ao protagonismo do cuidado precisa apoiar-se na ideia da cooperação em relação ao filho, pois, ainda que não esteja com o bebê em tempo integral, os sinais de autoeficácia contam muito para ela, são como uma "garantia" de que está cumprindo bem o seu papel.

Há comunidades em que os filhos são cuidados naturalmente por todos, como os curumins dos povos originários brasileiros, mas, em nossa cultura, as representações sociais que ligam ser mãe a amamentar, cuidar, conhecer bem o bebê e saber como acalmá-lo estão fortemente arraigadas. Conforme o pai se aproxima das práticas do cuidado, também passa a estar mais sensível aos sinais de que está se saindo bem nesse sentido. Por isso, no contexto do cuidado compartilhado, aqueles que se dispõem a dividir com os pais a lida com o bebê precisam ter paciência, não só com o pequeno. É preciso também ter paciência e compaixão para com a mãe, que facilmente se sente inadequada ou incapaz quando não corresponde ao ideal de cuidadora abnegada que existe no imaginário social. São relações que envolvem sutilezas e funcionam melhor quando todos os envolvidos entendem a sua parceria como benéfica ao bebê, que só deseja estar bem. Afinal, a criança pode aproveitar os estilos de seus cuidadores para enriquecer a sua experiência de mundo. Isso inclui o pai, obviamente, e é por isso que, em certos contextos, mesmo que ele seja talentoso no cuidar, precisa abrir espaço para a parceira, que também depende da sua aprovação para se acomodar em seu papel. É como se a "turma do cuidado" fosse um "time" que precisa jogar junto, em parceria, entendendo que o filho é a parte mais importante do jogo. Tenho percebido isso, também, nos casais formados por dois homens ou duas mulheres. Parece que os casais homoparentais lidam melhor com a divisão das tarefas,[49] mas a ideia se mantém a mesma: quem está no papel de ajudar aquele que se coloca como "titular" da função "mãe", a cada momento, faz bem em não criticar os seus erros e saber ser um suporte para a sua importante função.

Questão biológica

Após o detalhamento das características da função materna e paterna, bem como do papel paterno como terceiro sustentador da díade mãe/bebê, podemos pensar, sem risco de um autoengano, e sem tomar a condição biológica da mãe e do pai "ao pé da letra", que a gestação e a amamentação podem, sim, favorecer à mãe o sentimento de proximidade com o filho. Isso porque, na medida em que compartilha com ele o seu corpo, já parte de uma condição de intimidade com o bebê (nada que impeça uma mãe adotiva de desenvolver com uma criança o mesmo vínculo, nunca é demais lembrar).

Já o laço com o bebê, na vertente paterna, é diferente do ponto de vista biológico. Pelas mesmas razões, porque não compartilha, de imediato, o seu corpo com ele, o filho é visto, de saída, pelo seu pai como um **outro**. O poeta Carrascoza[50] fala disso como ninguém:

Se ele entrou só com a gota do seu sêmen
num primeiro momento,
depois, por não ter cozido dentro de si

esse filho,
foi impelido
a erguer uma ponte entre eles,
e, para que pudessem
um ir e vir ao outro,
precisaram
construir uma história
de fora para dentro,
não como a mãe,
de dentro para fora!

A ideia da ponte construída "de fora para dentro" ajuda-nos a criar a imagem de que o pai, por não gestar a criança, está em uma posição privilegiada para assistir, a partir *de fora,* o seu nascimento. Isso pode ajudá-lo a se colocar, em relação a ela, de forma diferente da mãe. É assim que a ideia da função paterna pode nos contar algo sobre *o lugar* do pai.

Para concluir, se o leitor me acompanhou até aqui, pode-se facilmente imaginar o papel paterno, tanto no começo da vida como mais adiante. Exercendo a função terceira de suporte, no início, ele é chamado a cuidar da mãe e do bebê, cuidar do seu ambiente, proteger, amparar, garantir um certo sossego para essa dupla, para que possam se encontrar e se ajustar da melhor forma. O pai fica, muitas vezes, com a "parte prática" de alguns processos, preocupa-se com o trabalho, com o sustento, com o silêncio, com regular a quantidade de visitas, comprar a fralda na farmácia, estar atento aos despertares do bebê para mamar. É preciso que seja paciente, continente, presente.

Em muitos momentos, porém, o pai não está num lugar "terceiro", coloca-se a exercer também uma função materna para o bebê, embora não possa estar em ambas as posições ao mesmo tempo. Existem tantas conjugalidades quanto as possibilidades de alternância entre os papéis materno e paterno numa família. Com o tempo, aos poucos, aquele que está no lugar de pai vai sendo requisitado para exercer a função paterna do corte: ele terá de ajudar no desmame, insistir para que a Mariana seja colocada no berço etc. Em alguns momentos, é difícil.

Um pai de duas crianças, em análise comigo, disse-me uma vez: "é horrível ficar neste papel de *bad cop*" – referindo-se aos filmes policiais em que, no interrogatório, um policial faz o papel de malvado (*bad cop*), enquanto o outro faz o papel de "bonzinho". A mãe, sempre em conluio com o filho, evitava dizer não a ele e fazia com que o pai é que tivesse de se encarregar de todas as reprimendas e castigos. Não é fácil estar sempre no lugar do "estraga-prazeres" e, neste caso, a coisa só melhorou quando a mãe entendeu que precisava fazer sua parte também.

O lugar clássico do *bad cop* mantenedor da ordem, comumente atribuído ao pai, pode nos fazer esquecer, facilmente, da importância de outros aspectos da função do terceiro. A diferenciação, a questão do reconhecimento da subjetividade do outro, as nuances da linguagem, tudo isso implica o reconhecimento da nossa solidão essencial e dos limites que nos separam do outro. Quando os pais me procuram, preocupados, porque descobrem que o filho pequeno lhes contou a primeira mentira, ressalto o quanto o desenvolvimento é necessário para que uma criança possa entender que os pais não estão "dentro" da sua cabeça, que há coisas que se passam dentro dela, pensamentos e sentimentos, que pode guardar para si. Nesse sentido, aquela primeira "mentirinha" da criança significa que ela descobriu que tem uma mente própria. É claro que não devemos incentivar isso, mas esse acontecimento nos revela a sutileza do desenvolvimento psíquico que implica na presença da função paterna internalizada, em sua dimensão mais complexa, que não está representando aqui a noção do "certo" e do "errado". Significa que a criança cresceu, que atingiu uma conquista em relação ao seu desenvolvimento individual.

EMOÇÕES DO PAI

Agora, depois de explorar a ideia do pai na função do cuidado, vamos nos voltar para a sua subjetividade: a relação do pai consigo mesmo, ao assumir este papel. Uma vasta literatura, baseada em autorrelatos, faz sucesso por trazer imagens da ternura paterna, oferecendo modelos para os pais contemporâneos que querem estar perto do filho e recusam os ideais de distância e austeridade da figura patriarcal tradicional. Optei, aqui, por abordar também os sentimentos mais perturbadores e conflituosos, por julgar que a compreensão e a nomeação desses sentimentos pode ajudar na clínica da parentalidade.

Apesar da paternidade poder ser gratificante, seus impasses se ligam, muitas vezes, às dificuldades enfrentadas por pais, mães e filhos, relativos às emoções e sentimentos considerados negativos. Entre eles, o ciúme, a inveja, a insegurança, o medo e o ressentimento. Com relação ao pai, apesar da recente idealização do seu papel, existe ainda a queixa de uma certa invisibilidade, que pode ser diminuída se o ambiente está preparado para reconhecê-la. E essa "invisibilidade" pode gerar desconforto, raiva, incômodo – ou até vergonha. Conhecer esses sentimentos e entender que a dificuldade de se tornar pai, nos dias de hoje, precisa ser acolhida é também tarefa do profissional de saúde. Em alguns casos, a invisibilidade paterna pode ser transposta com a ajuda do ambiente e do cuidado engajado, preocupado com o sujeito, em sua totalidade biopsicossocial.

Para falar de emoções perturbadoras, escolhi alguns relatos da literatura e da cultura, de modo a ajudar o leitor a refletir sobre temas difíceis de abordar, como a violência, a rejeição ao filho e a sexualidade paterna. Seguimos então com alguns sentimentos, os mais desconfortáveis, escolhidos neste livro para aproximar o leitor desse campo dos afetos e emoções experimentados pelo homem que torna pai.

Ciúme

> *"A loucura começa como a doença, miúda. Vai se alastrando célula a célula, ocupando tudo, destruindo a saúde, acabando com a vida de quem não encontra recurso para deter os pensamentos ruins, fazedores dos mais profundos infernos. O pensamento solto, insistente e amargo constrói e antecipa a desgraça, é cruel no jeito de destruir. Naquele dia Venâncio podia ter saído, já estava lá fora no portão, quando pôs sentido na bexiga cheia e pesada. Voltou para mijar. Nos últimos anos, a lembrança desse segundo, o preciso momento em que decidiu voltar, provocava nele uma aflição sem alívio. O filho tinha nascido de manhã, quando ele entrou no quarto, Dalva oferecia o bico do peito para o menino. Os olhos de Venâncio pararam ali, sentiu uma dor de infidelidade, traição, a nuca esquentou num quase desmaio. Ela punha na boca do menino o bico do seio que era dele, o bico, acordado e nu, estava lá entumecido, pronto, sem que ele o tivesse excitado. A boca do neném buscava ansiosa o peito farto e úmido querendo sugar, engolir e ainda tão sem saber. O mamilo se dobrava passando na boquinha pequena, querendo ser pego por ela. Dalva se entregava a uma emoção única, da mais comovente ternura. O momento dela e do filho cegou Venâncio de uma absurda loucura. Ele arrancou o menino dos braços dela e jogou longe, bateu em Dalva, bateu, bateu. Espancou."*[51]

É um fato espantoso. Nem a gravidez, nem o pós-parto são períodos em que a mulher, por sua vulnerabilidade, está a salvo da violência por seu parceiro íntimo.[52] Qual é a "absurda loucura" que acomete um pai, como bem descreve

Madeira,[51] e que o torna cego para a ternura de uma cena de amamentação, enxergando no filho recém-nascido um rival a ser eliminado?

O livro *Tudo é rio*[51] conta a história de Venâncio, que não era capaz de tolerar que o seu objeto de amor, a Dalva, desse atenção a outra pessoa, que não ele. Este pai, por sua vez, havia sofrido violência do próprio pai e era incapaz de lidar com as relações triangulares: possivelmente os mecanismos de diferenciação e separação que acabamos de descrever não teriam ocorrido para ele de forma satisfatória. Embora conseguisse viver sua vida, namorar e trabalhar, em momentos de pressão, quando se sentia acuado ou preterido, reagia com violência. Venâncio enxergava, na relação terna entre a mãe e o filho, a traição e a infidelidade. Dalva, por fim, tinha que ser só sua.

O ciúme, paixão triste, é uma emoção que pode ser arrebatadora. Está na raiz dos crimes passionais e reúne em si elementos contraditórios: amor, frustração, ódio, rejeição, desprezo, além da vergonha, da humilhação e da sensação de fracasso.[53] O ciúme está intimamente ligado ao amor, só sentimos ciúme de pessoas a quem nos ligamos. Ele nasce do amor, mas relaciona-se com o medo da perda do objeto de amor, o medo de que o amado prefira um outro e nos abandone. Para o ciumento, não é possível haver mais do que dois.

Além disso, o ciúme se alimenta, imaginariamente, de cenas criadas pelo ciumento, nas quais o seu objeto de amor entrega aquilo que deveria ser só dele para outra pessoa.[53] Está, enfim, ligado à possessividade, à insegurança e ao desamparo. A criança demonstra o seu ciúme desde muito cedo, na relação com os irmãos, e mais tarde atravessa uma fase em que, em sua fantasia, imagina ter o pai ou a mãe só para si, sentindo-se excluída da relação que existe entre eles. Isso é doloroso para ela, mas trata-se de um momento importante. Ele marca a passagem para uma nova fase do desenvolvimento, quando o sujeito passa a admitir, ao mesmo tempo, o limite de ser criança e a necessidade de eleger o seu objeto de amor, num futuro, fora da família.

Já falamos dessa fase, que foi chamada de fase edípica. A fase edípica é uma verdadeira constelação de sentimentos, emoções, ideias e identificações, mas uma das suas características mais marcantes é o ciúme e o sentimento de exclusão. Em certo sentido, existe aqui um atravessamento que determinará a escolha amorosa de um sujeito, quando adulto, baseada nas suas identificações com um dos pais e no ideal amoroso inspirado pelo outro. E é justamente o ciúme que marca a consciência, na criança, de que ela não pode ser tudo, nem ter tudo e que seu objeto de amor maior (seus pais) tem outros interesses. Ou seja: eles têm uma vida da qual ela não participa, da qual está excluída. Algumas pessoas vivem esse momento da infância com extrema dificuldade, possivelmente porque seu ambiente não consegue ajudá-las com as suas emoções, ou talvez porque não tenham conseguido, em momentos muito precoces, lidar com as perdas e o desamparo. O nascimento, o desmame, as primeiras separações: a forma como esses processos ocorrem influencia a maneira como a criança, mais tarde, reage aos ciúmes e às desilusões das relações "a três", quando tem que ceder sua vez a alguém, quando deixa de ser a pessoa mais importante em uma determinada cena. Quando é possível uma elaboração dessa fase, a criança amadurece e aceita o *corte* da relação narcísica (dual, exclusiva) com seu primeiro objeto de amor. Aceita ocupar um papel coadjuvante, secundário, em determinadas situações. Aprende a esperar a sua vez e abdica do controle onipotente sobre a pessoa amada. Algo que Venâncio, mesmo adulto, não era capaz de aceitar.

O exemplo de Venâncio, mesmo fictício, é importante para ilustrarmos aqui um dos sentimentos mais difíceis para alguns pais: o ciúme da relação que se desenvolve entre sua parceira e o filho. Com a chegada do filho, a mãe vai se dividir: uma parte importante do seu tempo, da sua atenção e da sua energia estará voltada ao recém-nascido. Isso significa para o pai a necessidade de um remanejamento de seus afetos, pois afinal ele também pode encontrar prazer no relacionamento com o bebê, mas deixa de ocupar o lugar de importância que tinha junto de sua parceira, *ao menos temporariamente.* O pai que está tomado pelo sentimento do ciúme se sente um pouco como se fosse um irmão do filho, disputando com ele o amor e a atenção da mamãe. Seu comportamento, então, pode ser bastante regredido.

Reações ao ciúme

O pai ciumento, invadido pelo sentimento de exclusão e menos-valia, talvez não tenha como simbolizar ou mesmo identificar a natureza de seu sofrimento. Na clínica, comumente vemos os pais apresentando comportamentos que parecem visar um ataque à relação mãe/bebê, retirando o suporte necessário a essa dupla, ausentando-se, criticando a amamentação, recusando-se a acompanhar as consultas no obstetra, no pediatra etc. Pode ser que também haja uma impaciência em relação à retomada da vida sexual do casal, que fica arrefecida no puerpério e precisa de tempo para se restabelecer. O pai pode tentar "forçar a barra", até mesmo ameaçar a parceira que se recusa a retomar a vida sexual nessa fase.

Em outros casos, ele pode reagir de forma a se excluir cada vez mais do contato com o filho ou adquirir atitudes excessivas, invasivas, que não estão em sintonia com a necessidade da criança. Aqui, o que motiva o pai é o desejo de ser importante, de se fazer valer, de "participar" de qualquer jeito, a despeito dos desejos e necessidades da mãe e do bebê.

Como fica a função terceira de suporte, no caso de um pai tomado pelo ciúme? Como um pai tão regredido pode abandonar-se aos encantos do recém-nascido e aprender a ser cuidadoso com ele? A função paterna, que se divide entre o pai do suporte, o pai terno e o pai separador do momento do corte da simbiose, não pode ser exercida neste contexto. Nem o pai consegue ser apoiador, nem tampouco terá licença (por parte do filho e por parte da mãe) para imiscuir-se nessa relação de forma a facilitar que ela caminhe na direção da diferenciação e da separação necessárias ao desenvolvimento. *Afinal, o pai só pode cortar aquilo que, anteriormente, uniu.*

Inveja

Nem sempre é fácil estabelecer uma diferença clara entre o ciúme e a inveja. É comum que ambos os sentimentos apareçam juntos. Como exemplo, pensemos na agressão de Venâncio à Dalva e a seu bebê. Cego de ciúme, ele bate em Dalva, mas possivelmente sente também inveja do recém-nascido, que está usufruindo de algo que ele não pode ter. O ciúme se liga à possessividade, à dificuldade de dividir o objeto de amor e deseja a exclusão do rival; mas a inveja quer estragar a bondade da outra pessoa por possuir algo que não se tem. Em sua forma mais "leve", a inveja não visa destruir, mas passar a ter, também, os atributos do objeto invejado. A inveja está ligada à admiração.

Etimologicamente a palavra inveja é formada pelos prefixos latinos '*in*' (dentro de) + '*videre*' (olhar). É por isso que o poeta escreve que a inveja traz "movimento demais aos olhos"[54] e temos tantas expressões idiomáticas a ela relacionadas: olho-grande (ficar com olho grande sobre algo que alguém possui), olho gordo (colocar "olho gordo" em alguém ou alguma coisa é desejar a sua destruição) e mau-olhado (um feitiço que se dirige ao objeto invejado para que algo de ruim lhe aconteça). Nesse sentido, a inveja pode ser tão ou mais destrutiva do que o ciúme.

Pensando mais sobre a crise de Venâncio, será que podemos também imaginar que ele inveja o seio doador da esposa, por não ter a mesma capacidade de alimentar o filho, por não possuir a mesma bondade e generatividade da mulher? A capacidade feminina de gerar uma outra vida sempre incomodou o homem,[29] e a época perinatal, em relação a outras fases da vida de um casal, é um momento em que o pai pode se sentir perdido, em agudo desamparo, privado da atenção da mulher. O invejoso se sente carente, pois o outro tem aquilo que ele não tem. E aqueles dons, que não lhe pertencem, só fazem aumentar seu sentimento de desvalor. Na maioria dos casos, o incômodo sentido por um pai, ligado à inveja pelo seio nutridor da mulher, permanece inconsciente. Mas esse sentimento não é raro e pode estar na base dos comportamentos regressivos do homem, assim como o ciúme e a insegurança que costumam se associar a ele.

A respeito das angústias da paternidade, a mudança de atitude dos pais de hoje em dia, acompanhando mais de perto o parto, a amamentação e o cuidado da criança, coloca o homem mais próximo das suas dificuldades nesse campo. É bom que o pai esteja mais perto, mas praticamente nada é dito sobre o desafio que é, para um sujeito, sustentar "esse novo jeito de ser pai".[55] Por isso, quando contei a alguns amigos que escreveria sobre este tema e ouvi me dizerem "que legal! Você vai falar sobre os pais modernos, os pais que participam muito mais"? – eu respondi a alguns deles que talvez se decepcionassem com o livro. A exaltação da figura do *bom pai*, como um ideal a ser perseguido pelos homens, tem suas contradições. Para alguns, pode ter até um efeito contrário ao pretendido, pois, se as emoções como o ciúme, a inveja e a raiva são negadas ou suprimidas em função de uma bondade à toda prova, os pais ficam "esmagados sob o peso do imaginário",[55] podendo até se afastar. Um pai herói, imaginário, afinal, não é de modo algum um pai real!

Afinal, o ciúme e a inveja fazem parte da experiência de toda paternidade, em maior ou menor grau. Nesse sentido, é natural que até o profissional de saúde, a avó, os filhos mais velhos, diante de uma cena de amamentação, sintam "uma pontinha de inveja". Revivemos nossos tempos de bebê, sentimos saudade de ter tido aquela experiência de ser alimentados e cuidados de uma maneira tão terna. Até o termo "uma *pontinha* de inveja" é um eufemismo que usamos para poder admitir esse sentimento de forma mais branda. Não é fácil estar do lado de fora do festim, e a criança ciumenta, invejosa, que vive dentro de nós, pode tomar conta das nossas emoções.

Inveja e identificação

Especificamente em relação ao pai, a questão da identificação com a mulher e o modo como o homem se relaciona com as representações da feminilidade parecem ser muito importantes em relação à inveja. Estes sentimentos se ligam à questão da admiração, mas a capacidade feminina de gerar e nutrir um bebê, na época perinatal, lembra ao pai justamente aquilo que ele teve de recalcar em si mesmo, *para se tornar masculino.*[27] Ele não pode engravidar, ele não vai amamentar, ninguém dará atenção a ele agora, pois todos os holofotes estão sobre a mãe e o bebê. O menino das sementinhas, com sua sinceridade infantil, expressou em palavras o sentimento do homem que sente que, dessa vez, não foi escalado para o jogo! Terá que ficar no banco de reserva ou torcendo do lado de fora. É claro que sabemos que o pai é importante, que sua presença junto ao bebê e à mãe é salutar. Porém, a fase perinatal é o momento em que o pai enfrenta, de novo, a diferença e a separação que precisou admitir, em relação à própria mãe, no momento em que se entendeu como um menino.

Simone Guidugli,[56] pesquisadora que investigou o discurso de seis pais primíparos, na fase da chegada do bebê, identificou elementos evidentes de inveja em todos os casos. Ela comentou que o sentimento estava, em geral, disfarçado, transformado, nas atitudes e pensamentos paternos. Entre seus entrevistados, não havia nenhum Venâncio, mas pais bem-ajustados à sua condição. Estes pais, inclusive, aproveitaram a presença da pesquisadora para poderem narrar, para ela e para si mesmos, o momento pelo qual estavam passando. Após uma análise qualitativa, a pesquisadora colocou a inveja paterna num binômio, relacionando-a com a *identificação com a mulher.* À medida que se identificaram com os processos de gestação, parto e com as experiências das parceiras, os pais viveram, junto com elas, esses processos. Alguns, apresentaram sintomas físicos; outros, relataram manifestações sutis como desejos por doces, vontade de comer coisas diferentes, até enjoos (no caso, por exemplo, do pai que começou a ter sintomas de refluxo gastresofágico na gravidez da esposa).

Por outro lado, nas falas dos pais entrevistados por Guidugli, os homens não disfarçaram o desejo de experimentarem as sensações exclusivas de suas parceiras, dizendo "*se eu pudesse[...] eu tinha tido na minha barriga*" ou "*se eu pudesse acordar e dar de mamar eu daria*".[56] Para a autora, em dado momento, as falas dos pais passaram a denotar, para além da identificação com a parceira, a dimensão inconsciente da inveja, pois eles gostariam de oferecer aos seus filhos *aquilo que só as parceiras possuíam.*

As observações de Guidugli[56] são esclarecedoras de como, diante da dimensão da inveja, o sujeito pai tende a negar ou disfarçar este sentimento, considerado ruim, menos nobre, algo que não admite nem para si mesmo. Na clínica, as manifestações da inveja paterna podem estar camufladas na transformação em seu "contrário": pais hipersolícitos, excessivamente presentes que, no entanto, deixam de respeitar o tempo e a privacidade da mulher em alguns processos, como a amamentação e até o tipo de parto. *É impressionante como não só os pais, mas toda equipe de saúde e até a família, movida pela inveja inconsciente, pode ser invasiva, controladora e desrespeitosa com os processos femininos.* Nesse sentido, a reflexão da autora nos leva a perceber como os sentimentos de admiração, identificação, empatia e inveja se mesclam dentro de cada pai, mesmo naqueles que consideramos "normais". Afinal, o que é a normalidade senão um jeito mais adaptado e funcional de transformar e dar destino aos complexos sentimentos humanos?

Empatia e gratidão

Comparando a violência de Venâncio com os pais analisados na pesquisa de Guidugli, percebe-se que a maioria dos homens não se desorganiza como aquele personagem diante do ciúme e da inveja. Existem dois sentimentos que fazem contraponto, são como um antídoto para a destrutividade suscitada pela experiência de exclusão: a gratidão e a empatia.

Assim, o menino que mora dentro do coração do pai pode se revoltar porque o bebê não vai crescer dentro dele, mas talvez se alegre porque a parceira vai fazer, pelos dois, o trabalho de gestar o bebê que será de ambos. Um homem, que não amamenta, pode se sentir realizado por ver seu filho recebendo o leite materno, e comemorar o ganho de peso do neném, como comemora a vitória do seu time. Afinal, ele não está lá em campo, alimentando diretamente a criança, mas que diferença isso faz se o time do coração fez um gol? Aliás, o espírito de ser "um time" com a mulher é um bom antídoto contra o desconforto e a angústia por se sentir, tantas vezes, "de fora". É como o "time do cuidado", que comentamos em outro lugar. A gratidão é uma construção que se dá a partir da elaboração da inveja, quando o pai consegue entender seu papel naquele processo, e entrar em contato com a própria generatividade, sem se incomodar tanto de ter que *depender da mulher* para viver a experiência de ser pai.

É claro que, para isso, a atitude da mulher conta muito, pois ela pode ser generosa, incluindo o parceiro no processo, mas também pode criticá-lo, excluí-lo, ignorá-lo, fechando-se numa intimidade com o bebê que impede a entrada de qualquer outro nessa relação. Isso se estende, obviamente, para fases posteriores do desenvolvimento. Muitas mães têm mil "segredos" com seus filhos, deixando o pai de fora dos fatos mais importantes de suas vidas e obturando as possibilidades de aproximação entre eles, às vezes de formas muito sutis. Quem disse que a mãe não pode ter inveja da parceria entre o pai e o filho?

Atitude materna

Aqui precisamos, então, fazer um contraponto à ideia de que o "terceiro sustentador" depende exclusivamente da atitude paterna. Ele só pode fazer seu papel se a mãe (ou a pessoa que estiver exercendo a função materna) o permitir. Certa vez, uma mulher com um quadro importante de depressão tornou-se tão persecutória em relação à sogra, que colocou uma restrição às suas visitas na portaria do prédio. A sogra tentou, de muitas maneiras, aproximar-se e ajudar esta mãe, até que desistiu. Depois, foi a vez do marido, da mãe da mãe, da ajudante da casa. E, quando se viu completamente sozinha, ao invés de ficar melhor, ela se sentiu pior ainda. Uma medicação foi necessária para ajudar com este caso, que, em certos momentos, chegou a se aproximar de uma descompensação psicótica.

Quando analisamos, decompondo em parte por parte as complicações que podem acontecer no exercício da parentalidade, podemos nos esquecer do aspecto dinâmico e relacional de todos esses processos. O pai apoiador só pode ajudar a mãe se ela permite; o seu ciúme e sua inveja, para serem atenuados, também dependem de que ele possa se sentir orgulhoso, que tenha espaço, que seja valorizado em seu papel de pai.

Mesmo o bebê, de quem não falamos até agora, não é exatamente passivo neste processo. Quem trabalha com o autismo sabe o que significa para um pai e uma mãe tentarem se comunicar com um filho que parece não se interessar pela sua voz, ou que até demonstra uma recusa pelo abraço, pelo toque de seus pais. Os pais, na clínica, comemoram aliviados quando os filhos os "descobrem", quando pedem "*hoje eu quero que o papai me ponha para dormir*", quando abrem um sorriso radiante ao vê-los chegando para os buscar na escola. Para pensar a parentalidade, não podemos nos esquecer que cada um dos envolvidos nunca está só, é somente um dos vértices de um triângulo, o qual pode se organizar com infinitas variações.

Rivalidades

A inveja e o ciúme, então, farão parte das emoções experimentadas por todos os membros da família, nas disputas, nas rivalidades e no desejo de se fazerem importantes e até imprescindíveis uns para os outros. Um pai pode se sentir enciumado e invejoso também de seu filho, principalmente se este pai tiver recalcado, escondido de si mesmo, as próprias carências e necessidades.

Num casal, é comum que pai ou mãe se coloquem, por vezes, como filhos do parceiro, demandando deste parceiro o cuidado e a compreensão que desejariam ter tido de seus próprios pais. Há homens que são mais "irmãos" de seus filhos do que pais, propriamente, e estão sempre se envolvendo em disputas com estes filhos pela atenção e pelo amor maternos. E vice-versa!

Ouvimos, às vezes, os esposos chamarem um ao outro de "pai" e "mãe", mesmo em sua intimidade. Isso dá o que pensar! Quando as relações se tornam muito horizontais nesse sentido, se os pais apresentam uma predominância de aspectos infantis e demandas por cuidado, temos um terreno propício para que os ciúmes e a inveja predominem nas relações. As crianças, por outro lado, conforme crescem, tornam-se cada vez mais cientes dos "pontos fracos" de seus pais. Quando enciumadas, tratam de criar discórdia entre os pais para evitar que estes as deixem de lado, para viver sua vida de adultos. Às vezes, são muito bem-sucedidas em seus ardis.

Nesse sentido, o relato anedótico da menina Mariana, que ambicionava possuir a aliança da mãe, foi acolhido pela genitora com tranquilidade, mas nem sempre é assim. Não é raro que questões de filhos e netos ou comparações entre irmãos e primos, gerem brigas e discórdias na família ampliada, envolvendo avós, às vezes o padrasto ou a madrasta, os meios-irmãos, os cuidadores. É assim que certas dificuldades familiares vão se perpetuando através das gerações, e, muitas vezes, o sintoma da criança reflete questões transgeracionais, ou traumas vividos por seus pais e avós, que nunca puderam ser simbolizados. Um pai ciumento e invejoso, por vezes, não aprendeu a dividir o amor quando era criança, pois seus pais também tiveram essa mesma dificuldade.

Invisibilidade

Alexandre me procurou na fase final da adolescência por causa de um quadro de ansiedade. Entre idas e vindas, procurou-me novamente em momentos de crise: o primeiro trabalho, desajustes no casamento, a chegada da paternidade. Desenvolveu comigo um vínculo de anos e, por isso, quando me mandou uma mensagem com a foto do recém-nascido, e lhe perguntei: "como foi o parto?" ele respondeu: "*graças a Deus, foi tudo bem, sofremos um pouco no parto, mas agora está tudo bem*". Sabendo que, comigo, tinha um espaço de escuta, escreveu uma longa mensagem contando-me como estava se sentindo. Mas eu não havia perguntado sobre ele, e sim sobre a mãe e o bebê! Com sua resposta, dizendo o quanto tinha "sofrido no parto", me surpreendi. Eis aí a invisibilidade paterna. Nem mesmo eu, naquele momento, estava curiosa sobre os seus sentimentos, pois pensava na saúde da mãe e da criança. Pela resposta do pai, parecia que fora ele mesmo a experienciar o processo de parto.

Certamente, se vivêssemos em uma tribo em que a *couvade paterna* é um ritual corriqueiro e eu fosse alguém próximo ao pai, não me surpreenderia, em absoluto, com sua colocação. Pensaria diferente, por entender que as atitudes e sentimentos de Alexandre seriam fundamentais, inclusive, para que o bebê "vingasse" (sobrevivesse) atravessando com saúde os primeiros meses de vida. Se o leitor nunca ouviu falar sobre esse costume, a *couvade* é um conjunto de rituais que existia em várias comunidades e se realizava quando, após o nascimento do filho, era o pai quem se deitava, recebendo presentes e comendo papinhas especiais, sob o cuidado de todos. Nesses lugares, o pai fazia resguardo junto ao filho, já que existia uma forte crença em sua importância nesses primeiros tempos.[11] A *couvade* existe até hoje em comunidades indígenas brasileiras e vamos dedicar a ela um capítulo deste livro, para refletir sobre a questão da paternidade através dos tempos e a conexão pai/ bebê.

O termo *couvade* vem do francês e transmite a ideia de "chocar", ou "deitar-se".[11] Seus rituais foram descritos por Marco Polo em suas viagens pela África, Ásia e por antropólogos na Europa e Américas. Raquel Paiva Dias-Scopel, pesquisadora brasileira, estudando a tribo Munduruku na Amazônia, ouviu das senhoras mais velhas, na aldeia, advertências quanto aos pais que se esqueceram dos rituais necessários ao período do pós-parto, deixando de lado a sabedoria secular que o resguardo paterno traduz em atos e crenças.[57] Só que, agora, os tempos são outros. A aceleração e o cientificismo dos nossos tempos, com suas exigências, reservam outros lugares para o pai. Há pouco espaço ritual para que ele possa acomodar aquelas emoções "primitivas", desconfortáveis, como a "pontinha" de inveja, o ciúme disfarçado, o medo de não dar conta, o peso da responsabilidade.

Nesse sentido, Guidugli,[56] em sua pesquisa entrevistando pais, além da inveja e identificação com a mulher, percebeu queixas legítimas nas falas dos homens, a sensação de invisibilidade, ou seja, de falta de espaço para terem suas dúvidas e inseguranças escutadas. E é sobre o sentimento de invisibilidade do pai contemporâneo que vamos falar agora.

Com relação aos outros sentimento paternos, a questão da "invisibilidade" pode ser pensada como um aspecto da paternidade que não tem uma origem somente "intrapsíquica", ou seja, ela não parte somente "de dentro", mas se relaciona com a questão ambiental. Assim, o sentimento de invisibilidade está ligado ao modo como o ambiente valoriza ou não, considera ou não, os sentimentos e a importância do pai. Embora, logicamente, possamos relacionar o incômodo paterno por estar sendo "deixado de lado" com a sua maneira de lidar com o ciúme, a invisibilidade de que os pais se queixam pode ser real. E, assim, quanto mais ignorados em suas próprias questões, menos podem encontrar oportunidade e espaços narrativos para lidar com aqueles sentimentos.

Se o pai não encontra espaço para se colocar diante do filho e da parceira, se não tem uma "licença" ambiental para aprender a cuidar do bebê, fica difícil transformar a inveja em gratidão, o ciúme em parceria, a sensação de exclusão na oportunidade de experimentar, "por procuração", o que há de bom na experiência feminina. A sensação de invisibilidade é uma queixa que aparece tanto nos estudos qualitativos como quantitativos sobre a experiência paterna. Por isso, vamos voltar a falar desse assunto na segunda parte deste livro, dedicada aos transtornos mentais na paternidade. O pai se sente invisível quando sente angústia ao presenciar o parto, quando vive a experiência do luto perinatal, quando começa a ficar deprimido no pós-parto e não tem o seu sofrimento reconhecido. A questão da "licença-paternidade", por sua vez, é um dado concreto que marca a forma como, no mundo, o papel do pai junto à criança tem sido sistematicamente desvalorizado.[58]

A respeito da invisibilidade, as entrevistas pré-natais realizadas por Guidugli foram esclarecedoras.[56] Os pais da pesquisa, declaradamente, manifestaram-se não escutados e não vistos pelo grupo social, mas também se queixaram de não ter a quem dirigir sua preocupação em relação aos incômodos sentidos pelas esposas. Vivenciando com elas as questões da gravidez, afligiram-se por não poder fazer nada que as resolvesse.[56] A leitura dos relatos dos homens nos leva a perceber como a prerrogativa de ter que "suportar calado" a ansiedade pré-natal não é fácil para quem se envolve empaticamente com o processo.

Do que se trata o sentimento de invisibilidade? Segundo a pesquisadora, o pai *não sabe onde* colocar as próprias angústias. Requisitado para dar apoio à gestante, o que é certamente importante, sente que "tem que bancar o forte", não podendo expressar suas dúvidas, inseguranças, medos, sentimentos. Refletindo sobre sua invisibilidade, os pais colocam em palavras o que sentem:

> *"Ah... eu me senti invisível ali, sabe?"*
>
> *"O próprio pai está bem vulnerável e, ... ele quer poder contribuir, quer poder ajudar, e você distanciar esse pai, pelo menos o que quer ser pai, do filho, você machuca muito ele, né? Então, qualquer coisa que você escuta*

nesse sentido te ameaçando de estar longe do seu filho, isso machuca muito o pai."[56]

A invisibilidade paterna começa cedo, desde o pré-natal. Como o bebê está se desenvolvendo no útero da mulher, os cuidados médicos e conselhos são dirigidos a ela, como é natural. O pai, por outro lado, não recebe orientações, e por vezes busca informar-se por meio da internet, de conversas que escuta aqui e ali e que podem, talvez, alimentar fantasias assustadoras. Em geral, as fantasias e preocupações se ligam ao bebê ou ao parto, mas não é raro que tomem a forma de preocupações com a própria saúde.

Esse foi o caso de um pai que conheço, o qual começou a ter uma série de temores hipocondríacos – o medo de estar gravemente doente – durante a gravidez da companheira. Felizmente, o endocrinologista da mulher, médico experiente, percebeu sua angústia e ofereceu a ele um espaço de escuta. Curiosamente, foi o *médico da mãe* que iniciou um tratamento medicamentoso específico para a ansiedade paralisante que o pai estava apresentando e se manifestava por meio daqueles sintomas. Tudo passou, "como por encanto", assim que o filho nasceu.

Em alguns casos, os pais não encontram espaço algum para que suas angústias possam ser transformadas em narrativas, nomeadas e acolhidas. O medo e a angústia fazem parte da experiência paterna, principalmente no caso do pai que se encontra muito identificado com a parceira e com o próprio bebê. Isso pode ser mais frequente se ele teve um começo de vida complicado. Aquele pai, por exemplo, tinha sido um bebê gemelar, cujo irmão morreu na unidade de terapia intensiva (UTI) após uma complicação neonatal.

Assim como no caso desse pai, são muitas vezes os médicos que cuidam da mãe que percebem o desenvolvimento de quadros de ansiedade nos homens. Esses profissionais podem ter dificuldade para encaminhá-los para atendimento por resistência dos próprios sujeitos. Pensando nisso, a iniciativa do "pré-natal paterno" é um jeito de engajar o pai no autocuidado e tirá-lo dessa invisibilidade de uma forma mais concreta.[59] A invisibilidade se dilui mais facilmente quando a sociedade como um todo, e também o profissional de saúde, tem uma mentalidade mais aberta, menos "maternalista" e entende que o pai é importante desde o início. Isso faz o profissional ser cuidadoso, dirigir-se ao pai nas consultas, perguntando sua opinião, dando atenção aos sinais de desconforto. Abordar o pai já com a ideia de que ele não está bem, que está "precisando de ajuda" pode, na verdade, afastá-lo. Aquele pai hipocondríaco recusou o encaminhamento para o psiquiatra, mas aceitou a medicação *prescrita pelo clínico que seguia sua esposa*, sem maiores dificuldades. Em seu estado mais regredido, ele talvez estivesse sentindo que o mesmo médico que cuidava da esposa podia também cuidar dele. Afinal, não era só ela que estava esperando aquela criança!

Medo

Talvez o leitor já conheça essa história.

Um menino, chamado Anakin Skywalker, vive com a mãe num planeta distante, chamado Tatooine. Sendo um garoto excepcionalmente criativo, inteligente e corajoso, passa os primeiros anos de sua vida como escravo de um vendedor de sucata, até ser descoberto, por acaso, por um mestre Jedi. Os cavaleiros Jedi são uma espécie de elite que representa as forças benfazejas do universo e seleciona crianças por toda a galáxia, para que sejam treinadas e preparadas na missão de assegurar o equilíbrio do universo.

Anakin é um menino prodígio, não conhece o pai, e é muito ligado à mãe. Aos 9 anos de idade, após ser descoberto, é convidado pelo Jedi para ser treinado e desenvolver sua grande potencialidade. O menino, aventureiro, parte então com o mestre. Contudo, a separação em relação à mãe acontece de forma brusca, pois a mãe, escrava, não pode acompanhá-lo: Anakin não mais a verá, por muitos anos, guardando o efeito dessa separação em seu coração.

Quando jovem, Anakin se apaixona, mas tem de viver seu amor em segredo. Novamente, sua missão Jedi exige dele o impedimento de estar com a mulher amada, pois aos cavaleiros que pertencem a esta ordem não é permitido o casamento. Anakin tem certa dificuldade em adequar-se às ordens e restrições que sua missão lhe impõe, e coloca-se em conflito com seus mestres. Percebe-se nele que algo, em seu íntimo, o aflige. Seus mestres se preocupam com isso, porque o cavaleiro Jedi tem que ter saber dominar as suas emoções.

De fato, Anakin começa a se desorganizar seriamente quando a esposa, que mantém em segredo, engravida. Apesar de viver com ela momentos de grande felicidade, Anakin começa a sentir um medo cada vez maior. Existe a situação do segredo, pois ele não poderia ter se casado, e por isso mantém sua esposa numa condição que é, de certa forma, clandestina. Mas é mesmo a gestação dela que o coloca frente a frente com o medo da perda. Anakin começa a ter pesadelos com a sua morte no parto. Padmé, a companheira, está grávida de gêmeos. O que faz Anakin? Acuado, amedrontado, ele é procurado pelo inimigo dos Jedis, que promete a ele uma solução para sua angústia. Anakin se alia, então, às forças malignas para obter um poder ilimitado que permita a ele vencer a morte.

A história de Anakin pode ser compreendida sob a perspectiva de um adoecimento relacionado à função paterna. O menino Anakin, que tinha lá as suas fragilidades (não conhecera o pai, fora separado bruscamente da mãe), ao enfrentar as emoções contraditórias da entrada na paternidade, desorganiza-se, sucumbe, *psicotiza*. Começa a ter sonhos terríveis que encara como verdades absolutas – é o medo que toma conta da sua racionalidade e o faz mergulhar na loucura. Padmé, de fato, morre, mas é pelo desgosto sentido ao ver seu amado tornar-se um vilão, abandonando a bondade e a vida em que acreditavam.

Na saga *Star Wars*, de George Lucas (1977),[18] é o medo da morte da amada que faz o herói Anakin adoecer. Tomando seus pesadelos como presságios, passa a ter certeza do desenlace fatal, certeza que toma proporções delirantes: é a psicose. Nessa história, a gravidez de gêmeos traz a ideia do duplo, representando a divisão interna de Anakin: cavaleiro Jedi que vive um casamento secreto, em quem o amor e o ódio se confundem, de modo que teme perder a esposa.

Quando a desorganização psíquica é profunda, projetamos nossos sentimentos confusos para fora de nós: surge o medo da perseguição. Anakin se divide e recorre a uma saída maníaca, única que se apresenta a ele como solução para a impossibilidade de sustentar-se na transição para a parentalidade. O que é a saída "maníaca"? Este modo de cisão com a realidade é uma maneira de negar a perda e a depressão, levando o jovem pai a desconsiderar seu medo, sua insegurança, por meio da crença delirante num superpoder. Então, a saída maníaca se apresenta como solução mágica para o desespero.[60]

Por que Anakin se desorganiza dessa forma? A saga do Jedi, presente na maioria dos filmes da série *Star Wars*, mostra um menino cuja *ambivalência* era reconhecida pelos seus mestres. Havia a dúvida de que pudesse controlar a intensidade de sua "força" e ser treinado para se tornar um herói Jedi. A ambivalência dos afetos[21] diz respeito à intensidade dos sentimentos e impulsos de amor e ódio, construtivos e destrutivos, presentes no herói. Anakin, já na infância, era tão inteligente quanto indisciplinado. Quando tem a oportunidade de se libertar de sua vida de escravo, é obrigado a fazê-lo deixando a mãe, e isso determina nele um apego, uma culpa, que os mestres reconhecem como fonte de fraqueza e vulnerabilidade.

Os mestres Jedi chegam a ter dúvida sobre colocar Anakin sob treinamento. Os poderes desenvolvidos teriam de ser mais bem-controlados, mas como Anakin não conheceu uma figura paterna, é uma força que se desorganiza muito facilmente. E assim acontece. Apesar de brilhante, Anakin viola muito o código Jedi. Os inimigos dos Jedi não desconhecem a sua ambivalência: sabem de sua raiva profunda, que poderia levá-lo a passar para o lado sombrio da Força.

A história de Anakin é cheia de dor, sofrimento e violência. Após a morte de sua mãe, capturada e torturada por inimigos, Anakin tem um ataque de fúria, causando a morte de uma aldeia inteira. Quando se casa, a felicidade dura pouco, pois ele é dominado pelo medo de perder o amor. Podemos presumir que Anakin, em si mesmo, não encontra as referências simbólicas para assumir a posição de pai. É então que busca um pai absoluto, o mestre Sith, que promete a ele poder ilimitado, um poder além da vida e da morte, o poder de um Deus.

A esposa tenta convencê-lo a não se colocar do lado do mal. Ela recorre ao mestre Jedi que treinara Anakin, mas o jovem pai está enlouquecido. Ao ver a esposa ao lado do mestre, Obi-Wan Kenobi, trava uma luta com ele. É então que, profundamente ferido, escorrega de uma montanha para um rio de lava derretida e tem seu corpo praticamente consumido pelas chamas. É por isso que passará a viver por meio de um suporte robótico, a armadura negra. Passa a se chamar "Darth Vader", um trocadilho para *Dark Father* (o pai sombrio). *Darth Vader, o pai que se queima, representa o homem que não consegue suportar a ambivalência pulsional e adoece na situação perinatal.*

Mitos paternos

Ao leitor que reconheceu essa história, não deve ser novidade o sucesso da saga *Star Wars*. Histórias de batalhas entre pais e filhos costumam ter muita repercussão, e isso não passou despercebido a Freud, que se encantou pela tragédia grega "Édipo Rei", uma história da Antiguidade, que fala de uma batalha como essa.[17,26,61]

Falamos de Édipo algumas vezes neste livro. Na sua história, Édipo é filho de Laio e Jocasta, mas os pais o deixam para morrer porque havia uma profecia que dizia que ele ia matar o pai quando crescesse. Só que Édipo não morre: deixado quando bebê para ser devorado pelas feras, é resgatado e criado por outra família, que não conta a ele que é adotivo. Muitas peripécias depois, Édipo de fato encontra seu pai numa encruzilhada, onde briga com ele e o mata de fato. Podemos encontrar algumas semelhanças entre a história de Édipo e Anakin. É bem possível que a primeira tenha inspirado a trama da segunda, mas não são enredos idênticos. No caso de Édipo, a tragédia se complica quando se casa com Jocasta, sem saber que ela é sua mãe. Além disso, Édipo é um parricida, ele mata o pai em uma encruzilhada. Já o fim de Anakin é diferente. Aqui, o drama se inverte. Como é o fim de Anakin? Em *Star Wars*, depois de se tornar um vilão, ele vai ser morto justamente pelo filho, o bebê de Padmé, que cresceu longe do pai e também se tornou um Jedi. Mas Anakin Skywalker, agora Darth Vader, partilha um emocionante momento final com o filho, quando este remove sua máscara. Perto de morrer, a visão do rapaz, com seus próprios olhos, é o momento em que o pai ferido se reconcilia com a "Força", que representa o bem, o balanço do universo. Depois da morte, em espírito, Anakin se reconcilia com os velhos mestres, enquanto o filho celebra a liberdade reconquistada para a Galáxia.

"O espaço mítico, precisamente por ser um espaço onde se desenvolve a criação das formas imaginárias, é o único capaz de autorizar a expressão do inconsciente humano no que tem de mais oculto."[61] É claro que a batalha entre pais e filhos não é nada bonita quando vista na realidade, mas, nas histórias de heróis, ela tem um apelo irresistível. Por isso, o sucesso dos mitos expressa a necessidade de simbolização do ódio e da violência que existe na paternidade. Anakin, em suas próprias origens, mostra a dificuldade de lidar com perdas; por isso, seu caso é ilustrativo para pensar como um homem com este tipo de fragilidade pode se tornar violento e louco quando se vê *desafiado* a tornar-se pai.

A respeito do medo, do terror e Anakin, sabemos que a maioria dos homens não passa para o lado sombrio da força e lida como pode com o "desafio" de receber um filho. O mito, porém, ilustra o fracasso do trabalho psíquico desse pai, que é frágil, apesar da grande inteligência. Existem angústias e agonias próprias do momento em que um pai se conecta aos mistérios da gestação e parto, tão assustadores e que, de fato, têm uma íntima ligação com o risco, o perigo e a morte. No parto, o pai vivencia o medo da morte da companheira, o medo da morte do filho. Com o nascimento, ele vivencia a vinda do filho, que vem para substituí-lo junto à sua amada, ocupar o seu lugar. Então, quando chega o filho, é o próprio pai – um pouco dele que morre. É a vida...

Talvez seja por isso que assistimos a essa saga com tanto interesse: Anakin é um pouco como todos nós.

Insegurança(s)

Guimarães Rosa,[62] pela boca do personagem Riobaldo, em "Grande sertão: veredas", fala que o jagunço, destemido, enfrentava tudo e todos, pois não tinha medo da morte. O que ele tinha medo, é de nascimento:

Ah, medo tenho não é de ver morte, mas de ver nascimento.
Medo mistério.

Quem não tem medo de um parto?

O mistério da vida e o mistério da morte se entrelaçam a cada nascimento humano. A perplexidade do homem diante desse enigma é o que anima as religiões, a filosofia; é o que move o pensamento humano em nossa busca de permanecer, nesta terra, por meio de um legado, algo que possamos deixar para a posteridade.

Neste livro, já falamos do medo, da inveja, do ciúme, da sensação de invisibilidade paternas; emoções e sentimentos que fazem parte da paternidade tanto quanto a alegria, o orgulho, a admiração, a ternura e o amor. Tornar-se pai é um processo que mobiliza os afetos humanos, desperta as paixões alegres e as tristes, exige do pai que se posicione diante daquele filho que está chegando e possa dizer: sim, eu vou carregar você em meus ombros, ou, como fizeram Venâncio e Anakin, dizer *não*.

Um pai pode responder a esse chamado, também, de uma forma menos apaixonada: com a indiferença. "Quem pode garantir que esse filho é meu?" É uma pergunta que povoa o imaginário de todos os homens, inspira *hits* de sucesso. Quem não dançou ao ritmo contagiante de *Billie Jean* na voz de Michael Jackson,[63] ou não leu o *Dom Casmurro*[64] para a prova de literatura do colégio? No clássico romance da literatura brasileira, um pai é consumido pela dúvida sobre a paternidade do filho, que passa a se parecer, mais e mais, com seu melhor amigo. Em *Billie Jean*, um homem afirma que, apesar de ter se deitado com a moça, não é o verdadeiro pai da criança que ela espera.

A dúvida sobre a paternidade está no cerne de muitas questões encontradas na clínica. Pode estar inconsciente, na medida em que o pai duvida de si mesmo, de sua masculinidade ou de sua capacidade de fazer algo bom. Mas este duvidar, sempre presente na questão paterna em algum grau, pode ser mais bem-compreendido quando o tomamos em sua vertente simbólica. Um pai, de certa forma, necessariamente tem de adotar o seu filho, seja ou não filho biológico, seja ou não o resultado da fecundação de uma mulher, ou homem transgênero, pelos seus gametas. Na Roma Antiga, um filho só era considerado tal se reconhecido pelo pai, após a proclamação dessa filiação em praça pública. Há um aspecto simbólico, não material, no ato de se reconhecer um filho.

Do ponto de vista psíquico, cada uma das emoções que enumeramos precisa ser elaborada, trabalhada, na construção da paternidade. Mas faltou falar da insegurança que está presente na posição paterna. Esse sentimento desconfortável, assim como o medo, não "combina" com a ideia do homem forte, subentendida no ideal cultural da masculinidade. Mesmo assim, é explicitada em muitas pesquisas que buscam compreender os sentimentos daqueles que se tornam pais. Há um fator importante, que contribui para essa insegurança. Esse é um fator social, cultural e é dele que vamos falar agora.

Sobre essa questão, posso contar a história de um amigo, ginecologista, que conversou comigo na época da chegada da primeira filha. Na época, ele estava trabalhando tanto que, de repente, percebeu que corria o risco de não estar presente no parto da esposa. Desde a notícia da gravidez, vinha assumindo uma quantidade enorme de plantões extras para incrementar o orçamento da casa e, sem perceber, estaria trabalhando na data provável do parto. "*Sei lá*", ele disse. "*Dá um desespero. Parece que a gente tem que trabalhar mais, tem que trabalhar o dobro. Como vou sustentar a família agora, que o bebê vai chegar?*" Meu amigo se deu conta do medo irracional, felizmente, a tempo de trocar alguns plantões para estar com a mulher. Mas esse comportamento é comum. Partindo para a ação, os pais se sobrecarregam de trabalho, podendo fazer falta em casa naqueles momentos iniciais, em que sua presença é importante.

O papel de provedor que nossa cultura reserva ao pai faz com que muitos sofram diante de uma responsabilidade sentida como pesada, e torna o papel paterno especialmente vulnerável às flutuações de sua situação econômica, empregatícia e civil. Meu amigo estava numa situação relativamente confortável, pois percebeu que era a sua angústia a colocá-lo naquele "desespero", já que ali o dinheiro não ia faltar. Essa não é a realidade da maioria das famílias brasileiras, assim como em várias partes do mundo.

Christine Davoudian também fala sobre isso.[5] Psicanalista e médica francesa, ela trabalhou junto a refugiados na França, e conta que os homens "sem documento", em situação ilegal e vivendo de subempregos, sentem-se *indignos* de exercer sua condição de pais. E isso não é diferente por aqui. No segundo capítulo deste livro, o leitor verá que em quase todos os trabalhos citados, *estar desempregado é um fator de risco para a depressão e ansiedade paternas*, mais ainda que no caso da mulher. Esse é um fator cultural, encontrado nas pesquisas de Margaret Mead: nas tribos estudadas pela antropóloga, o pai entende seu valor na medida em que é capaz de *trazer alimento para casa*, e na falta dessa condição ele não é reconhecido como pai.[29]

Por outro lado, a insegurança do homem pode passar por outras questões, que não a questão econômica. Na tese de Guidugli,[56] havia dois pais negros que foram entrevistados antes e depois do nascimento do bebê. Um destes homens contou a ela como estava particularmente preocupado, temendo que seu filho sofresse preconceito pela cor da pele. Em seu discurso, a autora viu uma preocupação a mais em relação aos pais que eram brancos: como transmitir ao filho uma ideia de dignidade e valor, como ensiná-lo a responder ao preconceito que sofreria, certamente, por ser negro, em nosso país.

Em nosso imaginário, cabe ao pai a transmissão dos valores tecidos pela cultura, essa rede de significados complexos, perpetuados através das gerações. A tradição, a língua falada, os símbolos e os códigos culturais são prerrogativa do que é, simbolicamente, terreno paterno (e aí também estão o racismo, a pobreza, a vergonha, o preconceito social). Por isso, questões ligadas a esse âmbito, como notam as pesquisadoras Davoudian e Guidugli, atingem a paternidade de modo sensível. Como transmite valor a um filho, o pai que se encontra numa situação de des-valor?

Um homem, ao tornar-se pai, está consciente de que, ao criar um filho, tem muito o que lhe ensinar. Responder a essa vocação pode ser uma grande aventura na vida de um homem, mas pode dar medo; é preciso se apoiar em algo, é preciso ter referências fortes para guiar e conduzir um filho, até que este possa adquirir uma certa independência. Não é sem razão que Cristóvão perambulava em busca de um senhor a quem admirasse, que Anakin "*Skywalker*" (aquele que anda pelo céu) interrogava seus mestres. Um pai precisa de algo em que se apoiar, para exercer sua função, o seu papel.[3] Por isso, questões sociais próprias a cada época influenciam a experiência da paternidade no âmbito individual.

Ainda sobre os pais em situação de vulnerabilidade social, Davoudian explica que não é fácil assumir-se como pai diante do corpo social e da equipe de saúde, quando se está desempregado ou se vive uma grave exclusão.[5] O valor do pai perante os outros está ligado ao papel de provedor material e ao modo como é reconhecido em sua sociedade. Fazer parte de uma minoria étnica ou religiosa pode ter o efeito de um estressor para o pai, e Davoudian se pergunta se essa não seria uma das possíveis razões para que certos homens não se apresentassem nas consultas e convocações dos profissionais que trabalham com a criança ou a perinatalidade na França. "Será necessária nossa firme convicção para reafirmar sua legitimidade, qualquer que seja sua situação socioeconômica."[5]

E o mesmo se pode dizer de qualquer homem que, em situação de desvantagem, pode enfrentar vergonha e culpa, até se autoexcluir da relação com seus filhos. Não ter estudado, ter origem em um país ou estado considerado mais pobre ou menos desenvolvido, ser homossexual, adolescente, sofrer perseguição política, religiosa, ser negro ou indígena...Tudo o que pode diminuir o "capital paterno" perante o corpo social pode ser considerado um fator que aumenta a ansiedade e a insegurança do pai quanto ao seu papel.

Desamparo paterno

Diante da necessidade de validação social, um tema especialmente sensível à paternidade, peço que o leitor me acompanhe novamente naquela imagem dos "círculos concêntricos" de apoio e cuidado, os quais foram desenhados para pensar a sustentação do lugar materno. O pai, igualmente, para sustentar-se em seu lugar, precisa de um "pai" maior; também ele precisa ser "abraçado" por um Estado, uma cultura, uma rede de significados que reconheça o seu valor e o norteie. Essa sustentação é que permite uma condição favorável ao pai, para exercer o seu papel simbólico. Num nível mais individual, o pai precisa poder lidar com perdas, para enfrentar o ciúme, a rivalidade com a mulher e as renúncias ligadas ao compromisso do cuidado. Um psiquismo saudável é como uma usina capaz de transformar as emoções em estado bruto em conteúdos simbolizáveis. Mas é claro que as condições sociais e culturais, se dão sentido à paternidade, ajudam cada homem em sua aventura pessoal, sustentando a narrativa coletiva que garante a ele um lugar. Por isso, os pais também têm que ser reconhecidos como tal pela comunidade. É hora de nos perguntarmos sobre as condições que nossa cultura, nosso ambiente, têm apresentado aos pais para que realizem seu papel.

Parece que, hoje, muitos homens pais, enquanto tentam cumprir as prerrogativas competitivas do mundo do trabalho, pressionados pelos ecos do modelo patriarcal, só podem se sentir falhando. Com o agravante de que, agora, não se sentem cumprindo também a exigência contemporânea da presença na vida das crianças. O peso do modelo do pai provedor está aí, ao lado da propaganda, veiculada em todas as mídias, de que o pai que está longe de casa gera filhos delinquentes, que "pai que é pai tem que participar" etc. É uma "conta que não fecha". É uma lei da física, não se pode estar em dois lugares ao mesmo tempo.

E existe a confusão sobre o papel paterno, já que aquele pai da autoridade é uma figura em evaporação, e a relação horizontal entre pai e filho, igualmente, não parece ser a melhor opção. Tenho visto pais bastante confusos sobre como dizer não, quando dizer não, com tanto medo de ser violentos, que chegam a deixar os filhos no desamparo. Dar autonomia às crianças de forma prematura pode ser, também, um jeito de recusar o "peso" da paternidade, pois a criação de um filho envolve, necessariamente, escolhas e erros. E há o risco de, vez ou outra, ser odiado pelo filho, que se ressente com a firmeza paterna. O pai "boa-praça", por não aguentar ser odiado, não consegue ajudar a criança a entender o limite de ser criança. O filho escolhe a viagem, o restaurante para ir no domingo, o canal para assistir na televisão. O pai repreende a criança e lhe pede desculpas depois! Percebe-se, na clínica, uma grande insegurança nesses homens.

Assim, a dificuldade do lugar do pai, que procura se encontrar dentro das mudanças da atualidade, aparece como um elemento de perambulação, de busca de referencial. Este elemento é encontrado tanto no mito de Cristóvão, como no sobrenome de Anakin Skywalker. E também está presente no filme sérvio *Otac* ("Pai"),[65] premiado em 2020 no festival de Berlim.

Sobre este filme, uma fábula contemporânea sobre a resiliência do pai, temos a história de um homem que sabe o que é seu, mas enfrenta uma conjuntura difícil, pois é um trabalhador que fica longe dos filhos e, quando a mulher adoece, perde a guarda das crianças por essa razão. Então Nikola, o pai, atravessa seu país para recuperar os filhos, tentando chegar até a última instância do governo para pedir ajuda para sua situação.

Essa história fictícia pode ser entendida como uma metáfora da paternidade que se vê usurpada de sua condição por uma situação externa a ela mesma. O pai não tem recursos para colocar um cuidador junto às crianças, e então um órgão, que tem a competência de um conselho tutelar, coloca seus três filhos num abrigo. A ideia de um Estado que, ao invés de dar sustento ao pai, o desautoriza, está na base do enredo do filme. O que se pode perceber então é que este pai pode pouco diante do pai maior, o Estado, que não parece estar interessado em ajudá-lo a reaver, recuperar as condições de amparar os próprios filhos. Este pai é um tipo de herói, sabe o que lhe cabe e não desiste, apesar da situação desfavorável.

O enredo do filme *Otac* é preciso no sentido de mostrar como o pai que quer os seus filhos está impedido de tê-los, se está sozinho, sem apoio ambiental. No final do filme, Nikola, o pai, depois de ir a pé até a capital pedir ajuda para sua situação, volta ao seu povoado e vê que sua casa foi saqueada, faltam os móveis, a porta foi arrombada, ele perdeu tudo o que tinha. Passa então, a bater de porta em porta, e ir recuperando as cadeiras, os utensílios domésticos, a mesa, que foram apropriados pelos moradores do lugar. Ao retomar esses objetos, os itens que constituem uma casa, o pai nos mostra a necessidade de um lugar concreto, *da condição material* de que um homem precisa, para atuar o seu papel de provedor. Mas há algo mais: o trabalho do pai, que faz com que fique o dia fora, cortando árvores (uma metáfora para o desenraizamento) e distante dos filhos com quem não pode conviver.

Historicamente, a separação entre os pais e os filhos vem sendo construída há muito tempo. Robert Bly,[66] poeta e ensaísta americano, documenta o afastamento entre o homem da sua prole, advindo da modernidade e industrialização. O filho deixa de estar perto do pai, de conhecer o seu trabalho, porque este trabalho passa a acontecer longe da criança, diferente do tempo em que os pequenos e os adultos compartilhavam mais os espaços comuns. Nas sociedades pré-industriais, a criança, desde cedo, frequentava e participava do ofício da família.

Disso decorre um fato curioso e atual, que observo frequentemente na primeira entrevista com os adolescentes no consultório. Quando pergunto a eles o que os pais fazem, não sabem, não têm nenhuma ideia sobre a natureza deste trabalho, o que o pai teve de aprender e desenvolver para realizar seu ofício. É como se fosse um continente desconhecido. Dali a pouco, quando tem que decidir sobre o vestibular, o jovem, obviamente, vai se sentir perdido.

Nossa sociedade se estrutura de um modo que, como ocorre na história do filme *Otac*, os pais deixam realmente de ter condições para estar com seus filhos, no dia a dia. Esse é o sentido do desamparo de Nikola que, na falência materna, mesmo que queira cuidar dos filhos, se vê roubado do seu lugar.

Este é um pai que não desiste, mas o que dizer dos homens que, tendo seus lares desintegrados pela inseguridade econômica, desemprego, ou até por um divórcio, deixam de ter um espaço físico adequado para receber os filhos? O pai, assim como a mãe, precisa das condições ambientais e materiais para estar junto dos seus. Quando se divorciam, são geralmente os pais que ficam sem casa, e às vezes encontram dificuldade em refazer um "ninho" sem a ajuda de uma outra pessoa. Da mesma forma, a vergonha não é um sentimento estranho a muitos homens que não sabem como se colocar diante de dificuldades que os diminuem perante a sociedade, parceiras e ex-parceiras. *Otac* é um filme inspirador, pois é a história de um homem que não permite que lhe roubem a dignidade.

Ressentimento

Não é de admirar que os sentimentos ligados ao polo negativo da paternidade sejam silenciados. Quando aparecem no teatro ou cinema, tornam-se mais palatáveis, simbolizados na forma de histórias de lutas e heroísmo, guardando sempre uma certa moral no final. O ódio do pai transforma-o num vilão, como acontece em *Star Wars*.[18] Afinal, não podemos tolerar a violência, o sadismo e o egoísmo daqueles que nos deram a vida, pois há em todos nós a memória da criança desamparada que fomos um dia e que não sobreviveria sem o amor de seus pais.

Na mitologia grega, porém, temos a figura do pai que devora os filhos, Chronos, o Tempo, como que para nos lembrar da nossa mortalidade, do envelhecimento, dos nossos limites.[17] A tensão gerada pelo encontro com a mortalidade e a finitude representada pelo viver, bem como do sacrifício implícito na posição paterna e materna, está presente nas piadas e brincadeiras que ouvimos quando esperamos um filho: "Aproveita para dormir agora! Depois você não vai mais saber o que é isso". Ou, como dá a entender a célebre frase de Nelson Rodrigues *"O amor entre marido e mulher é uma grossa bandalheira. É abjeto que um homem deseje a mãe de seus próprios filhos."*[67]

A renúncia ao tempo livre, ao descanso, e os remanejamentos da expressão da sexualidade estão implícitas nessas "inocentes" brincadeiras. Tendo um filho, não podemos nos subtrair à ideia de que, agora, transfundindo a ele um tanto da nossa vitalidade, chegamos um pouco mais perto do nosso fim.

A paternidade como inscrição subjetiva de finitude[68] é a outra face da verdadeira "transfusão" de amor que marca o apaixonamento do pai pelo filho, apaixonamento esse que o leva a aceitar as restrições envolvidas no laço com sua cria. As insônias, o trabalho de cuidar, os custos diretos e indiretos de ter um dependente, as transformações no vínculo com a companheira, ou companheiro, quando passa a existir, entre eles, um bebê... tudo isso é dificuldade que o pai tem de enfrentar. Para lidar com isso, um pai pode transferir ao filho uma grande parte do amor que sente por si mesmo. "Meu filho vai ter nome de santo", canta Renato Russo, "quero o nome mais bonito".[69] Tal "generosidade", porém, tem limites: há um certo ressentimento, sobra sempre um "troco", que fica depois do grande investimento que é o tornar-se pai.

Assim, um primo querido, sabendo da minha pesquisa, disse-me que não tinha sofrido com os ciúmes, mas, com o passar dos meses, julgou que o mais difícil foi abrir mão do seu tempo de lazer para estar com o filho. Sentiu falta de ter um momento só seu, o tempo que, antes de ser pai, podia dedicar a si mesmo. Ele é músico, gostava de tocar na noite, estudar acordeão; e só agora, que o filho está maior, pode voltar a tocar.

Uma amiga psicanalista, mãe de dois homens e avó de meninos, também me falou sobre isso, a dificuldade que percebe na relação de seus filhos e noras, pois os jovens pais não se sentem capazes de satisfazer as expectativas que recaem sobre eles, de serem presentes, ternos, pacientes, cuidadores. Para ela, à medida que as mães assumem posições outrora consideradas masculinas, pedem aos parceiros que assumam o lugar outrora "feminino" do cuidado e da renúncia ao próprio tempo, em função da criança. Alguns explicitam o ressentimento em relação a isso de uma forma concreta, queixando-se do custo financeiro da empreitada, ou por meio da máxima: "filho é bom, mas dura muito". Tenho percebido que alguns pais que se queixam do *custo* do filho estão, de fato, reclamando das renúncias, *do custo de tempo e de vida* envolvido nesse vínculo. As propagandas que existem nas mídias pregam que o amor parental deve superar tudo, que os pais vão amar os filhos sem se queixar do esforço e do peso da responsabilidade. Na contemporaneidade, a criança é colocada em um pedestal. E, no entanto, apesar do amor que existe, os pais e as mães se queixam, sim, do peso do cuidar.

Sacrifício ou recompensa?

Existem estudos que abordam especificamente a questão das renúncias paternas. Para pensar as diferentes nuances deste tema, escolhi três obras diferentes. São dois trabalhos acadêmicos e um romance da literatura norte-americana, analisado numa pesquisa sobre a *paternalidade*, neologismo que salienta a construção psíquica da paternidade e sua dimensão experiencial.[60]

O primeiro trabalho é um estudo de Alexandre Yamaguti,[70] explicitando a percepção geral de que os homens contemporâneos vivem uma transição em relação ao modelo de paternidade patriarcal (com base em ser provedor), pois estão em busca de outras formas de se relacionar. Sem políticas públicas e espaços de apoio à paternidade consciente, num contexto que não cria condições para o fortalecimento do vínculo pai-bebê, os pais enfrentam dificuldades nesse âmbito. Yamaguti concorda com essa percepção, mas toma uma direção diferente em sua análise. *Ele relaciona "o espírito desenfreado" da contemporaneidade com a questão paterna, encontrando neste estressor uma das causas para a angústia desses sujeitos.*

Dessa forma, o autor não localiza o conflito somente na "falta de espaço" ou incentivo para a paternidade; mas por todo um *zeitgeist* – o espírito da nossa época – que *rouba o tempo* do pai, um tempo absolutamente necessário ao vínculo e à construção de sentido para essa posição subjetiva. É como se nossa época deixasse os pais num certo "vácuo" em relação ao sentido último dessa vocação: o ato de se responsabilizar por um outro.

É verdade que a paternidade pode se mostrar como doação de tempo, mas o pai, ao aparentemente "sacrificar" seu tempo, resguarda seu futuro e pode integrá-lo ao seu passado. É esse o sentido que se perde na contemporaneidade, pois o ressentimento legítimo, que faz parte dessa tomada de posição, é contrabalançado quando a paternidade pode ser compreendida como um "ofício sagrado e humilde", um ato consciente de *criação*. Não se pode, portanto, explicar toda a dificuldade do homem pela "falta de diretrizes e modelos" decorrentes da crise do patriarcado – aquelas mudanças sociais que tiraram o pai do centro das decisões e fizeram com que ele mudasse de lugar na família. Esta visão é parcial; pode nos levar a crer que o mais importante para a paternidade é o modelo, o exemplo. Isso conta realmente, mas "ser pai" não é uma posição que se resume a uma *expertise*, um saber que pode ser comprado por aí. O risco de se dizer que todos os problemas nesse campo advêm da "crise do patriarcado" é dar a entender que, com as mudanças sociais, os homens se perderam naquelas "*diretrizes para ser pai*" que existiam antigamente; como se houvesse algo como uma *paternidade ideal* a ser possuída, controlada e alcançada.

Yamaguti entende o pai como *figura criadora*, que deve decidir sobre vários aspectos de sua vida ao se posicionar, dessa maneira, como pai *diante de alguém*. Ele deve decidir quanto de si dará para a família e como ressignificará o "sacrifício" desta doação – isso é particularmente difícil no momento de precariedade existencial e aceleração do tempo em que vivemos. Ser pai é um projeto de vida. E, como todo projeto, ele se dá em uma vocação, um apelo existencial, uma posição subjetiva. Como tal, tem os seus custos.

Este autor vai na direção contrária aos livros com uma característica mais romantizada da paternidade, pois critica a "aceitação cega" do modelo do pai que se sacrifica, afastando o homem de suas próprias necessidades e das necessidades de seus filhos. Um compromisso como esse, de longo prazo, tem que se basear no possível de cada pai. O possível de cada pai inclui, necessariamente, os seus sentimentos negativos.[70]

Fugindo de ser pai

Um outro trabalho, dessa vez uma obra literária, cujo tema se liga à posição subjetiva do pai, é um romance da década de 1960. Trata-se de uma história que parte de um mote comum: o pai que abandona a parceira, com os filhos ainda pequenos, por dificuldades em lidar com a responsabilidade e a insatisfação conjugal. Este livro fez tanto sucesso que teve 50 edições e vendeu mais de 2,5 milhões de cópias até hoje.[71] Traduzido em várias línguas, é um retrato do homem contemporâneo – apesar de escrito há 60 anos – e aborda a questão da masculinidade e da paternidade.

O livro conta a história de Harry Angstrom, o "Coelho", jovem pai que ganhou este apelido quando jogava basquete na adolescência. Ao engravidar a namorada de colégio, Coelho se torna pai compulsoriamente e tem de abandonar o sonho de um futuro grandioso como atleta. Passa, então, a trabalhar com vendas para sustentar a família, porém profundamente insatisfeito com o casamento e o trabalho. Quando a mulher está gestante do segundo filho, ele sai de casa, impulsivamente, para não mais voltar, até o nascimento do bebê. Coelho acaba sendo convencido pelo pastor a retomar a vida familiar e suas responsabilidades, mas, por fim, foge novamente, deixando a esposa e o bebê numa situação de total desamparo.

Quem não conhece uma história como essa?

No livro *Rabbit, run* (traduzido como "Coelho, corre"),[72] a aceleração e a confusão do personagem, que age de forma irresponsável, levam a uma grave desorganização familiar. No livro, Coelho foge o tempo todo; não encontra sentido algum em ser pai e tampouco empatiza com a situação da mulher. A fuga da situação perinatal e o seu comportamento, em geral, fazem pensar num uso maciço de defesas maníacas: a onipotência, a arrogância, a aceleração, a falta de empatia. Assim, o autor do livro, John Updike, parece prenunciar a "doença" paterna da nossa época: a personalidade narcisista, incapaz de cuidar, de ter consideração pelo outro.

Em várias passagens do livro, Coelho reflete amargamente sobre a "castração" – no sentido de restrição à liberdade – representada pela posição de chefe de família. Lembrando do tempo de atleta, da juventude que passou de repente, o pai pensa na glória que não voltará mais, ligando a paternidade a um peso, à morte do futuro. Em suas palavras: *"A plenitude acaba quando damos à Natureza seu resgate, quando fazemos filhos para ela. Então ela não quer saber mais de nós, então nos tornamos, primeiro por dentro, depois por fora, lixo. Caules de flores mortas."*[72]

Por meio da metáfora utilizada pelo personagem, pode-se captar a leitura melancólica que este homem faz da posição parental. Parece aquele velho ditado, que diz que precisamos fazer três coisas antes de morrer: ter um filho, escrever um livro, plantar uma árvore. Só que, neste caso, Coelho toma o ditado de forma literal. Ele interpreta o momento de gerar um filho, o momento de gerar um fruto, como sinal da decadência da árvore. Como se o único objetivo da árvore fosse este, e, ao cumprir sua função, ela perdesse seu propósito. Coelho não encontra sentido na paternidade, pois a interpreta como sinal da passagem do tempo e da sua mortalidade. O sacrifício (simbólico) de si e de seu tempo em função da próxima geração é entendido, por ele, no real, como sinal de morte.

John Updike, o autor da série de livros sobre o "Coelho", está atento para o efeito da aceleração da vida sobre a experiência da paternidade. O "espírito desenfreado", anunciado por Updike, é um dos elementos que dificulta o fruir do tempo presente. Da mesma forma, tal espírito dificulta a aposta no futuro, representada pela paternidade. Não há futuro, não há passado, na experiência da aceleração que nos assoma.

Esse estado de coisas vem se agravando, com o advento da internet, no final do século XX.[73] Então, nossa percepção do tempo se transformou ainda mais, e a pressa passou a determinar nossas motivações e ações.

Há poucos anos, o poeta e *rapper* Eminem trouxe o "Coelho" de Updike de volta, numa canção angustiada que fala de um bloqueio criativo, de sua raiva e da sensação de aprisionamento que o tempo lhe dá: "*Você vai sentir a minha pressa [...] o meu cálice transborda, e estou cheio.*"[74] A canção de Eminem também se chama *Rabbit run*. A maneira como ele canta e encadeia suas ideias é expressiva: há desespero, ódio, na sensação de não poder criar nada, não conseguir escrever e tirar do peito (simbolizar) aquilo que o cantor está sentindo. Ele diz que quer vencer o relógio, destruir o relógio, vencer essa corrida contra o tempo. Acredito que é assim que muitos pais e mães se sentem diante das demandas da contemporaneidade.

Sem tempo para ser pai

Nesse sentido, a abordagem existencialista nos auxilia a entender as angústias do pai de hoje em dia. Este sujeito não é somente a pessoa que carece de "modelos fortes" para entender seu papel no mundo. É verdade que o pai autoritário da estrutura de família patriarcal está "fora de moda", mas isso não explica tudo. Há uma antítese entre a possibilidade de exercer uma paternidade criativa e o constrangimento do mundo consumista, acelerado e frenético da nossa época. Na medida em que este mundo exige de nós respostas rápidas e prontas, bloqueia nossa criatividade, rouba-nos a condição de elaborarmos as questões fundamentais do viver. Se não há tempo a perder, por que perder tempo com um filho?

Finitude

O tema do "tempo" parece, realmente, um dos cernes da angústia paterna na atualidade. Para concluir a análise dos trabalhos escolhidos para ilustrar este tema, o estudo *Tornar-se pai: a paternidade como inscrição subjetiva da finitude*[68] tem um título que já diz tudo. Na pesquisa, foram entrevistados três homens, por ocasião da chegada do primeiro filho. Os autores, por meio da escuta de áudios e relatos transcritos, analisaram as verbalizações, lapsos, silêncios e incongruências do discurso daqueles pais. Por meio desse procedimento, o conteúdo manifesto, explícito, do discurso foi registrado, mas também as dificuldades, as renúncias e o ressentimento pela doação de tempo ao filho. Em geral, os aspectos "negativos" da experiência de se tornar pai foram comunicados de forma disfarçada, subentendida "nas entrelinhas" daquilo que diziam.

O primeiro pai, Rodrigo, era o mais jovem e ficou apreensivo com a notícia da gestação não planejada, que o levou a ir morar com a namorada. Para ele, junto com o filho, veio a mudança no nível de compromisso do casal. Rodrigo expressou claramente uma transformação de posição subjetiva, ao se tornar pai: "*Eu nunca tive contato com criança assim na minha família. Sempre eu era a criança da família.*"[68] Ao "deixar de ser criança", Rodrigo passou a associar a paternidade à responsabilidade e à dificuldade de conciliar seus interesses pessoais – como o lazer, o descanso e os estudos (pós-graduação) – com os deveres assumidos. Certa vez, perdeu o prazo de uma prova e disse: "*Não vou culpar meu filho por isso*", mostrando que, de certa forma, culpava, sim, a paternidade, por sua falha. Os autores do trabalho, analisando a fala de Rodrigo, compreendem que, para ele, a experiência da paternidade afetou a organização da vida e a administração do tempo. Mesmo que, explicitamente, procurasse não culpar o filho, nas entrelinhas do discurso Rodrigo demonstrava uma opinião contrária.[68]

Este trabalho, assim como a pesquisa de Guidugli,[56] realizou entrevistas com os pais em dois tempos. A segunda entrevista, feita com Rodrigo no segundo ano do filho, mostrou a mudança de perspectiva do pai em relação à experiência, quando deu uma outra significação à notícia da gestação: "*No outro dia acordei e sei lá, assim, parecia outra pessoa. Tranquilo, feliz, sempre quis ter ele. Assim, nunca 'ah, não queria ter esse filho', eu sempre quis tê-lo.*"[68] Nesse momento, o pai falou mais livremente do ressentimento por ter tido de abandonar festas e jogos de futebol com amigos, por causa da mudança de vida: "*Isso pra mim é ruim, assim, de ter que aceitar, mas faz parte*". Na sua fala, referências às mudanças trazidas pela paternidade trouxeram a ambivalência, a mescla de sentimentos existente em ser pai, como algo, ao mesmo tempo, divertido e estressante, alegre e exigente, feliz, mas com muita responsabilidade. E o estudo longitudinal mostrou a maneira como o pai, que foi pego de surpresa pela notícia da gravidez, conseguiu elaborar e admitir para si mesmo, ao longo do tempo, as dificuldades enfrentadas.

O segundo homem analisado pela pesquisa foi Danilo, que estava com a companheira havia seis anos, e também relatou maiores responsabilidades com a paternidade, além da preocupação com o futuro. Danilo, desde a gestação, preocupou-se se seria um bom pai, questionamento que permaneceu consigo ao longo de vários meses. Ao lado da preocupação, queixou-se de que a vida e a casa estavam bagunçadas: "*A vida mudou de cabeça pra baixo*". Este pai formulou claramente o ressentimento com a doação de tempo ao filho: "*Eu tô sentindo falta... eu gostava de filme, gostava de sair com a [esposa] pra jantar, pra uma festa que a gente sempre saía, na casa dos amigos, comer um churrasco. Gostava de chegar em casa, de ficar sem fazer nada, ficar um pouco sem fazer nada, assim. Gostava de dormir, não consigo mais dormir.*"[68]

A análise do discurso de Danilo leva a crer que o temor de não ser um bom pai liga-se à consciência da dificuldade em renunciar a coisas que gostava de fazer, à organização prévia da vida. O conflito de consciência e a culpa por não ser tão "generoso" como gostaria estão na base do dilema deste pai, situado "em que medida ele deveria se doar" para a filha. Na sua perspectiva, essa doação de tempo o tornaria um bom pai: "*Eu sinto dificuldade de cansaço só (risos). Se não tivesse o cansaço, eu poderia ser muito melhor pai. Eu sei que eu poderia largar tudo de mão e ser exclusivo da [filha], mas não consigo fazer isso.*"[68]

Reconhecendo não conseguir entregar-se totalmente à filha, Danilo preservou parcialmente outros interesses, mas se culpava; era a renúncia que associava ao lugar da perfeição. Isso fez com que ele se deparasse com as próprias limitações. "*Ao mesmo tempo que eu tô gostando de ser pai, eu tô assim... eu não tô gostando da vida que eu tô levando*".

Na segunda entrevista, já com a filha perto de completar 2 anos, Danilo estava mais em paz com os sentimentos contraditórios. Apesar de ter de abdicar de algumas coisas, avaliava a experiência da paternidade como positiva: "*não me arrependo assim de ter sido pai*". É notável o fato de o pai trazer a palavra "arrependimento" nesta frase. Afinal, "*a vida dela em primeiro lugar, né? A tua já não vale mais (risada), a tua não tem mais. É tudo em função dela, mas é bom!*" As palavras de Danilo, nesse momento, lembram as de Rodrigo, denunciando a ambivalência sentida ao se tornar pai (a tua vida já não vale mais, mas é bom). Talvez em função desses sentimentos, por sentir-se cansado e achar que precisava ter mais paciência com a filha, descreve-se como um pai "*nota sete*". Diferente de Rodrigo, Danilo utiliza o humor para falar dos lutos contidos em seu relato.

O terceiro pai entrevistado era o mais velho dos três homens, com 45 anos. Guilherme, casado há oito anos, não associou a paternidade a grandes mudanças, mas percebeu-se dedicando menos tempo ao trabalho, tendo menor produtividade. Este pai reconhecia as renúncias que estava fazendo, mas relatava estar conseguindo equilibrar a paternidade e o trabalho: "*Eu acho que eu consigo dar conta das duas coisas.*" Seu objetivo era "*Fazer um balanço bom, entre a dedicação com a [filha] e a vida profissional daqui pra diante, porque eu acho que ela vai esperar isso, que ela possa se orgulhar dos pais, possa dizer 'meu pai é um bom profissional, meu pai fez alguma coisa, meu pai contribuiu pra sociedade'*". Guilherme foi o pai que mais se queixou do remanejamento dos afetos do casal com a vinda do bebê: "*A gente nunca mais teve nós dois totalmente sozinhos (...), o tempo que nós ficamos completamente sozinhos diminuiu muito drasticamente*". Na segunda entrevista, aos 18 meses da filha, queixou-se de que a paternidade "tomava um espaço muito grande em sua vida".[68]

Tomados em conjunto, o discurso dos três pais mostra a dificuldade de reconhecer os sentimentos ruins e a ambivalência experienciada ao se tornarem responsáveis por um filho. Isso aparece tanto no pai mais jovem quanto no mais velho; todos se queixam de ter de renunciar ao seu tempo, às suas preferências e ao lazer para estar com a criança. Escolhas e lutos surgem constantemente em seus relatos. Ceder lugar à criança, enfim, pareceu aos pais uma inscrição subjetiva de finitude, de limite, por meio da mudança de posição: de filhos e esposos, tornaram-se pais, colocando o filho num lugar privilegiado.

Os autores da pesquisa comentam que quando nasce um filho, a perfeição é investida nele, o que demanda do sujeito desinvestir de si, especialmente no que se refere ao lugar de bebê maravilhoso e imortal que o sujeito, um dia, ocupou junto aos pais. Assim, a passagem para a parentalidade pode ser sentida como um luto, trazendo a relação entre ter uma descendência e perceber-se mortal, finito.

De certa forma, todo processo de amadurecimento é um encontro com os limites, uma renúncia àquela criança maravilhosa que podíamos ter sido, perfeita, à medida que lidamos com nossa incompletude. Assim, podemos pensar que nosso desejo de sermos perfeitos e imortais vai sendo "lapidado" pelo viver, e o amadurecimento é justamente essa aceitação da imperfeição, da finitude, das nossas impossibilidades. O fato de tornar-se pai, nessa perspectiva, demanda o abandono de uma posição infantil. Agora, o homem é chamado a cuidar de um outro. Já contei ao leitor daquele paciente que me ensinou muito, e que ao se tornar pai, me disse: "*Agora é a hora de separar os meninos dos homens. Agora, é para valer. Acabou a brincadeira*".

Tomados em conjunto, os relatos dos homens mostram seu esforço no sentido de equilibrarem as perdas e os ganhos com a paternidade, redimensionando sua vida afetiva para nela incluir o filho e investi-lo amorosamente. São pais "nota sete" que conseguem aguentar a frustração de ter de fazer renúncias em função da criança, sem fugir, como o personagem Coelho. Este, sim, representa a falência do investimento paterno, um modelo para pensar a esquiva do pai no que ela tem de melancólico, desesperançoso, apesar da defesa maníaca que o pai utiliza para lidar com a angústia. A aceleração de Coelho é uma defesa contra a sensação de perda, de castração absoluta, vivenciada pelo pai que não consegue compreender a paternidade como aquele "ofício sagrado e humilde", o ato consciente de criação, de que nos fala Yamaguti.[70] A paternidade provoca mudanças na vida das pessoas que a vivenciam, e o ressentimento pelas perdas e pelos lutos dessa fase faz parte dos afetos que precisam ser processados pelo homem ao tornar-se pai.

Amor

Se o leitor me acompanhou até aqui, nesse percurso de nomeação dos medos, insegurança e ressentimento paternos, pode estar se perguntando: será que não vamos falar também das recompensas, da alegria e do sentimento amoroso que liga pais e filhos? Muitos homens se referem à entrada na paternidade como um marco em suas vidas, a descoberta de um amor e uma capacidade de doar-se que desconheciam até então. Tornar-se pai pode significar uma reconexão do homem com a sua ternura: uma oportunidade de se reinventar. Vamos, portanto, falar desse amor e dessa alegria, começando por relacionar tal sentimento com a integração da personalidade. O júbilo sentido pelo homem talvez se relacione com o fato de que, antes dessa experiência, alguns pais podem ter levado a vida recalcando aspectos seus que, inconscientemente, consideravam "femininos". A chegada da criança convoca o homem de um outro lugar, e a identificação primária com a mãe que tiveram na infância pode então manifestar-se, levando o homem a uma sensação de realização.

A respeito dos papéis de gênero, diz Iaconelli:[75] "*Meninas são desencorajadas a atividades de liderança e a dizerem não para os outros, mas existem inúmeros brinquedos e brincadeiras que são terminantemente proibidos para os meninos.*

Roupas femininas, bonecas, cozinhas, algumas danças, gestos são interditados por medo de que eles se tornem homossexuais – embora não seja assim que funciona a orientação sexual." Diante das mudanças da contemporaneidade, a autora se pergunta: "*Qual masculinidade faz sentido no século XXI?*"

Com certeza, esse tipo de restrição dificulta aos homens o acesso, por meio do brincar, desde a infância, às tarefas e ao prazer de cuidar. Muitas vezes, é com o filho, quando adultos, que poderão descobrir sua habilidade para realizar atividades que, outrora, consideravam "coisa de menina". Conheço um pai que, ao passar por uma situação difícil na fase do nascimento da filha, encontrou uma saída criativa para si mesmo. Este pai gostava de cozinhar; aprendeu isso com a mãe que, justamente na época da vinda da neta, adoeceu de câncer e faleceu. Então, ele mergulhou no mundo das comidas de criança, fazendo ainda mais viva a memória de sua mãe, enquanto se dedicava com amor à filha e sua introdução alimentar. Passou a trabalhar com isso, desenvolvendo receitas saudáveis para o paladar infantil e tornando-se um comunicador sobre este tema. Esse é um exemplo da possibilidade criativa do psiquismo humano.

Até agora, ao comentarmos os desafios presentes na tomada de posição subjetiva que é o tornar-se pai, enfocamos o aspecto conflituoso dessa crise vital, que pode levar o homem ao adoecimento. Mas as crises vitais são também uma oportunidade de mudança, de remanejamentos afetivos e subjetivos, dependendo de como o indivíduo lida com elas. As crises nos fazem crescer. Por isso, alguns psicólogos incluem a entrada na parentalidade como um marco do desenvolvimento do sujeito, em termos psicossociais.

Um marco do desenvolvimento

Segundo essa visão, cada fase da vida apresenta ao sujeito um dilema a ser resolvido, uma conquista a fazer, em termos da realização da potencialidade para o desenvolvimento.[76] Para dar um exemplo, se o leitor se lembra daquela fase de diferenciação/separação que discutimos no início do capítulo, podemos pensá-la como um dos marcos do desenvolvimento. Afinal, para o pequeno bebê, a fase de diferenciação e separação é o momento de estabelecer a *confiança básica* no mundo. Aqui, o dilema da criança é construir um senso de segurança que permita a separação em relação às figuras de cuidado. Essa confiança básica permite à criança seguir com as atividades exploratórias que vão permitir que prossiga na sua busca de autonomia. O pediatra sabe bem disso: quando os pequenos estão muito regredidos ou apresentam inibições, isso pode estar relacionado a uma falha no estabelecimento da confiança, a qual depende da presença das funções materna e paterna para se constituir.

E assim por diante: à medida que o sujeito se desenvolve, surgem novas crises, ligadas às mudanças que fazem parte do crescimento emocional. É claro que, nesse campo, nada acontece de um jeito totalmente "programado", como numa curva de estatura ou peso. O desenvolvimento emocional mais se parece com uma curva em espiral, com avanços e retrocessos, enquanto o sujeito se encaminha em direção à maturidade. Ao longo do tempo, pode-se perceber que a cada crise, a pessoa é levada a buscar uma "solução" para um impasse do amadurecimento.[76] Por isso, certos dilemas básicos estarão presentes na vida da maioria das pessoas. E, para cada dilema, há dois tipos de soluções possíveis. Uma aponta para o progresso e a outra, de qualidade regressiva, indica uma dificuldade naquele ponto. Até a morte, estamos continuamente nos reinventando, lidando com as perdas e os ganhos característicos de cada uma dessas passagens. E é isso o que acontece na entrada da parentalidade.

Por que podemos pensar a entrada na parentalidade como um marco? Considerando as crises vitais, após a passagem pela adolescência, pode-se pensar que o dilema do adulto envolve duas questões: a conquista da intimidade nas relações e a busca da própria generatividade.[76] O conceito da generatividade está ligado ao ato criativo, não propriamente no sentido artístico, mas na descoberta de uma vocação, de um "fazer" que liga o sujeito ao mundo. Aqui, o sujeito não se sente mais como alguém que recebe o cuidado e o sustento dos pais, mas que possui a capacidade de se "autossustentar" em vários sentidos. E, então, tornar-se pai é um dos caminhos possíveis para fazer laço com o futuro. Isso inclui cuidar de alguém, seja seu próprio filho ou outra pessoa. Mas a generatividade também se liga à "adoção" de um projeto significativo, uma visão, um objetivo de vida.

Do ponto de vista afetivo, cada vez que se faz uma passagem por uma crise vital, ao lado das perdas e lutos, há alegria e um sentimento de conquista ou superação. Por isso, além de outras realizações, ter um filho pode ser uma resposta para o dilema da fase adulta, um modo de avançar no campo da criatividade pessoal. Além disso, a posição parental tem particularidades, pois, tornando-se pai, o sujeito pode se reconectar com o passado. Saindo de uma posição infantil, de filho, pode-se ocupar outro lugar na árvore da família e ressignificar a relação com os próprios pais. Assim, para se tornar psicologicamente disponível como pai e mãe, é preciso estar relativamente em dia com a própria história.[77]

Mudando de posição

E aqui podemos relembrar e acrescentar um novo sentido ao discurso de Gregório Duvivier, comentado nas primeiras páginas deste livro. Ele entende a alegria de ser pai como o resultado da descoberta de perceber-se não mais como "o centro do universo", mas como uma parte de um todo maior. É isso que torna a responsabilidade pelo cuidado menos penosa, quando integrada a este propósito. Analisando o ressentimento ligado à doação de tempo ao filho, outros autores chegam à mesma conclusão. Na medida em que a chegada da criança é um convite para que o pai abandone uma posição infantil e narcísica, ele pode descobrir, na alteridade da criança, uma possibilidade de crescimento pessoal.[68,70] Eis o que significa a fala de Duvivier, explicando a João como é que o pai consegue passar por todos aqueles "perrengues". É justamente a crença de "o mundo não gravita em torno de você", que torna possível essa mudança de posição.

Assim, a partir da experiência de perfilhar uma pessoa, o sujeito ganha uma chance de curar velhas feridas, podendo atingir uma outra compreensão sobre os próprios pais. Não ser o centro do universo significa poder olhar para trás, reconhecer aquilo que foi recebido dos pais, e também o que não foi possível receber. Com relação à árvore da vida, a chegada do filho é uma oportunidade de o pai elaborar sentimentos e inquietações que se originam em uma *dívida* contraída com seu passado. Que dívida é essa? Obviamente, essa não é uma dívida concreta, mas sim um "resto" emocional que inclui os remorsos e as culpas referentes à rivalidade e ao ressentimento nutridos em relação aos pais. Esses conteúdos e representações podem estar inconscientes, mas nem por isso deixam de ter seu efeito e compor parte do desejo de filho, o desejo de "passar as coisas a limpo", que comentamos anteriormente.

Desejo do pai

Em nossa cultura, a maternidade é tão endeusada, que existe um "estranho silêncio" em relação à importância do *desejo do pai*, na criação do ambiente receptivo ao filho.[78] O desejo do pai por este filho coloca-o numa cadeia intergeracional e, ao mesmo tempo, representa uma conquista para o psiquismo paterno. Doando ao filho seu legado e seu nome, o homem se aproxima daquele que o gerou. É como se o pai, recebendo o filho, passasse adiante o amor recebido de seu próprio pai. Esse momento pode ser a realização de algo que, talvez, não seja acessado de forma tangível, mas tenha seus efeitos benéficos para o pai e para o avô. O amor, aqui, é como um bumerangue, que vai em direção ao outro, mas volta para as mãos de quem o arremessou, transformado e enriquecido.

Além disso, outros sentimentos retornam nessa cena, a rivalidade e os ciúmes, aspectos do passado do pai que são reencenados e podem ser ressignificados neste momento. É dessa forma que o laço entre o amor-próprio do pai e este amor a um outro se liga, então, ao sentimento de gratidão. E por que gratidão? Na paternidade, tanto os aspectos mais precoces da identificação do menino com a mãe, como os conflitos do menino com o pai, podem encontrar uma saída, uma "solução". A chegada do filho é sentida como um presente, um sinal de esperança e alegria, diante da *vida* que o pai foi capaz de gerar.

Gratidão

Ainda sobre a gratidão, este sentimento é um dos principais derivados da capacidade de amar.[79] Pode-se pensar a gratidão como a capacidade de superar a inveja, sentir-se bom e criativo, a partir da chegada do filho. Esse sentimento tem suas raízes no estágio mais inicial da infância, quando o bebê menino recebia da mãe (ou de quem estava neste lugar para ele) o leite, o colo e a segurança. É claro que todos os cuidadores permanecem para a criança como fonte dessa bondade. Porém, o menino, ao se entender como pertencente ao seu gênero, descobre que não poderá imitar a "mãe" em sua capacidade de gerar e nutrir. Tornar-se pai, nesse sentido, é uma compensação mais tardia para a inveja arcaica que o homem tem dessa "feminilidade da mãe".[79] Afinal, a capacidade de dar e preservar a vida é sentida como o dom máximo e, *na relação amorosa com o filho, o pai pode experimentar este dom.*

Por isso, criatividade, generatividade e gratidão andam juntas. Nesse sentido, Duvivier estava certo, citando o descentramento de si como algo que pode ser sentido, pelo pai, como *alegria*. A experiência da própria generatividade costuma ser percebida como uma "recompensa" para o sentimento de limite e finitude ligado à posição paterna. A gratidão também é poder receber, da companheira que gestou o filho, a criança como um dom.[78] Criança que, por outro lado, é prova e sinal da potência e capacidade paternas. E isso independe da orientação sexual do pai. Num trabalho realizado com casais de homens, que têm um filho gerado a partir de um útero de substituição (barriga de aluguel), os pais referem muita gratidão à mulher que está gerando sua criança.[80] Na adoção, o mesmo sentimento é comumente referido: a ideia da criança como um presente, uma dádiva recebida pelos pais, e que confirma sua generatividade.

Assim, podemos compreender algumas das razões pelas quais os pais percebem transformações em si mesmos ao mergulharem nessa posição subjetiva. Se o pai é capaz de aprender com a experiência, ser pai representa uma chance ímpar para amar e se permitir ser amado. E o pai, gostando assim de seu filho, passa a gostar mais de si mesmo, integrando, por meio da relação com ele, partes de si mesmo.

Susto e maravilha

Um outro aspecto importante na questão da entrada na parentalidade é o elemento de surpresa, maravilhamento, estranhamento e inquietação, que está envolvido nos primeiros encontros com o bebê. É um verdadeiro *mix* de sentimentos diante do novo. Quando falamos da reconciliação do pai com seu passado e futuro, por meio do filho, podemos entender o quanto de expectativa e sonho existe nesse investimento. O desejo do pai pelo filho é como um *iceberg*, pois ele, conscientemente, tem suas razões para querê-lo, mas não sabe de suas fantasias, o que está inconsciente e o leva a criar um determinado filho em sua imaginação.

Mas eis que o bebê chega de verdade. É como um susto. Deste momento nos fala Ferrari[81] ao desenvolver em sua tese a ideia do quanto a experiência da parentalidade pode ser inquietante. Depois de um momento de intensa emoção, até de confusão, pode ser que o pai se encante e experimente um maravilhamento. É um momento propício para mobilizar forças psíquicas de um *narcisismo de vida* que recobre o corpo do bebê e constitui a ternura das primeiras ligações.

> *"Nossa, eu já fui como ele, pequenininho, hoje eu consegui fazer um outro e assim ele depende de mim, então, você fica... nossa, que incrível que eu sou, né? Eu consegui fazer um filho, cara, tem braço, tem perna, tem cabeça, tem olho, tem tudo!"*[56]

Eis a fala de um pai, narrando, com júbilo, o seu encontro com o milagre da vida. É claro que, para além da alegria, o encontro com o filho demanda investimento e responsabilidade. Conforme o elemento surpresa da chegada do bebê é integrado ao cotidiano, o pai começa a se deparar com a vida que mudou. Sua rotina é transformada pela chegada dessa "visita" que veio para ficar. Solange Frid[82] nos lembra que somos responsáveis diante "da vida, dos seres, das coisas, do mundo, da natureza" e que o outro, de certa maneira – mesmo o filho

– é um estrangeiro que chega em nossa vida pedindo que o tratemos com hospitalidade. É uma pessoa, que chega como uma visita, mas que vem para ficar.

Recebendo o estrangeiro

É interessante poder pensar o filho como uma visita, um estrangeiro, que chega "meio perdido" no nosso país, sem saber falar nossa língua e precisando de acolhimento. "Sobre o estrangeiro, desarrumamo-nos diante dele, o que nos exige constante rearrumação", diz Frid.[82] E é verdade! É só lembrar da fala de Danilo: "*A vida mudou de cabeça pra baixo*", para entender o quanto pode ser desafiadora a chegada do filho na vida do pai.

Quando há amor e hospitalidade suficientes, a transição para a parentalidade pode ocorrer de maneira criativa, marcada por processos de ligação e conexão, que permitem ao pai investir amorosamente no bebê, enquanto espera que esse novo sujeito se constitua, aos poucos, a partir desse grande investimento. É claro que o amor dos pais por seus filhos tem uma característica projetiva, pois, no sonho paterno, o filho, como promessa, como devir, representa uma esperança de recomeço.

É delicado esse processo, pois na construção da paternalidade, as projeções sobre o bebê se articulam, dialeticamente, com a capacidade de o pai lidar com a alteridade, a "estrangeirice" da criança. Pois o bebê não vai "funcionar" do modo como o pai imaginou. Uma frase que escuto muito nessa hora é a queixa de que o bebê não vem com "manual de instruções". O filho que cresce demanda muito, é sempre um "outro", para o pai. Se o sonho paterno criou as condições para os primeiros investimentos do cuidado, tem de aterrissar na realidade e se moderar nas expectativas, para enxergar no filho a pessoa que ele realmente é. Narciso acha feio o que não é espelho,[83] mas, na dança da parentalidade, os espelhos vão se quebrar.

Narcisismo paterno

Nesse momento, imagino que o leitor pode estar pensando no que falamos anteriormente sobre o narcisismo e perguntar: afinal, o narcisismo dos pais é bom ou é mau? Existe um narcisismo bom? Acabamos de deixar clara a necessidade do abandono da posição infantil e narcísica, que advém da maturidade. Mas também falamos em um outro sentido do narcisismo: aquele que permite aos pais amarem o filho como partes de si mesmos, seus herdeiros, quase como se fossem sua continuação.

Essa aparente dicotomia deve-se ao fato de que o narcisismo, no significado de "amor-próprio", é parte essencial da economia psíquica, ou seja, das forças amorosas que conectam o sujeito ao que o faz viver. É o próprio instinto de vida, a libido (energia amorosa) que se volta para o "eu" e a autopreservação.[24] O narcisismo é o investimento legítimo que fazemos na construção da identidade, no cuidado com o corpo, na busca de prazer e gratificação. Sem um tanto de narcisismo, não podemos nos constituir de uma forma saudável, de uma forma viável, por assim dizer.

Porém, ao lado do amor que dirigimos a nós mesmos, há o amor que dirigimos aos outros. Quando nos referimos ao aspecto negativo do narcisismo, estamos em geral nos aludindo ao desequilíbrio entre essas duas direções do amor. O outro lado do narcisismo é o fechamento em si mesmo, o isolamento e o surgimento da incapacidade de se relacionar e se doar para o outro. Como no mito de Narciso, que não escutava ninguém, ficava o tempo todo admirando-se no espelho.

O narcisismo em excesso, curiosamente, costuma se ligar aos traumas de amor precoces, quando decepções com aqueles a quem nos ligamos, bem cedo na vida, levam-nos a investir excessivamente em nós mesmos. Isso pode gerar a vaidade, a arrogância, a impermeabilidade a tudo que vem de fora de nós.[84]

Está em voga, nas mídias, o conceito de "mãe narcisista", relatos de sujeitos que sofreram com cuidadoras que nunca deixaram de enxergá-los como uma mera extensão de si mesmas. Isso faz com que, no senso comum, a ideia de narcisismo seja vista pelo seu aspecto negativo. Por isso, pode causar uma certa confusão o conceito de um "narcisismo bom", no sentido da autoestima e da constatação de que o amor sentido pelo filho tem um tanto de "narcísico". É natural que seja assim e, inclusive, esse amor exagerado é o que nos faz enxergar no bebê, tão pouco aparelhado para a vida, uma potencialidade quase infinita.[24]

É curioso: quem não está apaixonado por um bebê costuma achar meio ridícula a "entronização" da criança feita pela família. Fotos diárias no Instagram, "mesversário", filmagens numerosas de "cada coisinha" que o bebê faz. Uma paciente, recém-casada, que não tem filhos, fala-me do tédio sentido nas reuniões com as amigas do colégio, todas casadas e mães de criança pequena. "Que falta de assunto!" Porém, o aspecto positivo do narcisismo parental tem um lado sombrio também, é uma febre que tem de passar no seu devido tempo.

Ainda a respeito da "mãe narcisista", naquele sentido patológico, fala-se muito da mulher que parece que quer "engolir" o bebê, controlar o filho. Mas do pai narcisista, vaidoso e imaturo, fala-se pouco. Que dizer dos pais que não conseguem se moderar em relação ao ciúme, que não se implicam no cuidado e responsabilidade pela criança? O pai que abandona. A dificuldade de amar de um pai pode, sim, ter efeitos importantes sobre o filho. O amor, se entendido como um impulso para a ligação e a integração, é um elemento necessário para a constituição do elo entre o pai e a família.

É nesse sentido que Freud cunhou o termo "libido" para qualificar a energia psíquica que nos faz investir nas pessoas, projetos, na curiosidade de aprender e nos esforços que fazemos para nos desenvolver. Libido é energia de ligação. Uma criança, quando chega ao mundo, tem um equipamento inato, que alguns chamam de disposição para o apego. Essa disposição a faz buscar a conexão com o seu "próximo" cuidador.[37] O adulto que atingiu certa maturidade pode ser capturado pela necessidade que tem a criança de estabelecer esse vínculo. Se não há maturidade, ou a capacidade de aprender com a experiência, os processos de ligação não predominam em relação aos processos de desligamento.

O desligamento pode ter duas formas, uma mais agressiva, que deriva na violência do pai, ou, mais comumente, a forma do desinvestimento que pode culminar na desfiliação. O desligamento se expressa pela indiferença, pelo "não vínculo" do homem com a posição subjetiva de pai. É quando o homem não sai da condição de genitor, não vai além disso.

Pai nota sete

Entre o pai apaixonado pelo filho, encontrado nas mídias que apregoam a paternidade como a redenção do homem, e o pai abandônico está "o pai nosso de cada dia". Ele é o "sujeito dedicado comum" que faz o que pode, como pode, para "dar conta do recado".[85] Podemos pensar no exemplo de Danilo e responder com segurança: "*Olha, se você consegue ser um pai nota sete já tá bom, viu! Passou de ano!*"

Poder confiar nas próprias capacidades, mesmo que à custa de erros, é um ganho de maturidade que mostra ao pai a sua generatividade. A perfeição do filho, da mesma maneira, não resiste às provas da vida. Em algum ponto, a criança decepcionará o pai. Ela se constitui como alteridade para aquele que pode ter sonhado o filho como uma "continuação" sua, ou até aquela "versão melhorada" de si. O pai "nota sete" entende que o filho é, então, "o mesmo" e um outro, e tem disposição psíquica para se reorganizar continuamente para acompanhá-lo, "topar" o desafio do amor.

Embora neste capítulo tenhamos colocado uma lupa sobre a capacidade amorosa do pai, nunca é demais lembrar que a dança entre o pai e o filho não acontece num palco onde eles fazem um *pas de deux*, e sim no meio do baile com muito mais gente dançando, inclusive, a mãe, os irmãos e a banda que está tocando, que podemos equiparar ao espírito da sua época. São inúmeras as circunstâncias da vida que podem facilitar ou dificultar a transformação do pai e de seu amor, que começa como um sonho de filho, um desejo de filho, uma necessidade muito própria, e vai aos poucos se transformando numa ligação real com uma pessoa real. O amor de pai e filho também pode começar de supetão, quando a gravidez acontece como que por acaso. Mesmo assim, como Rodrigo (ver página 67), o pai pode decidir ocupar o seu lugar. Nas adoções e na reprodução assistida, o caminho pode ser longo, um pouco mais difícil, mas o amor também passará pelas mesmas metamorfoses.

Amar e gostar

Com relação ao elo entre o pai e o filho, é importante pensar qual o peso da afinidade entre eles. A questão do gostar, da afinidade entre o filho e o pai, não depende somente da intensidade inicial do desejo paterno por essa criança. Como percebemos nos relatos de famílias numerosas, alguns filhos se tornam semelhantes ao pai, compartilhando gostos, projetos e ideias, e outros filhos, nem tanto. Afinal, o filho é uma pessoa ativa no elo que se forma entre eles, pode convocar o pai, ser parecido com ele ou com alguém do seu passado, tanto pelo lado positivo como pelo lado negativo. A criança tem sua responsabilidade pelo que acontece neste vínculo – mesmo que seja uma responsabilidade inconsciente, não proposital.

Dessa forma, pode ser que o filho se ligue a algum "fantasma" paterno, no sentido das questões inconscientes, problemas mal resolvidos do passado, ou mesmo por se assemelhar a figuras e situações que traumatizaram o pai. Neste caso, o sonho paterno pode ser pesadelo e o amor abraça a antipatia, dificultando que o elo entre o pai e o filho se estabeleça por meio da positividade. Ainda assim, amar não é o mesmo que gostar; pode haver amor em meio à dificuldade.

Estrangeirice de um filho diferente

A questão do amar e do gostar, do familiar e do diferente, pode ser muito mais forte diante de um filho que possui alguma doença ou deficiência. Sobre esse assunto, o filme italiano *As chaves de casa*, de Gianni Amelio,[86] é outra história que traz a ideia de um pai em travessia. Como no caso de Cristóvão, aqui a passagem do pai de um lugar a outro representa a sua mudança de posição em relação ao filho e ao "ser pai". O filme conta a história de um homem distante, que constrói um laço com o filho na adolescência. O filme começa quando o pai é encarregado de acompanhar o rapaz em um tratamento para seu quadro de paralisia cerebral. Vão, então, de trem, para outro país, em busca desse tratamento: uma viagem a dois. No decorrer do filme, ficamos sabendo que a deficiência do menino se deve a um parto difícil, que levou a mãe à morte e causou o afastamento do genitor com o bebê ainda pequeno. As lacunas dessa história, preenchidas pouco a pouco, dão margem à suposição de que o pai não conseguiu lidar com o duplo luto, pois o parto, além de tudo, deixou a criança deficiente. Assim, o menino é deixado aos cuidados dos avós. Agora, como adolescente, ele apresenta limitações motoras importantes e, para complicar as coisas, mal conhece o pai.

Mesmo assim, o garoto é bastante competente em despertar sua empatia. Como que para recuperar o tempo perdido, ele faz muitos jogos de esconde-esconde com o pai,[22] captura o seu olhar e conta-lhe seus segredos. Durante a viagem, eles vão se aproximando. O momento em que o pai, simbolicamente, promete dar as chaves da casa ao filho significa uma abertura para que entrem na vida um do outro. O filme mostra o processo reparatório que ambos realizam durante a viagem que fazem juntos. É a reparação de um longo afastamento que trouxe, para o pai, a culpa; e para o filho, uma grande falta. Mesmo assim, há espaço para que o perdão se estabeleça, para que o vínculo se inicie a partir daquele momento.

Nesse filme, o pai se afasta do filho em razão de sua deficiência. Há algumas obras literárias sobre o mesmo tema que vale a pena conhecer, especialmente para quem deseja se aprofundar no estudo da "fratura narcísica" que pode representar a experiência de ser pai de um filho diferente. Cristóvão Tezza[87] e Kenzaburo Oe,[88] nos livros *O filho eterno* e *Uma questão pessoal*, respectivamente, também levam tempo para assimilar a decepção representada pela deficiência do filho. O desejo de renegar o filho diferente está presente também nessas histórias.

Amelio, diretor de *As chaves de casa*, em uma entrevista à *Folha de São Paulo*, fala sobre a esquiva do jovem pai ligada à deficiência do menino: *"Em vez de contar a história de um pai que sai de casa porque se apaixona por outra mulher, abandonando até seu filho, quis contar algo mais inquietante. Se ele tivesse abandonado o filho por ter se apaixonado por outra pessoa, teria para si próprio a justificação do amor que o leva para fora da família. Mas, aqui, o que o leva para longe da família é o medo de não poder aceitar um filho naquelas condições. Isto é, continuo a afirmar que os homens fazem filhos por vingança."*[89]

E então Amelio explica o que entende por "fazer filhos por vingança". A ideia se liga ao desejo que o filho venha a compensar tudo aquilo que a vida tirou do pai, tudo o que a vida não lhe deu. "*Tive a vida que tive, mas, se concebo um filho, desejo ardentemente que ele seja mais rico, mais afortunado, mais inteligente, mais belo, sobretudo mais hábil do que eu ao enfrentar aquilo que eu talvez não tenha sido capaz de enfrentar ou, então, enfrentar o destino adverso, que me deu só desilusões...*". Então, diante de um filho que não poderá vingá-lo, porque é já um ser condenado, como se sente um pai? Amelio liga um nascimento assim a uma dupla desgraça, a um duplo rancor. É o rancor da vida e o rancor de um destino sem possibilidade de resgate, diante do qual só resta a fuga.[89]

Refletindo sobre a fala de Amelio, narrativas de partidas e regressos de um pai que se esquiva diante do filho também podem nos contar sobre o amor. É isso o amor, essa capacidade de sobrepujar a diferença. Nesse sentido, ele pode ser a "cura" para o desejo narcísico de se duplicar em um filho ideal. Isso, obviamente, vai muito além da questão do filho com deficiência. Em certa medida, qualquer filho que "sai diferente do esperado" desafia o pai a amar mais e melhor.

É comum, por exemplo, na clínica, escutarmos o relato de homens homossexuais revelando a hostilidade sentida desde cedo quando o pai, diante das inclinações do filho, ataca a sua personalidade, de forma às vezes sutil e disfarçada, ou até ostensiva. O escritor Édouard Louis[90] fala sobre isso em seus livros autobiográficos. Um filho que segue sua inclinação homoerótica pode confrontar o pai com fragilidades na constituição de sua própria masculinidade.

E isso ocorre em tantos outros âmbitos que precisaríamos escrever um livro inteiro só para contar os casos que, na clínica, vamos conhecendo, casos em que o sofrimento é engendrado à medida que o filho se torna um negativo daquilo que o pai expressa em sua personalidade. O filho delinquente do juiz, o filho do pai ateu que decide entrar para o *Opus Dei*, a filha do professor universitário que não consegue aprender a ler; e por aí afora. É preciso boa vontade e amorosidade (além de um tanto de sorte!) para que os processos transformadores da terapia familiar possam desmanchar nós como estes, "espantar" fantasmas deste tipo. São histórias de rejeição que podem assombrar pais e filhos por toda a vida. Pode ser que o filho siga guardando um ressentimento, mais ou menos consciente, por não ter sido acolhido por seu pai quando essas decepções e rancores não puderam ser transformados.

Contudo, é importante lembrar: um pai e um filho que brigam, desentendem-se e se ligam por meio da negatividade, em geral, costumam se amar. O contrário do amor está mais do lado do desligamento do que da paixão que um filho e um pai podem ter entre si, no sentido de "quererem mudar" um ao outro! Entender que o amor não é só calmaria e felicidade, que pode seguir caminhos tortuosos, é importante porque nos permite separar o amor, conceito amplo, da ideia do gostar e da afinidade pura e simples.

E se o amor começa tarde?

Tem pais que demoram! Mesmo que não haja um problema tão grande como o caso do filme italiano, em que a chegada do filho coincide com a morte da mãe, não se pode determinar o que pode contribuir para a dificuldade de cada pai em especial. Por isso, *o fator tempo* é um elemento importante para o elo entre pai e filho, pois não é raro que esse elo se desenvolva mais tardiamente. Há pais que demoram a se "conectar". Alguns precisam que lhes seja dado um tempo para se acostumarem, para que possam se adaptar à criança. Talvez, pelas características da personalidade de alguns pais, seja mais difícil se sintonizar com o bebê pequeno – o que também é verdadeiro para muitas mulheres, avôs e avós. Quando a criança está um pouco maior, a dupla como que se "descobre" e desenvolve um léxico próprio de brincadeiras e afinidades. O pai de um garoto de dois anos e meio me disse: *"Agora está muito melhor ficar com ele... Agora ele tem papo, já sabe brincar, agora nós realmente estamos podendo nos divertir juntos. Até que enfim!"*

Da mesma maneira, se as coisas não foram muito bem, no início, em relação ao estabelecimento do vínculo pai-bebê, oportunidades mais tardias podem abrir a possibilidade deste laço. Isso ocorre entre o pai biológico e o filho, mas também entre o padrasto e a criança que conheceu mais tarde e passou a sentir como sua. Por outro lado, pais divorciados podem desenvolver uma melhoria da qualidade do vínculo com seus filhos se liberados de um casamento que drenava sua energia libidinal. Quando o divórcio acontece de maneira respeitosa e colaborativa, o pai — mais relaxado e atento — pode estabelecer um contato proveitoso e direto com seus filhos. Tenho visto bastante essa situação na clínica.

Trabalho psíquico paterno

Para concluir nosso capítulo sobre as emoções e sentimentos do pai, é importante pensar no quanto o amor, em todas as suas nuances, é o "tempero" que ameniza a intensidade daquelas "paixões tristes", o ciúme e a inveja, mas também o ressentimento, a angústia e o medo que fazem parte da experiência da paternidade. O amor, como energia de ligação, move o psiquismo e permite a realização dos trabalhos psíquicos necessários para a constituição da parentalidade. Na clínica, tudo isso vem junto: paixão e ciúme, orgulho e medo, desejo e ambivalência em relação ao filho. Por isso, o pai precisa poder fazer lutos, abrir mão do tempo e exclusividade junto à parceira. Mas também precisa ser capaz de fazer o trabalho psíquico da simbolização, pois suas emoções precisarão ser transformadas neste momento.

A respeito do trabalho psíquico paterno, Gilberto Safra[91] emprestou uma ideia de Winnicott para "batizar" aspectos da fantasia paterna com o nome de "preocupação paterna primária", comparando-a ao processo que ocorre com a mãe.**** Também, para Safra, o desejo do pai e suas transformações psíquicas têm sido menos comentados do que as maternas. "*Eu poderia falar da preocupação paterna primária; eu tenho acompanhado a gestação de alguns pais... Há momentos em que a gente pode reconhecer todo um processo de identificação com a mãe que está gestando... muito relevante é o momento em que, para o pai, o bebê começa a existir. É muito interessante. Porque o bebê começa a existir como realidade, como presença física, para a mãe, antes do que para o pai... Uma das coisas que tenho observado é que é só no momento em que o bebê começa a se mexer é que ele passa a existir para o pai. E aí começa toda a relação do pai com o bebê... e o imaginário vai aparecendo... inclusive a preocupação paterna primária.*"

Para Safra, a preocupação paterna primária é uma crise observada em todos os pais, que "*de repente entram em pânico com o futuro*". É parte da construção da paternidade, o medo de não ter os recursos suficientes, em todos os níveis, para fazer frente ao filho que vai nascer. A preocupação paterna diz respeito à demanda de trabalho que a ideia do filho determina no psiquismo do pai. Um trabalho psíquico intenso, de simbolização, de luto, de metabolização das angústias ligadas à posição subjetiva de ser pai. A disponibilidade de um pai, no sentido de empreender essa jornada, depende de como é capaz de se conectar ao novo papel, desde antes de o filho nascer. Sabemos que o trabalho do pai, como bem representado pelo mito de Cristóvão, é incessante, durante a longa travessia das muitas fases do crescimento do filho.

Primeiro, é preciso tolerar o choro, a desarrumação da vida, as mudanças na organização do tempo e o contato com o arcaico que representa o bebê. Além dessa questão, temos os embates entre pais e filhos que fazem parte do crescimento. O filho, ao se desenvolver, pode demandar do pai uma força ainda maior.

**** O vídeo da conferência do professor Safra está disponível em: https://www.youtube.com/watch?v=MOA5ir7tSak

Pode ser que o seu "peso", conforme se faça a travessia, aumente, ao invés de diminuir.

Quanto a esses "embates", Safra também diz que quando a criança cresce, precisa encontrar no pai *"a firmeza de uma rocha"*, para poder atacá-lo e destruí-lo (em fantasia) e caminhar em direção à autonomia. Ela pode se apegar à segurança e à estabilidade dessa "rocha" para enfrentar a violência da sua própria agressividade, ciúme, inveja e rivalidade para com o pai.[92] Diante dos embates e das crises, o amor é que vai ser a "cola", a "liga" que permitirá o atravessamento das turbulências nas relações. Aqui, vale pensar que um casal separado que se respeita representa melhor uma "rocha" segura para a criança, do que um casal disfuncional. A criança tem uma grande tendência a "se colocar no meio" das disputas entre os pais.

Se o trabalho do sonho, do luto e da simbolização utilizam energia amorosa para se realizarem, o amor pode ser pensado como essa grande força que gera conexão e vida, mas também a possibilidade do perdão. A disposição para o perdão mútuo, presente no filme *As chaves da casa*, é o desejo que pai e filho têm de se re-conhecerem, mesmo que mais tardiamente. Eles vão "brincar de se conhecer" e descobrirão um meio de recomeçar: as chaves da casa são as chaves do coração, da ligação entre os dois, recuperada naquela viagem. E, se o amor do pai está ligado à ternura, ao toque afetuoso e às palavras amorosas, ele é mais profundo do que isso. A afinidade está ligada ao gostar, ao reforço narcísico que um pai encontra quando o filho decide seguir os seus passos. Mas, como diz o poeta, amor é o que se aprende no limite.[93]

Um pai, quando repreende, coloca "limites" e transmite ao filho os valores de sua cultura, está movido por seu amor. Quando percebe e aceita os limites entre ele e o filho, as suas diferenças, também está guiado pelo amor. A hospitalidade para com o filho, essa disposição em deixar-se desarrumar por ele, faz parte do amor tanto quanto a reserva paterna, aquela percepção de que não se pode fazer tudo pelo filho. É o balanço entre todos esses sentimentos que determina, afinal, a possibilidade de assumir, subjetivamente, o lugar de pai.

Para terminar essa exposição sobre os sentimentos do pai, trago aqui dois poemas criados para o grupo de desenvolvimento conduzido, junto a Cleyton Angelelli, na Casa Curumim, onde conhecemos aquele "pai de pandemia" descrito no início deste capítulo. Estes poemas falam do amor do pai, do seu desejo de aprender sobre o seu filho. O desejo de aprender quem é o filho deriva do amor. Ele é um elemento essencial para o laço paternal.

Primeiras conversas ao redor do berço

Quando o bebê vai chegar, queremos saber e saber
Que bichinho é esse, um bebê?
Ele é molinho, ele chora, ele dorme, ele não dorme.
Eu quero ler um livro, eu quero saber.
Os pais se debruçam sobre o berço
Querendo aprender seu bebê.
Vão descobrindo o que ele gosta, o melhor jeito
Para mamar e para dormir.
É difícil.
Cuidar de um bebê é cansativo.
São momentos repetitivos, muitas incertezas.
Os pais ficam sensíveis às críticas dos familiares
Querem ajudas, mas querem estar confiantes
Estar confiantes na sua capacidade de ser pais.
Cuidar de um bebê é um desafio, precisamos aprender a esperar
"Sempre trabalhei muito. Na licença maternidade,
Me sentia muito parada. E cansada ao mesmo tempo.
É estranho."
Esperar, observar.
O bebê começa a mamar, e dorme.
Chega no pediatra, não ganhou o peso esperado.
O bebê fica muito acordado de madrugada...
"Não sei o que fazer...
Se deixa muito no colo... acostuma?
E ele tem frio, ou calor?"
A mãe fala com seu bebezinho. Ela diz várias coisas
Que são uma tentativa de traduzir o que se passa.
Parece um pouco maluca. O bebê boceja,
ela enxerga um riso. Ela vê uma mensagem ali onde o bebê
ainda está começando a criar uma intencionalidade.
Com o tempo, criarão uma linguagem própria e especial
Feliz o papai que pode estar junto desde o início.
O amor não subtrai, ele soma
Sempre cabe mais amor para receber o bebê
Este hóspede na família, que logo, logo, vai ser "de casa"!
Depois de um tempo, pensamos

Ah, ok, minha vida agora engloba este bebê
E posso voltar, podemos voltar a viver
sem tantas preocupações...
"Não me arrependo do que fui outrora
Porque ainda o sou"
Diz o poeta.
Não tem nada a ver com padecer no paraíso.
Não é padecimento, mas não há paraíso.
É um momento em que damos uma volta em nossa própria vida
Para regar a vida que torna a renascer,
Em cada bebê que nasce.

O papai
O filho não nasceu da barriga do papai
Mas o papai
Sonhou com ele e o esperou também.
Não foi o pai que amamentou, mas o seu colo
foi a firmeza de que a mãe precisou para amamentar tranquila.
Não foi com um cordão umbilical que o pai alimentou o filho
Mas com suas palavras, com seu nome,
Dando ao filho um lugar.
O pai e o filho constroem uma ponte entre si:
Uma ponte de amor, de convivência, de brincadeira e verdade.
É o filho quem faz o pai?
O amor não começa e nem termina
Como nos disse o poeta, o pai
E o filho
Terão de se gerar um no outro
Por engenho e arte de ambos.

COUVADE PATERNA

Um dia
Vivi a ilusão de que ser homem bastaria
Que o mundo masculino tudo me daria

Do que eu quisesse ter
Que nada
Minha porção mulher que até então se resguardara
É a porção melhor que trago em mim agora
É que me faz viver

Gilberto Gil[94]

Para aprofundar nosso mergulho nas questões do psiquismo do sujeito que se torna pai, vamos explorar um pouco mais a temática da *couvade paterna*. Este fenômeno foi lembrado quando comentamos o no relato do paciente Alexandre (ver página 48) que sentiu que sofria, junto com a mulher, as dores do parto. A *couvade* é um exemplo interessante de "solução" social, ritual, para a entrada na paternidade, que efetua a conexão pai/bebê, e aparece descrita por pesquisadores em diversas épocas e partes do mundo. Trazendo o tema para este livro, pode-se pensar a paternidade de uma forma mais ampla, agora vista sob um outro ângulo, e já mais afastada das questões da contemporaneidade. Afinal, a parcela do pai na origem da vida sempre foi uma questão que a humanidade teve de enfrentar, e até "inventar" de alguma forma, já que a ligação entre o filho e o corpo da mãe é um dado da natureza. De acordo com a descrição clássica, a couvade paterna consiste na participação do pai nos rituais que sucedem ao processo de fecundação e nascimento de uma criança, desempenhando funções que são consideradas, culturalmente, femininas. Ela se traduz por rituais variados, desde pantomimas e gestos teatrais, simulando as contrações do parto, até a observação de dietas e restrições rigorosas, antes e depois do nascimento.[11] Nesse sentido, a *couvade* pode ter dois tipos principais.

Na *couvade* pré-natal, o pai se deita, antes da época do parto, enquanto a gestante prossegue trabalhando até o momento de se retirar com uma parteira para ter o bebê. Então, o marido simula a agonia do trabalho de parto, com o intuito de proteger a esposa e o filho dos espíritos malignos, da dor e dos perigos do parto. Na *couvade* pós-natal, o marido se considera fraco e doente, fica na cama recebendo uma dieta especial e, ao sair desse resguardo, deve evitar certos tipos de trabalho, como caçar ou usar armas. Segundo a crença que justifica a restrição, o manejo de facas ou flechas poderia, mesmo à distância, causar algum tipo de dano mágico ao bebê.[95]

Em certas culturas, a *couvade* assume um aspecto dramático, com rituais de escarificação do corpo, quando o homem se veste, se pinta, ou se recolhe num quarto escuro.[95] Quando o bebê chega, é o pai quem se deita com ele e fica ao seu lado recebendo os presentes.

O conjunto de rituais da *couvade*, apesar de sua grande variação, tem o efeito de ajudar o pai, por meio da crença na magia das prescrições e do apoio social, a elaborar imaginativa e psiquicamente a passagem para a paternidade. Quando o ritual da *couvade* está presente, ele traz para o corpo do pai o processo de filiação, despertando o sentimento paterno no homem, sua conexão espiritual e psicossomática com o bebê. Imaginariamente, os rituais podem ajudar na anulação e controle daqueles afetos que descrevemos: o ciúme, a inveja, o ressentimento e a hostilidade do pai.

Há três elementos que se articulam na temática da *couvade*: a *externalidade do pai* e *a questão da origem*; a *identificação e a inveja* do homem em relação ao feminino e as *fantasias ligadas às transformações corporais*. Vamos falar de cada um desses pontos separadamente. Mas, para começar, precisamos evocar a questão do trabalho psíquico, das emoções do processo de tornar-se pai e dos possíveis obstáculos ao desenvolvimento do laço paterno-filial. Se o leitor chegou até aqui, entendendo que o amor paterno é também feito de ciúme, rivalidade e medo, que guarda, dentro de si, um tanto de "projeção" e ambivalência, estamos muito bem. Chegamos ao "pai nota sete", o "pai nosso de cada dia". Este pai que, sem o apoio ambiental, sem a sustentação simbólica do seu papel, tem sua jornada dificultada.

Cristóvão, Anakin (página 52) e Nikola (página 60), o que eles buscavam em suas perambulações? Cada um destes sujeitos, no seu caminhar, foi em busca de um pai maior, algo que os segurasse, protegesse ou norteasse, dando um sentido para o seu lugar. Nessas três histórias, dificuldades se apresentaram, mostrando que há, sim, dilemas muito particulares à posição paterna e como esta posição é sensível ao social. Dentre as questões ligadas ao ser pai, uma delas é, certamente, o modo como o pai responde à questão da origem. Por isso, encontrar um conjunto de rituais assim, tão onipresente na história da humanidade, pode nos dar algumas "pistas" sobre como é a questão da origem participa dos dilemas enfrentados pelo pai.

Externalidade do pai e a questão da origem

De fato: um dos dilemas relativos ao lugar paterno é, justamente, sua externalidade em relação à gestação do bebê.[29] Para todo ser humano, a morte e a vida, a reprodução e a sexualidade, no seu sentido último, são grandes mistérios, enigmas inerentes à nossa condição. O que é a feminilidade? O que é a masculinidade? O que é a morte, a vida? A questão da origem é misteriosa para nós, tanto no sentido místico – a dúvida sobre a existência de Deus, de onde viemos e para onde vamos – como no sentido existencial. Aqui e ali, a fantasia de não sermos filhos de nossos pais aparece num sonho ou devaneio infantil e às vezes toma um aspecto mais dramático nos "romances familiares" que os pacientes nos contam.[96] Sempre existe a possibilidade de nos terem nos mentido sobre as nossas origens!

O dilema da origem é tão importante, que aparece constantemente na mitologia, nas fantasias e sonhos de todos nós, e na maioria das religiões. Da mesma forma, a ideia dos bebês trocados na maternidade ou do bebê que tem um pai sobrenatural não é nada estranha para o nosso imaginário. O próprio Anakin Skywalker poderia ser um filho da "Força", fórmula presente na história dos messias e dos heróis, de Moisés a Jesus, de "Percy Jackson",[97] ao "Harry Potter".[98] São narrativas que giram em torno da ideia da criança escolhida, que tem um dom fora do comum e vem ao mundo para cumprir um destino. Essa é uma das razões pelas quais histórias assim fazem sucesso entre os adolescentes. Já as crianças, envolvidas com as teorias sobre a origem dos bebês e sempre tementes ao abandono, encaram a incerteza da origem pelo lado negativo. Por isso, entre os pequenos, um dos maiores medos é descobrirem que foram adotados, "achados na lata do lixo". Todas essas dúvidas, teorias e fantasias dizem respeito à pergunta: de onde eu vim? Como nasci? E mesmo quando uma mãe toma um bebê em seus braços, na maternidade, ela pode pensar: será que esse bebê é meu *mesmo?*

Em resposta a essa questão, as sociedades humanas criaram dispositivos rituais para receber a criança e "curar" a dúvida primordial sobre sua origem, em seu sentido imaterial.[9] O batizado do bebê, por exemplo, é um desses rituais, assim como o Brit milá, cerimônia judaica da circuncisão, o Chatti e o Namakarana hindus. Sob a perspectiva parental, a questão da origem também se articula com os fatos do corpo, como na transmissão da herança judaica a partir da mãe, e não do pai. Em se tratando do enigma da origem, parece mais fácil recobrir, com aquilo que os olhos podem *enxergar*, a sua dimensão sempre misteriosa. Por isso, "colamos" a ideia da filiação à gestação. E o pai, que não gera o filho em seu corpo, precisa de algo a mais, algo que possa embasar sua conexão com ele.

Assim a conexão, não imediata, do pai com o filho vem sendo "resolvida" através dos tempos por meio da prática de a vários rituais e dispositivos sociais para garantir a paternidade. O próprio sobrenome de uma criança, na sociedade patriarcal, privilegia o paterno, ainda em nossos dias. Assim, muitos estudiosos da antropologia e das relações sociais e de parentesco vêm estudando da relação entre a paternidade e a externalidade do homem em relação à origem do bebê. Em geral, o pai é entendido como a não natureza, o pai é o "terceiro", *o componente não material da filiação.* Num outro extremo, a mãe, que compartilha o corpo com o filho, situa-se no polo concreto da parentalidade. Isso confere ao paterno um aspecto simbólico, explicando o poder metafórico da palavra pai, que pode significar muita coisa e nos levar a muitas direções. Por isso mesmo, se a figura da mãe é mais "fixa", o pai pode variar, é uma representação socialmente construída e, como tal, assume formas diferentes em cada cultura.[29]

Em seu livro *A parte do pai*, Geneviève de Parseval[99] nos conta como a humanidade determinou a paternidade das crianças ao longo dos tempos. É curioso observar as teorias que já existiram para explicar a fecundação da mulher, ou escolher quem, dentro de um determinado grupo, seria considerado "o pai" do bebê. Um filho podia ter vários pais ou ter sua figura paterna mais ligada à linhagem da mãe, de modo que o tio materno é quem se responsabilizava por ele. Em certas tribos, ter filhos era tão importante para o homem que, se ele coabitasse com uma mulher e não gerasse descendência, podia "emprestá-la" a um primo, ou parente – e o filho gerado desse encontro seria seu. Seria seu: porque era ele quem desejava o filho, ele quem morava com a mãe; e a tribo toda tinha pena do primo, no final, que era, ele sim, considerado "o corno" da história.

Na contemporaneidade, o nosso jeito de entender a paternidade incorporou a parte científica da reprodução humana. Isso nos permite determinar o pai, a partir do exame do DNA. Mas é claro que essa facilidade não resolve em absoluto a questão da origem. É apenas a maneira como a sociedade atual entende a hereditariedade *biológica,* o que não resolve o problema da filiação, os enigmas, os dilemas e as entraves da constituição da parentalidade.

Quem fala disso de forma poética é o compositor José Miguel Wisnik que, em 2003, gravou uma canção para a filha Daniela. Na letra dessa música, o autor faz um trocadilho entre as consoantes do nome "Daniela" e a molécula do DNA.[100] Wisnik teve essa filha fora do casamento, mas a conheceu somente aos 17 anos, como ele diz, já "moça-mulher". Em um dos versos da canção, ele batiza a molécula do DNA de "ponte indecifrável" e descreve sua hesitação em conhecer a menina, sua aflição por "não se sentir capaz de ser seu pai".

Ponte indecifrável

A letra de *DNA* fala de um tema incomum na música popular – o reconhecimento de uma paternidade. Em uma entrevista à *Folha de São Paulo,* Wisnik contou como apresentar a música foi maravilhoso, tanto para ele como para a filha, pois ali tornou pública a existência de Daniela. "*Era uma zona sombria para mim, localizada bem no fato de ser pai, que foi a coisa mais luminosa que me aconteceu... Eu sabia, minha mulher sempre soube, minha filha sabia que eu era seu pai. Mas nos guardamos, esperamos 17 anos para nos conhecer.*"[101]

Depois do lançamento do disco, muitas pessoas contaram a Wisnik histórias semelhantes, mostrando a ele como a família humana pode ser "*desgarrada*" – segundo suas palavras. O artista, com esse corajoso ato de desvelamento do seu sentimento de pai, expôs a angústia daquele nascimento e a marca que sua ausência deixou na filha. Colocou, então, em uma letra, aquela "zona sombria" que atravessa a vida de muitos pais. Na música, o reencontro entre José e Daniela é um momento doloroso, descrito como um abismo que se fez, um edifício desabando.[100] A genialidade de Wisnik está em afirmar que o DNA é uma "ponte indecifrável", aludindo à dimensão simbólica, não material, da paternidade.

Na canção *DNA*, o uso da palavra "ponte", por Wisnik, para falar da filiação, não foi por acaso. Isso porque as fitas, ou filamentos, da molécula que leva esse nome são ligados um ao outro por *pontes* de hidrogênio. É uma coincidência interessante, já que a música foi lançada exatamente 50 anos depois de os biólogos Watson e Crick terem desvendado a combinação proteica responsável pela transmissão hereditária. Essa molécula complexa é composta por dois filamentos proteicos enrolados um sobre o outro, formando uma dupla hélice, que parece mesmo, visualmente, uma ponte. Assim, o verso genial afirma, ao mesmo tempo, a materialidade da ponte bioquímica decifrada pelos cientistas e o que há de *indecifrável* no laço do pertencimento, do afeto que pode – ou não – ser construído entre um pai e uma filha. A "ponte" não biológica é, portanto, imaterial; tornar-se pai é muito mais do que *saber-se pai*, como bem diz o poeta Wisnik.

Laço paterno

A história de José Miguel Wisnik e Daniela revela o valor de tornar pública a relação de parentesco, como o próprio autor comenta, sobre esse segredo que era tão íntimo, mas foi apresentado "*da forma mais escandalosamente pública que há*".[101] Quando, na Roma Antiga, o *pater familias* ia à praça da cidade e declarava em voz alta o seu filho, ou quando o pai, hoje em dia, precisa ir ao cartório registrar o bebê, estamos falando da dimensão do reconhecimento de uma pessoa. Essa dimensão marca o pertencimento a uma família. Para entender a importância disso, basta pensar nos milhares de sujeitos sem nome do pai na certidão de nascimento: quem não conhece a história de um filho ou filha que vai à justiça para ser reconhecido(a), declarando sua necessidade de aceder a esse direito fundamental?

Nesse sentido, o gênero da pessoa que ocupa o lugar da externalidade na criação não precisa nem mesmo ser masculino. A luta de Carla, esposa de Diana, junto à justiça, reivindicando seu nome na certidão de nascimento do menino que tiveram, diz respeito ao mesmo direito. Contei este caso logo no início deste livro, descrevendo a querela deste casal homoafetivo, quando a mãe que gestou a criança, após o nascimento, não quis que a esposa colocasse seu nome junto ao dela na certidão do registro civil (ver página 3). O que existe em comum entre a luta de Carla e a história de Wisnik é a importância do dispositivo social do reconhecimento, que busca validar a parcela do pai (e da mãe que não gestou o bebê) diante da enormidade do fato, biológico, da gestação feminina.

Quem está "de fora", neste caso, está num *lugar de pai* e precisa fazer um movimento em direção ao reconhecimento do filho. A pessoa que gestou o bebê, por outro lado, já tem esse direito garantido no documento que recebe quando sai com o filho no colo, na alta da maternidade. É o nome da mãe que está escrito nas pulseirinhas dos recém-nascidos nos berçários. O nome do pai chega depois, a partir de uma designação, um laço, que se faz no social.

Reconhecimento

O reconhecimento do filho por seu pai costuma ter um grande valor. E isso parece que nunca mudou, dos tempos mais antigos, até hoje. O que muda, apenas, é o dispositivo social que vale em cada época para legitimar esse reconhecimento. Acompanhando casos de adoção, mesmo adoções mais tardias, presenciei o quanto a *alteração de um nome* em uma certidão pode ser fundamental tanto para a criança, como para os pais. Conheci uma pessoa que foi "dada" para ser criada por uma família, aos 5 anos, pois a mãe biológica não tinha condições financeiras para criá-la. Essa pessoa cresceu, porém, em tal família, sem ser considerada uma filha de verdade. Quando, já idosa, a mãe da família sentiu que estava perto de morrer, registrou em cartório, finalmente, a menina acolhida na infância. Isso teve um efeito muito grande para ambas, um marco na história dessas duas mulheres.

Quando cito histórias de mães e mulheres, como a dessa pessoa, adotada já adulta, e a disputa entre as duas mães, Carla e Diana, pretendo reforçar que a questão da parentalidade *sempre passa pelo aspecto simbólico*, embora no caso do pai, isso seja mais evidente. O nome, o sobrenome, as insígnias sociais, tudo isso é essencial para a identidade e o sentimento de pertencimento de alguém. Pai, mãe, não importa: a filiação tem um componente não material sem o qual seria impossível creditar valor às adoções, ao laço do padrasto com o filho que deseja registrar como seu, às famílias não heteronormativas.

Contudo, do ponto de vista de quem "enxerga de fora", *o laço da gestação* conta muito. É um fato do corpo. A mulher gestante pode declarar-se mãe assim que engravida, receber um tratamento especial. Já o homem, ele se torna pai somente após o nascimento: é o filho que faz o pai. Aí mora um paradoxo que precisamos acolher para trabalhar com a parentalidade: o *laço paterno* precisa ser ancorado, publicamente, no social.

A mãe fica com a natureza, o pai com a opinião, o desejo, a atitude, embora saibamos que, na realidade, *qualquer um* tem que adotar o seu filho. Isso, independentemente de ser pai, mãe, hetero, homo, cis, trans, independentemente de qualquer "laço de sangue". Decifrar a filiação é como querer decifrar o coração humano, o desejo, as suas motivações inconscientes. Com todo nosso estudo, não conseguimos chegar tão perto desse paradoxo como o fazem as palavras do poeta.

Posição paradoxal

Parece que estamos mesmo num terreno de paradoxos, quando falamos de paternidade e parentalidade. Aqui entram a dimensão do corpo, a dimensão imaginária e a dimensão nominal desse laço, na composição do que significa ser, de fato, pai de alguém. Contudo, se ligamos a pessoa do pai somente à externalidade – o pai do sobrenome, da palavra, do lugar masculino na sociedade –, isso pode nos fazer esquecer de um aspecto muito importante do pai. Mesmo quando adentramos o terreno das *funções parentais*, percebemos que elas guardam entre si uma relação dialética, como aqueles produtos que têm escrito na embalagem "não pode ser vendido separadamente". A função paterna começa "dentro da cabeça" da mãe, quando se coloca em reserva diante do bebê. E o pai, o pai "em pessoa", não quer estar sempre no lugar da externalidade, ele também precisa ser reconhecido, deseja *se envolver* com o bebê.

Nesse sentido, o estudo da *couvade* nos ensina muita coisa. Ele nos ensina que não podemos jogar no escuro os mecanismos mais primitivos, que ligam o homem e sua cria – processos de ordem psicossomática, não verbais, que dependem da proximidade corporal entre eles. A *couvade* é um giro de 180 graus em relação à ideia da externalidade do pai. Sem deixar de considerar o componente simbólico do lugar paterno, a *couvade* pode ser pensada como a experiência psicossomática da paternidade.

Identificação feminina e inveja

Depois de termos dado um passeio sobre os diversos aspectos da questão da origem, articulada à ideia do que é ser pai, podemos nos voltar ao segundo elemento presente na *couvade* paterna: aquele que diz respeito à relação do homem com a gestação – os fenômenos do corpo que gera. Aqui, pode-se perguntar: até que ponto o pai pode chegar a se transformar com a gestação do seu filho? Essa gestação, fora do corpo do homem, acontece como que "por procuração" em certo aspecto. O filho deste pai, apesar de seu, está no corpo da mãe, uma outra pessoa – está fora do controle dele. Será que o pai, diante dessa realidade, ativa algum aspecto de seu psiquismo relativo à identificação com a mulher? Acredito que sim. Até agora, falamos sobre vários aspectos do psiquismo paterno, mas deixamos para este momento a consideração sobre os aspectos "femininos" – ou, pelo menos, aqueles aspectos que são *considerados femininos* para ele mesmo. Trata-se de sua identificação com a mãe e a parte da personalidade que é por ele considerada "passiva"- uma dimensão saudável do psiquismo do homem, embora sujeita à repressão. Esses aspectos se ligam tanto ao desejo de filho como à empatia com a parceira no seu processo gestacional, parto e amamentação.

A esse respeito, abre-se todo um campo de estudo, já que a masculinidade hegemônica, na nossa cultura, afasta o homem dessa identificação.[27] Se pensamos naquele menino que estava bravo por descobrir que não poderia gerar bebês, percebemos o componente da "inveja do útero".[29,102] Este componente é pouco comentado até em certos estudos sobre paternidade. É curioso. Se voltamos à história, pensando as teorias sobre a origem das crianças, encontramos a inveja do útero em todo lugar!

Para Aristóteles, na Grécia antiga, a semente masculina, composta pelo "pneuma" (ar) e pela água, é que continha a potencialidade da alma senciente. A semente feminina, que Aristóteles ligava à menstruação, por ser densa e terrosa, contribuía com a parte material do embrião. Nessa concepção, a semente do pai trazia em si o componente mais importante, a maior potencialidade de gerar a vida.[103]

Já em *As Eumenides*, escrita em 485 a.C., Aeschylus descrevia a mulher como mero receptáculo da semente do homem e provava sua tese aludindo ao nascimento de Atena, gestada a partir da cabeça de Zeus, "nunca abrigada pela escuridão de um útero".[3] A mitologia de diversos povos, em várias épocas, vai muito mais longe. Está cheia de relatos da gravidez masculina, e isso não somente na Grécia antiga, mas entre nossos indígenas, povos do Oriente, África.[3] Essa questão mítica, que revela o dilema da origem, aparece também em delírios masculinos ligados a essa temática. Esse é o caso de Schreber, por exemplo, o juiz de direito que escreveu um livro pormenorizado explicando seu delírio paranoide ligado à ideia de engravidar de Deus.[104]

É claro que tudo isso não desaparece de repente no imaginário da humanidade. Algum destino o homem atual tem que dar a essa "inveja do útero". Ele pode se tornar um obstetra, um neonatologista, até um pesquisador deste tema. Mas pode também reprimir ou expulsar de si mesmo, tão violentamente, essa fantasia, que na hora de tornar-se pai, desorganiza-se tomado pela inveja ou repulsa. No capítulo sobre a doença mental paterna, o leitor encontrará descrições de patologias ligadas ao mau relacionamento do pai com sua própria passividade, ligada à representação do feminino no psiquismo.

Contudo – para voltar ao tema principal deste capítulo – o pai pode aproveitar a chegada do filho como uma chance de viver sentimentos de ternura. A paternidade é um caminho pelo qual o pai pode abrir uma brecha no *escudo protetor* de sua masculinidade,[105] o que significa, exatamente, reencontrar o bebê dependente que ele foi um dia. Encarando a passividade de forma menos assustada, ou encenando essa passividade ritualmente, o homem experimenta os mistérios da gestação e do parto, de forma particular, através da *couvade.*

O fantasiar

Entre os elementos que se articulam na temática da *couvade*, a externalidade do pai e sua identificação ao feminino precisam ser transformadas, para que ele possa sentir-se implicado, mas não invadido, pela intensidade emocional do processo de tornar-se pai. Agora que já discorremos sobre a *inveja do útero* e o *dilema da origem*, falta pensar o trabalho psíquico paterno, relativo ao corpo, às sensações do pai durante a gravidez da mulher, ou no contato com o bebê. De que forma o pai "engravida junto", de que forma "concebe o filho" em sua mente? Qual é o momento em que ele pode chegar ao "*click* apropriativo"[70] segundo o qual sabe-se pai, sente-se pai, não de uma forma racional apenas, mas também com o seu corpo?

Quando se pensa na gravidez sob a perspectiva da mulher, é mais lógico entender as transformações rápidas e intensas a serem elaboradas. Como a pessoa gestante lida com isso? Diante das mudanças do corpo, ela precisa "trabalhar", psiquicamente, em duas frentes. Primeiro, precisa se adaptar ao processo gravídico. Em segundo lugar, elaborar na fantasia um bebê, que nasce na psique de quem o gera, antes mesmo de nascer de fato.[10] As fantasias específicas dessa fase encontram figurabilidade no filme *Olmo e a gaivota*, de Petra Costa e Lea Glob.[106] Nesse filme documentário, uma série de imagens e narrativas revelam sentimentos comuns às gestantes: a sensação de estar *aprisionada* e a ideia de estar sendo espoliada ou invadida. Em um momento do filme, a mãe diz que imagina o filho como um *alien*, que, a partir de dentro, dita as regras sobre seu corpo. Sempre me interessou a palavra espanhola que é usada para designar a gravidez: *embarazo*. Neste filme, a mãe Olivia fala com todas as letras o quanto está se sentindo presa, impedida, restringida pela sua situação.

É interessante como, em *Olmo e a gaivota*, as fantasias da gravidez são encenadas. Enquanto a gestante narra suas fantasias, auxiliada pela diretora do filme, as cenas vão nos mostrando "ao vivo e em cores" o que é o processo de simbolização e a elaboração imaginativa – ou seja, a transformação em fantasia – daquilo que se passa no corpo.[106]

Transições vitais

Trazendo o exemplo feminino, podemos aprofundar a ideia da elaboração imaginativa das funções corporais, que tem uma consequência importante para o nosso tema. O trabalho psíquico precisa ocorrer junto com o trabalho "fisiológico" de toda mudança corporal significativa ao longo de uma vida. Nesse sentido, precisamos ser muito concretos para pensar que, enquanto a mulher lida com a fantasia da invasão, da espoliação, do descontrole, do confinamento, da duplicação do corpo, o seu parceiro(a) que está ali, todo dia ao lado dela, não tem nada a ver com isso, e passa "ileso" por esse processo.

É claro que, em maior ou menor grau, quando uma pessoa engravida, o companheiro(a) também vive, junto com ela, as turbulências dessa metamorfose. O pai, embora não sentindo as mesmas sensações, se está por perto, põe-se a fantasiar, também, com a chegada do bebê. Como poderia ser diferente? Para aquele que atingiu um estado de integração psicossomática, toda experiência corporal apresenta um correlato psíquico e vice-versa! Seja homem, seja mulher, mãe ou pai. Isso sem contar na questão da empatia que, quanto mais íntima uma relação, mais leva ao compartilhamento de experiências e sensações entre aqueles que estão ligados entre si.

Sentindo, sim, sinais em seu corpo durante a gravidez dela – que são, inclusive, mensurados nas alterações hormonais masculinas durante a gestação da parceira –,[15] a primeira mudança já se faz notar no estranhamento dele em relação à *forma do corpo* da mulher. As mudanças corporais decorrentes da gravidez a transformam em alguém diferente e que, de repente, já não se parece tanto com a pessoa com quem o pai se ligava eroticamente. Ao mesmo tempo, sem conceber o filho em seu corpo, o pai o concebe como uma ideia, como um medo, uma preocupação, um enigma – a fantasia de filho. Os mitos estão repletos de relatos de gestações masculinas, e isso não é por acaso.

Concebendo um filho

É claro que, por mais que o pai "imagine", não conta com as sensações corporais da mulher para guiá-lo no processo de fantasiar seu filho. Isso pode ser sentido por ele como um tipo de alívio, pois tudo o que se passa nessa fase é muito assustador. Mas nem sempre! Acompanhei, de forma próxima, um pai de gêmeos que tinha fantasias assustadoras sobre o parto (como Anakin, que também foi pai de gêmeos na saga *Star Wars*). O pai que acompanhei apresentava uma genuína empatia pela parceira, mas, ao mesmo tempo, um medo exagerado; e ele precisou ser atendido em psicoterapia para poder lidar com isso. Para o pai, a concretude do filho é tardia, mas a empatia com a mulher é rápida. Ela enjoa, ele enjoa junto; ela ganha peso, ele ganha peso junto. Isso é bastante comum.

Por outro lado, o pai anseia por receber sinais mais concretos, que o ajudem a imaginar o filho. Como vemos em relatos de grupos de pais: "*Não vejo a hora de ele nascer para ver a sua carinha*"; "*fiquei muito emocionado no ultrassom, porque eu o vi!*". O pai também começa a sonhar com o tema da paternidade, começa a pensar tanto no próprio pai como no filho que vai ter. Certos trabalhos encontram uma relação positiva entre a imaginação sobre o filho e a vinculação com o bebê depois que nasce, mostrando como o pai precisa conceber essa criança antes de nascer para ir se preparando para sua chegada.

A percepção dos movimentos fetais – um marco para muitos homens – permite que entrem, concretamente, *em contato* com o filho em formação, *por meio do toque* que os ajuda a senti-lo. Ou seja, a ponte entre pai e filho passa também pelo corpo do pai. Como o pai que quer conhecer seu filho resiste ao desejo de segurá-lo? Segurá-lo e senti-lo são a parte sensorial, consequência do reconhecimento que se passa num nível arcaico, primitivo. A sensação do bebê pode ser verdadeira para o pai desde muito antes de ele nascer. Ou não. Os pais se inquietam quando dizem "a *ficha não caiu*" ou "*é estranho! Devia estar sentindo alguma coisa, e não estou!*"

Por outro lado, o corpo do pai também está envolvido, e muito, na questão da conexão erótica com a mulher grávida, se ali existe um casal. Há um tabu a silenciar esse fato. Mas o pai continua dormindo com ela e, num nível profundo, percebe sensorialmente as mudanças de seu corpo (forma, toque, cheiros, temperatura), além das transformações em sua aparência. O mesmo se passa na fase puerperal.

Basta pensar no rebuliço que acontece dentro de Venâncio, vendo o seio da mulher sendo oferecido ao bebê (ver página 40). Aquele seio, para ele, era seu, fonte do prazer sexual do casal e não podia ser dissociado desse aspecto, em função da alimentação do filho. Num nível profundo, Venâncio percebia, também, que havia um genuíno prazer naquele contato da boca do bebê com o mamilo, e isso ele não podia suportar.

Desde a gravidez, a sexualidade de um casal, quando entramos no "terreno sagrado" da chegada do bebê, tende a ser colocada num patamar inferior, em relação à magnitude dos sentimentos parentais, mas isso não é confirmado pela clínica. Os pais em análise trazem sonhos e receios relativos à dificuldade de integrar, em seu psiquismo, duas correntes amorosas: a corrente terna, que reprime a sexualidade genital e adulta, e a corrente erótica, elo entre o casal, importante para sua economia psíquica. Os pais reagem a isso de diferentes maneiras.

O ciumento Venâncio tomava a parte pelo todo, "misturava tudo". Para ele, a ternura e a paixão eram uma coisa só. Porém, muitos pais, confusos diante dessa questão, podem simplesmente se desligar da companheira, procurando um caso amoroso ou a pornografia. Ou, temendo machucar o feto na relação sexual, o pai pode inibir totalmente sua iniciativa sexual, erótica, até a capacidade de fazer um carinho na mulher. O pai pode experimentar disfunções sexuais e ficar confuso sobre seu sentimento de querer "continuar junto", já que a parceira "mudou tanto".[107] Seu psiquismo não é indiferente ao que vê e percebe.

Diante de tudo isso, podemos imaginar duas situações em relação ao ambiente que o pai encontra, para ajudá-lo a entender e lidar com os sentimentos confusos e contraditórios desse aspecto da sexualidade.

Em uma delas, o pai não tem nenhum repertório, pessoal ou social, para lidar com isso. Alguém da família pode até perceber que está "com ciúme" do neném, mas sobre a questão da sexualidade não se fala. A parceira, também, está passando por um turbilhão. Algumas têm libido, outras não, durante a gravidez. A relação sexual com a mulher grávida é diferente. Alguns casais levam a novidade "numa boa". Outros, nem tanto. Com quem se pode conversar sobre isso?

E pode haver uma outra situação, onde há certos tabus rituais que ajudam o homem a organizar seus sentimentos. Quando o homem sente alguma coisa, alguém da comunidade logo entende que isso tem a ver com o bebê e a gestação. É muito diferente.

Um exemplo brasileiro

Para dar um exemplo, cito aqui um trabalho recente da antropóloga brasileira Raquel Dias-Scopel (2018), que ganhou um prêmio pela tese *A cosmopolítica da gestação, do parto e do pós-parto: autoatenção e medicalização entre os índios Munduruku.*[57] Raquel conta que, quando foi fazer o estudo etnográfico dessa pesquisa, ficou morando na aldeia com seu esposo, também antropólogo. Raquel estava grávida. Então, o marido recebeu uma explicação para certos bocejos que vinha tendo. Os habitantes da aldeia tinham uma explicação sobre os sintomas paternos, era o "abalo de criança":

> *"Ao responder que eu não sentia desejo nem enjoo, um homem Munduruku perguntou ao meu esposo se ele sentia desejo, enjoo ou cansaço. Ele nos explicou que o pai pode sentir o "abalo de criança". Meu interesse por essa sensação despertou quando nossos anfitriões e amigos mais próximos [...] concluíram que meu esposo Daniel, o pai, estava sofrendo "abalo de criança". Entre risos e conversas, Araci, que teve 13 filhos e sabe pegar barriga, partejar e puxar a mãe do corpo, comentou que Daniel demonstrava sinais de cansaço e que estava "magro". [...] Coincidentemente, naquele momento, Daniel estava realmente com sono e acabara de bocejar, foi quando então Jô e Itamar, cunhado e filho de Ceci, respectivamente, avaliaram que a "criança estava puxando mais pelo lado do Daniel", isto é, ele estava sofrendo "abalo de criança". Daquele dia em diante, o pai Daniel passou a ser o foco de atenção dos Munduruku e de suas perguntas sobre desejo, enjoo, cansaço, entre outras questões, como perda de peso, por exemplo, e eu passei de personagem principal a coadjuvante, ainda no terceiro mês da gestação."* (p. 110)

Relatos como este dão o que pensar! A atenção de todos com os sentimentos de Daniel, o esposo, leva-nos a enxergar os sintomas do pai na perspectiva da *simpatia pela sua condição.* Raquel Scopel ficou curiosa pela deferência que toda a aldeia Munduruku deu ao seu companheiro. Um caso como esse é ímpar. Uma antropóloga estudando um assunto, que vive a mesma experiência junto ao povo que está estudando, a saber, a gravidez, e o modo como a tribo entende a experiência do pai nesse momento.

Couvades "modernas"

O povo Munduruku vive, ainda hoje, na Amazônia. Mas a *couvade* ritual é um costume raro em nossos tempos. No que diz respeito ao homem "civilizado", dos centros urbanos do século XXI, caso ela continue a existir, é definida como um conjunto de sintomas psicossomáticos apresentados pelos homens, sobretudo durante a gravidez de suas parceiras. São sintomas que tendem a desaparecer logo após o parto e incluem náuseas, vômitos, perda de apetite ou desejo por determinados alimentos, indigestão, azia, dores abdominais e de cabeça, dores de dentes, dores nas costas, aumento do peso e dificuldades respiratórias.[56,95] Enfim, um suplício masculino que não tem nenhum sentido a não ser o merecimento de uma consulta com o clínico geral e a prescrição de algum remédio para esses desconfortos – quando muito, um calmante para a ansiedade.

Isso é curioso. Guardadas as devidas proporções, a *couvade* descrita pelos antropólogos e os "sintomas" do homem moderno não apresentam muito em comum, a não ser pela sua conexão com a gravidez da parceira e sua manifestação no corpo do pai.

Seria plausível comparar os sintomas do homem contemporâneo com os rituais e manifestações dos homens das sociedades que praticavam a *couvade*? Trata-se certamente de subjetividades diferentes. Não é possível interpretar o fenômeno da *couvade* sem levar em conta sua significação para o indivíduo. Cada sujeito vive dentro de uma cultura, com suas crenças e teorias sobre parentalidade e família, organizando a relação com o corpo e a espiritualidade. Porém, chama a atenção a descrição da *couvade* do homem atual como uma síndrome.

A palavra *síndrome* é derivada do grego e hoje é usada para designar os sinais e sintomas de *uma doença*. De fenômeno ritualizado para homens em diversas culturas (como em várias comunidades indígenas brasileiras), hoje a *couvade* parece mais se enquadrar em um transtorno psicossomático. Bernard This, psicanalista francês, em seu livro *O pai: ato de nascimento*, ironiza a questão: "Somos pessoas sensatas e tal costume nunca existiu entre nós. É um fenômeno localizado no tempo e no espaço. É um costume basco, corso, espanhol. Isto acontece na Sardenha, nas Baleares, mas sejamos sérios, isto não nos diz respeito, não somos tão selvagens!"[3]

A ironia do autor é interessante. Compartilho da mesma opinião. Já que, realmente, não somos mais tão "selvagens", onde colocar a questão da transição para a paternidade, sem os antigos rituais e sua sabedoria, que tira o pai da invisibilidade, reconhecendo seus sentimentos contraditórios em relação a essa passagem? É uma pergunta por responder. Em 2022, Guidugli, pesquisadora brasileira, defendeu em sua tese de doutorado a constatação de que o fenômeno da *couvade* está presente nos pais contemporâneos, para quem tem olhos para ver, somente esperando uma oportunidade para ser narrado e significado.[56] Eis a fala de um pai que podemos encontrar transcrita em seu trabalho:

> *"O pai que é pai de verdade, que pretende ser pai, ele engravida junto com a mulher, isso é verdade. Ele vive muito do que a mulher vive. Isso é verdade. Eu, por exemplo... eu só não cheguei a enjoar e nada, porque ela enjoou de muitas coisas, essa parte não, mas agora todas essas coisas de ficar emocionado, ansioso por exemplo, que eu não era assim, fiquei... [com] vontade de comer as coisas, é verdade. Pode considerar que é um fato verídico". (p. 66)*

Se o leitor prestar atenção à fala deste pai, perceberá que ele repete cinco vezes as palavras "verdade" e "verídico". Parece que este homem reafirma, em seu discurso, o envolvimento na gravidez da mulher, sua necessidade de ver reconhecidas as próprias sensações e vivências. O sintoma físico do pai pode ser, talvez, uma maneira de reivindicar o olhar do ambiente para a sua experiência emocional.

Nos tempos atuais, há instâncias que oferecem oportunidade para o pai que busca uma conexão com o bebê – acompanhar o ultrassom da esposa, as consultas pré-natais, fazer o preparo do parto, registrar a criança no cartório, dar-lhe o seu sobrenome. Porém, a dimensão do tempo ao lado do bebê e do acompanhamento do puerpério – período em que o pai também pode se resguardar para acolher o filho – parece ter sido perdida. Considerar patológicos os "sintomas" dos pais mais identificados ao processo perinatal pode ser uma forma camuflada de exclusão: homens que se identificam mais intensamente à parceira ou ao bebê tendem a ser rotulados como "femininos", numa verdadeira tentativa inconsciente de alienar o pai.

Teorias explicativas da couvade

A riqueza simbólica dos rituais de *couvade* foi explicada de várias formas. Podemos perceber que cada teoria construída pelos estudiosos do fenômeno pende para uma explicação, ora ligando-a à questão da origem, ora à identificação do pai com o bebê ou à mulher, ou com os aspectos mais "físicos" da vivência perinatal. Para alguns, o ritual da *couvade* se constituía numa cerimônia de reconhecimento e garantia da legitimidade da criança, demarcando para a sociedade *quem é o pai* (o pai é quem faz o resguardo) e atraindo para sua cabana os espíritos do mal, que assim gastariam a sua ira na mãe "simulada", deixando a mãe real a salvo, para ter seu bebê de forma segura.[95]

O componente religioso, ou místico, deste ritual acreditava que a febre puerperal e as doenças da criança se ligavam a entidades cujo objetivo era se apoderar do filho nascituro.[11] Então, os rituais eram essenciais para que a alma da criança se prendesse firmemente ao corpo, para que o bebê "vingasse", passando a fase mais perigosa do início da vida, com saúde. Devemos nos lembrar que as crianças morriam muito no primeiro ano de vida, desde que o mundo é mundo, e a sobrevivência dos recém-nascidos é relativamente recente na história da humanidade.

Além da hipótese mística, alguns estudiosos da *couvade* entendem existir, no pensamento do homem primitivo, uma forte conexão entre o pai e a criança que acabou de nascer. Essa conexão, que não é apenas uma simples relação de parentesco, de ternura ou de dever, admite que seus corpos e espíritos estão ligados por um vínculo poderoso. Por isso que o que um faz atua diretamente no outro, pois o pai daqueles tempos considerava a criança como parte de si mesmo.[11] Assim, haveria conexões surpreendentes, como a relação de contradição entre o leite materno e o esperma paterno, preconizando a abstinência sexual do pai para fortalecer o corpo da criança na amamentação.[108] Essa prescrição "resolveria" o problema do pai que fica confuso com a corrente erótica da sua ligação com a mulher, durante a amamentação.

Outros relatos relacionam os movimentos paternos, se bruscamente realizados, com a existência de cólicas no bebê. Se o pai se mexe muito rápido, se faz certos tipos de movimentos, as "tripas" do neném se contorcem. Isso explicaria algumas doenças dos recém-nascidos e permitiria algum tipo de controle sobre esses males, a partir da obediência das recomendações da *couvade*. Restrições alimentares, de caça e atividades baseiam-se na mesma crença – as ações do homem interferem na saúde do recém-nascido, conectando-os.[11]

Sobre a teoria da conexão espiritual entre filho e pai, explicando a *couvade*, Pichon Rivière fez um estudo com indígenas sul-americanos, nativos dos Andes.[109] A partir das conversas com eles, entendeu que, para estes povos, a mãe seria responsável pelo nascimento físico, material, da criança, e o pai seria responsável pelo nascimento espiritual. Pichon diz que, se hoje o aspecto mais óbvio do nascimento é a relação física entre a mulher e o bebê, já houve um tempo em que se creditou ao pai a criação da alma do filho, quando a mãe seria então apenas um recipiente para sua vinda ao mundo. É interessante como essa teoria concorda com a descrição aristotélica da origem do bebê.

Podemos perceber, então, nessas diversas teorias, como a *couvade*, de muitas maneiras, realça e reforça o componente paterno e sua importância na constituição da criança e em sua saúde, no início da vida. Até Freud falou sobre o costume da *couvade* em um texto sobre as teorias sexuais infantis. Ele reforça a eficácia do ritual para assegurar a paternidade de um filho, sempre passível de questionamento (questão da origem). Falando de uma paciente, Freud descreve a crença infantil de que, ao ver o tio receber as visitas de roupão depois do nascimento do filho, ela achou que tanto o pai como a mãe participavam do nascimento e por isso precisavam repousar juntos depois do parto.[110]

Inveja e ódio na couvade

Ainda a respeito das teorias que justificam os rituais da *couvade*, alguns estudiosos as compreendem como um modo de anular ou atenuar os maus sentimentos do pai pelo bebê, protegendo o recém-nascido da inveja e rivalidade paternos. Seriam os demônios temidos, projeções dos sentimentos de ódio dirigidos contra a criança?

Assim, a proibição de comer carne seria uma substituta da fantasia de devorar o bebê, matando-o, e ao mesmo tempo reincorporando-o. A angústia, suscitada pelo desejo, desta forma *se compensaria* no ritual da restrição dietética.[11] Essa fantasia, muito "esquisita", aparece também no mito grego de Chronos, o deus que engole seus filhos tão logo eles nascem.[17] Quanto mais primitivo, mais estranho, mais arcaica a fantasia que está por trás de um sintoma, ritual ou mito. Podemos ter um pequeno resquício desse desejo quando os pais, brincando com o pezinho do bebê, dizem: "*Vou morder esse pezinho, vou comer esse pé*". É claro que esses impulsos orais recalcados são elementos muito arcaicos do psiquismo humano.

Em um outro extremo do espectro da *couvade*, a inveja, a rivalidade e o ódio do pai podem estar dirigidos à mulher. Em estudos antropológicos, pode-se encontrar a representação da mulher como "estrangeira"; há algo de impuro, de perigoso, na natureza da mulher, que o homem precisa expurgar ritualmente. Assim, quando uma mulher se une a um homem, vinda de outra tribo, ela precisa passar por "rituais de iniciação" para ser admitida na casa do homem. Da mesma maneira, porque o bebê vem da mãe, ele tem uma parte estrangeira para o pai, "guarda em si o que lhe é outro", ainda que tenha nascido na aldeia do pai. Se, mitologicamente, as mulheres são estrangeiras, guardam em si uma subjetividade estranha ao grupo dos homens, por isso a necessidade dos resguardos rituais durante e após o parto. "As precauções ligadas à gravidez, portanto, estão relacionadas ao esforço de eclipsar ao máximo a parte estrangeira do feto que, caso nasça sem qualquer atenção dirigida a isto, correrá o risco de não ser incorporado como um parente de fato".[111]

Parece infinita a criatividade masculina para expurgar o medo da mulher! O que se mostra universal, entretanto, é a necessidade de simbolizar, ritualizar, as questões relativas ao dilema da origem e diferença sexual, enigma que todas as sociedades tentam explicar e controlar de alguma forma.

Canção sem palavras

Embora as explicações sobre a couvade possam variar, todas elas levam em conta, de alguma forma, a relação entre o pai e sua cria. Retomo aqui, portanto, um ponto comentado num tópico anterior. Já falamos que um pai e seu filho podem se conectar mais tardiamente na vida, e isso é frequentemente observado. Mas também é verdade, e até estudos etológicos o confirmam,[112] que um dos preditores do laço paterno-filial é justamente a presença do pai junto à criança nos primeiros tempos. É por isso que separações conjugais em fase de bebês muito pequenos comumente se associam ao afastamento do pai, pois o laço com o filho não é criado da mesma maneira.

A conexão com o filho passa pelo corpo, pelo tempo passado junto, pela experiência de proximidade física com o bebê.[112] É isso a integração psicossomática – o corpo está lá, em relação. Não é somente de ideias que se faz o vínculo paterno-filial. E o vínculo materno, da mesma forma. Vejamos o que diz Winnicott a respeito da amamentação, por exemplo: "A coisa não funciona assim. O leite materno não desce como uma espécie de excreção; é uma resposta a um estímulo, que consiste exatamente na visão, no cheiro e no contato com o bebê, bem como no som do seu choro; tudo isso é uma coisa só: o cuidado e a alimentação periódica que se desenvolve como uma comunicação, uma canção sem palavras".[113]

Pois a *canção sem palavras* também se estabelece entre o pai e seu bebê! Gosto muitíssimo desse trecho da obra de Winnicott, dizendo que o leite materno não desce "como uma excreção". Do mesmo modo, o vínculo do pai não é uma mágica que acontece por causa do "positivo" de um teste de DNA. A canção sem palavras entre o filho e o pai começa muito cedo; aliás, hoje sabemos que a voz paterna, mais grave, propaga-se mais facilmente no meio líquido do que a voz aguda... o filho já ouve a voz de seu pai desde quando faz, dentro da mãe, sua primeira morada.[3]

Também gosto da ideia da "canção sem palavras", porque já se falou tanto da função paterna, da "palavra", do "nome" do pai, que acabamos por nos esquecer da questão psicossomática, da identificação do pai com o filho. É também pensando nisso que Camarotti diz que "o pai não materna, o pai paterna". Pois a experiência do bebê, para essa autora, já distingue, desde muito cedo, o estilo do seu pai, seu toque, sua voz e cheiro, a maneira diferente de falar com ele.[114] A *couvade*, como um ritual que garante o lugar social, a participação do pai na "autoria" da criança, é também uma oportunidade para o homem "paternar", experimentar, encenar e reviver os aspectos arcaicos da sua identificação com a criança.

Isso nos leva a pensar. A quantas estamos hoje? O homem atual tem o saber científico à sua disposição, pode fazer um teste de DNA, até na farmácia. Mas será que ele "sabe" o filho no seu corpo, como o "primitivo", que contava com aqueles rituais? Por que será que o pai de hoje em dia, ao invés disso, apresenta *sintomas*? Seriam formas de expressão de *couvades* camufladas, indiretas, perdidas na sua delimitação por falta de um dispositivo social de acolhimento desses pais?[11, 56] Estaria faltando, hoje, a presença de rituais como os da antiga *couvade* fazendo a ligação corpo a corpo, ou espírito a espírito, entre pai e filho?

MASCULINO E FEMININO

Chegamos à parte final do capítulo sobre o psiquismo paterno. Não por acaso, reservei este momento para fazer um convite ao leitor: revisitar comigo a questão do gênero, pois, para pensar as emoções paternas e seus maiores núcleos de angústia, é importante compreender como o homem lida com a sua vulnerabilidade. A relação do homem com a representação da passividade é um ponto-chave na compreensão do seu modo de lidar com a emoção de ser pai. Se um sujeito – homem ou mulher – tem dificuldade de acolher seus aspectos mais passivos, se fica muito assustado diante da dependência, pode se apavorar com a chegada de um bebê. Nesse momento, os pais revivem o bebê que foram um dia. Registros psíquicos antigos e esquecidos vêm à tona, não só como recordação, mas como uma atualização daquilo que experienciaram em seu passado infantil.[34]

Podemos, então, nos perguntar: como foi que o pai e a mãe se constituíram como adultos? Qual foi o destino que deram, em seu psiquismo, para a identificação com a mãe? Será que contaram com um ambiente acolhedor, quando bebês, ou tiveram "que se virar sozinhos" precocemente? No caso do pai, há aspectos da masculinidade que se organizam como defesa contra o medo de se sentir fraco, de ter que lidar com a dependência. Por meio de um caminho tortuoso, o medo de depender, de ser passivo, pode se transformar num repúdio à mulher e à feminilidade. Como isso acontece? É sobre isso que vamos conversar aqui.

Para pensar a relação entre o homem e as representações do feminino, recordo ao leitor o menino das sementinhas, que ficou indignado ao saber que não teria bebês. Até aquele momento, mesmo sabendo ser menino, ele acreditava que teria filhos, "igualzinho" à mãe. Em seu íntimo, tinha a esperança de, em algum momento, poder imitá-la, engravidar e amamentar. Mas, naquele dia, alguém lhe contou que isso era impossível. E lhe parecia tão mais "legal" ser como a mamãe!

Considerando sua pouca idade, pode-se imaginar que a "abstração" de ser pai foi uma desilusão – um corte – no fantasiar daquele menino. Acredito que tal decepção nunca é completamente superada pelo homem cisgênero. Porém, de qualquer forma, em algum momento o menino crescido entende seu papel na reprodução e o limite de sua anatomia. Paulatinamente, o menino também absorve as características ligadas ao seu gênero e aprende a valorizar (e até exaltar) os aspectos do que significa ser um homem na nossa sociedade. O processo da construção do gênero não se passa somente em relação ao campo reprodutivo. Ele é amplo e envolve a personalidade, os sentimentos, os anseios e até o modo de se defender diante da dor e do sofrimento.

É por isso que a discussão sobre o gênero se torna importante para o nosso tema. Como o assunto é complexo, o recorte desenvolvido aqui aborda quatro pontos que se relacionam entre si, mas partem de visões diferentes sobre a questão da masculinidade e feminilidade. Sobre estes quatro pontos, primeiramente vamos rever estes conceitos, salientando sua imprecisão, para aprofundar uma visão da parentalidade que nos permita problematizar "certezas" que, até hoje, tem afastado o pai do campo do cuidado.

Em seguida, vamos considerar a influência da cultura e aprendizagem sobre a masculinidade e feminilidade, em contraponto à crença no determinismo biológico dos comportamentos. Esse é o segundo ponto que discutiremos. Com relação às construções de gênero, o que é inato? O que é determinado pelos nossos hormônios, pela anatomia? No caso humano, não se pode falar de instinto, pois somos influenciados desde cedo pela linguagem e pelo social.[29] Além disso, o inconsciente dos pais está lá, desde o início, transmitindo mensagens à criança. Essas mensagens, recebidas e incorporadas por ela, referem-se à maneira como os pais lidam com o masculino e o feminino em si mesmos e têm grande importância na sua formação.

O terceiro ponto a ser discutido, e talvez o mais polêmico, é a construção social do gênero, no que diz respeito à dominação do homem sobre a mulher. É um tema que se articula com a ideia de uma suposta superioridade masculina, biologicamente determinada. Assim, a ideologia do gênero, que justifica as desigualdades, passa a criar diferenças aceitas e introjetadas por todos. Esse é um dos motivos pelos quais o questionamento dos papéis de gênero e da própria construção da masculinidade e feminilidade podem incomodar tanto. Afinal, as engrenagens que movimentam nossa sociedade dependem dessas crenças, desse ordenamento. Sem desmerecer o valor organizador do gênero para a construção da identidade, é o binarismo, rígido e excludente, que se liga às maiores contradições dessa engrenagem. A dominação masculina é um tema sensível na questão da parentalidade e não poderia ser ignorada em um livro que pretende pensar o pai em sua dimensão biopsicossocial. O afastamento masculino do cuidado e até mesmo a naturalização de certas violências são fenômenos ligados à colagem entre gênero e poder.

O quarto fator a ser considerado sobre a masculinidade é o psicológico. Depois de termos pensado o aspecto social, depois de termos problematizado o tema do gênero, podemos enfim abordar o ponto principal deste capítulo. Este é o recalcamento que o homem precisa fazer em relação à própria passividade para se sentir *merecedor* de ser masculino. A associação entre feminilidade e fraqueza, feminilidade e passividade, ao lado da conformação da virilidade como um escudo protetor, faz parte de um modo tipicamente masculino de se defender do sofrimento. Essa ideia, que não é simples de entender, torna-se mais fácil de ser percebida na prática, por conta de sua validade clínica. É o medo da mulher, associado à rigidez masculina, que leva certos homens a fugirem, esquivarem-se e se assustarem com a paternidade. Da mesma forma, a dificuldade de sentir empatia para com a parceira se relaciona à colagem entre a feminilidade, a passividade, a dependência e a fraqueza que o homem não pode acolher, por conta dos seus próprios fantasmas. São representações do desamparo que a masculinidade aprende, desde cedo, a rechaçar, e fatalmente ressurgem na fase perinatal.

Para pensar o gênero masculino de uma forma ampla, os temas aqui discutidos tocam em pontos sensíveis e crenças que todos nós, inevitavelmente, nutrimos em relação a este assunto. O objetivo desse desafio é abrir, nessa discussão, um campo de pensamento que nos permita adentrar o terreno da psicopatologia dos transtornos mentais paternos. Assim, o tema do próximo capítulo deste livro – a descrição das doenças mentais – nos trará outros aspectos dos conflitos enfrentados pelo pai. Vamos, então, à discussão dos quatro pontos sobre a masculinidade que desejamos abordar aqui.

Imprecisão dos conceitos

Quando se fala sobre gênero, abre-se um campo de controvérsias, sendo a primeira delas a própria *definição* do que é masculino e feminino. Estes conceitos são imprecisos: ora se apoiam na biologia (caracteres sexuais), ora em aspectos psicológicos e comportamentais – o *modo de ser* do homem e da mulher – que é passível de um questionamento ainda maior. Freud, discutindo esse assunto, disse que "os conceitos de masculino e feminino, cujo significado parece tão inequívoco às pessoas comuns, estão entre os mais confusos que ocorrem na ciência".[115] E não poderia haver confusão mais atual, pois hoje as pessoas têm discutido mais abertamente a questão do gênero; muitos estudiosos têm falado sobre isso.

Em termos gerais, podemos tomar a dualidade masculino/feminino em relação ao corpo, à aparência (modo de se vestir, falar e se comportar) e aos aspectos psicológicos, que interessam mais ao nosso tema. Nesse sentido, a atividade e a passividade, a receptividade e a iniciativa, o dinamismo e a agressividade presentes na personalidade podem ser tipificados de forma binária. Ser delicado, ser intempestivo, ser paciente, ou mais "cheio de atitude", ser "doce" ou violento, esperto ou inocente. Olhando de perto, essas e outras qualidades costumam estar, imaginariamente, associadas aos gêneros.

Todavia, olhando ainda mais de perto, percebemos que essas características estão presentes em todos os seres humanos, independentemente do sexo de nascimento ou do gênero com o qual o sujeito se identifica. Além disso, nem mesmo no sentido biológico existe a "pura" masculinidade ou feminilidade – cada pessoa apresenta, isto sim, uma mescla desses elementos, principalmente no sentido psicológico desses termos.[115]

Por isso, há homens mais "passivos", mulheres mais "ativas", tanto do ponto de vista mental, como sexual, e pessoas de sexos diferentes que se identificam com certos aspectos do semblante feminino, ou masculino, em diferentes tipos de combinações.[29] É assim a natureza humana, embora as diferenças nessa área sejam importantes e determinem caminhos distintos no desenvolvimento de cada um. O que nos faz diferentes? O que está por trás das identificações de uma pessoa, da atração sexual? A diferença entre os sexos, assim como a questão da origem, da vida e da morte, também tem um aspecto enigmático.

É por isso que as formas imaginárias que buscam enquadrar homens e mulheres em um conjunto de características predefinidas, rigidamente determinadas, não dão conta dessa complexidade. A imprecisão da ideia do que seria a masculinidade ou a feminilidade traduz, na verdade, o fato de que as máscaras sociais que as definem são, em grande parte, representações construídas *para dar conta das diferenças entre os sexos*. Essa diferença, no caso humano, permanece sendo um mistério que não admite simplificações quando examinada mais profundamente.

Nature versus nurture

Isso nos leva, então, à segunda questão em relação aos gêneros, a questão do que é inato e o que é aprendido, "*nature versus nurture*" (natureza e cultura), que também costuma dividir opiniões por toda parte.

Qual é a conexão existente entre a biologia e o comportamento, no caso do ser humano? Pois já chegamos neste mundo imersos em uma cultura, em uma comunidade de pessoas que nos entende como "femininos" ou "masculinos" desde o início, que construiu toda uma lógica a respeito desses conceitos a partir de anos de tradição. Uma tradição que engloba significados que vão além das características biológicas, ligadas ao que seria "um macho" ou "uma fêmea", no sentido mais restrito desses termos. Somos, ao mesmo tempo, o resultado dos nossos genes, hormônios, características físicas e do efeito da cultura sobre nós.

Além disso, não se pode determinar todas as influências que incidem sobre a criança que, desde cedo, recebe informações que partem do inconsciente dos pais, mensagens ligadas ao seu sexo e ao gênero. Por isso, mesmo aquilo que acreditamos fazer parte de nós, na verdade, pode ter sido "implantado" no nosso jeito de ser ou pensar, precocemente e de forma sutil, pela família. A partir da representação que nossos pais têm, em si mesmos, sobre o masculino e o feminino, somos vistos e tratados por eles como meninos ou meninas. E isso, muito antes de termos condição de entender o que significa ser homem ou mulher. Por isso, o tempo todo, recebemos mensagens sobre o que somos, sobre o que devemos ser. Desde o berço, desde o útero até!

Como, então, pode-se dizer que a "doçura" daquela menina, que a "esperteza" daquele menino já nasceram com eles? Será que não podem ter sido "inoculados" naqueles bebês, em função do desejo e expectativa familiar? Para quem pensa que a doçura é feminina e a esperteza, masculina, tenho encontrado muitos meninos doces e meninas espertas em minha clínica com as crianças. O modo como o jeito de ser de cada um se coordena com as questões do seu gênero é uma matemática complicada. Existe o que é inato. Mas são tantas as variáveis nessa equação, que precisaríamos de uma fórmula diferente para cada pessoa, para entender o peso de cada uma delas, na determinação dos seus modos de ser, amar e viver a sexualidade. E, nessa fórmula, o olhar do adulto para a criança, no começo da vida, tem o seu peso.[27]

Mas aqui é importante fazer uma ressalva. Se o leitor se alinha com aqueles que acreditam que o fator inato é o único determinante das características do gênero, pode não concordar com a ideia de uma masculinidade construída socialmente. A ideia do determinismo "natural" das características do homem e da mulher não se sustenta, porém, diante das pesquisas antropológicas e dos estudos que embasam as ideias desse livro.[29] Aqui, estou considerando como vantagem o fato de podermos, por meio desses estudos, desconstruir algumas das certezas relativas a essa área. E é esse convite que faço ao leitor nesse momento. Peço que continue comigo para considerar a *imprecisão dos conceitos de feminino e masculino* e *sustentar o paradoxo* de que o ser humano é, ao mesmo tempo, um produto da natureza *e* da cultura. Essa possibilidade é que sustentará o ponto principal da minha argumentação: a de que a "briga" do homem com a sua passividade lhe traz alguns problemas. Porque o "masculino" da cultura não combina em nada com a ideia da passividade. Essa é uma construção que, embora tenha uma *razão social* e uma *razão psicológica* para continuar se mantendo, pode trazer sofrimento ao homem que se torna pai.

Gênero, identidade e poder

Para pensar o terceiro ponto de nossa discussão, vamos pensar o gênero como um identificador que liga o sujeito à sociedade. Afinal, nos constituímos a partir do olhar do outro. É a partir do outro que nos tornamos o que somos, na formação da identidade na qual o gênero tem o seu lugar. Ser homem e ser mulher é um modo de existir no mundo, de ser visto, de ser designado dentro do grupo ao qual pertencemos.[29] Por isso, pode-se dizer que o gênero se constitui na socialização, embora passe a fazer parte do mais íntimo de cada um a partir das primeiras significações e identificações recebidas dos pais. Tudo se passa de modo que, ainda no começo da infância, meninos e meninas já se nomeiam dessa forma. Isso, em geral, acontece sem maiores questionamentos, numa aceitação mais ou menos passiva do gênero atribuído à criança segundo o sexo do nascimento.

A partir daí, os papéis de gênero, as qualidades associadas ao gênero e a maneira de se comportar, de se vestir e até de brincar vão sendo apresentadas à criança de acordo com certos *scripts*. Assim, o social vai moldando meninos e meninas de modo a prepará-los para assumir a masculinidade e a feminilidade – conforme definida pela cultura – quando se tornam adultos. Existe uma variedade muito grande em relação a esses papéis nas diferentes sociedades, conforme nos ensinam os antropólogos.[29] Essas variações nunca deixam de nos lembrar como certas construções, que acreditamos estar ligadas à biologia, dependem na verdade de aprendizagem e condicionamento.

No processo da construção do gênero, a criança pode recusar a forma como está sendo designada, de modo mais ou menos radical. No caso da pessoa transgênero, a identidade se constitui de forma oposta ao sexo do nascimento. Como se sabe, o gênero e o sexo do nascimento não são a mesma coisa. Enquanto o primeiro se liga à identidade, o segundo é determinado geneticamente, percebido a partir dos genitais e das características físicas do corpo. A questão da transgeneridade nos ensina que, apesar do aspecto performático do gênero, o sujeito que se entende masculino ou feminino, mas não nasceu dessa maneira, não se contenta em somente se vestir ou parecer assim. Há algo relativo à sua essência, ao modo como percebe a si mesmo, que torna imprescindível a adequação do que está dentro e do que está fora. Ou seja, o reconhecimento social do gênero ao qual sente e *sabe* pertencer.

Afinal, ser homem e ser mulher é um jeito de definir a si mesmo, é um direcionamento que nos coloca diante dos outros numa relação de pertencimento. O gênero é um dos organizadores da identidade e, em certos aspectos, fornece respostas e modelos para as complicadas questões do desejo e sexualidade humanos.[116] Aqueles enigmas que tanto nos afligem, dos quais falamos no capítulo sobre a *couvade*, quando o homem encena o feminino para elaborar a sensação de exclusão diante da gravidez e do parto. Fenômenos como a *couvade* e a clínica das pessoas transgênero tornam evidente a importância do gênero para o psiquismo, pois o fato de "ser homem" ou "mulher" não é uma mera denominação, mas faz parte das primeiras representações da pessoa sobre si mesma. Em outras palavras, o gênero é um recurso simbólico para lidar com os nossos impulsos, gostos e inclinações, para dar nome ao que somos e sentimos.

Do ponto de vista social, o identificador "gênero" funciona como um código, uma chave de sentido, a separar as pessoas em categorias e estabelecer funções, pertencimentos, respostas, padrões e normas. Quando se olha para alguém, o elemento do gênero é um dos primeiros dados a serem analisados. Se há ambiguidade, nesse quesito, surge logo a curiosidade, um incômodo que deixa o outro sem saber como classificar aquele sujeito. Isso porque o gênero sinaliza onde o indivíduo está situado, no campo das trocas simbólicas e sexuais. E assim, até os bebezinhos são vestidos de rosa ou azul, as menininhas são levadas para furar a orelha; parece importante a todos saber exatamente qual o sexo do bebezinho.

Constitui-se então a ideia fundamental da separação entre os sexos, que é internalizada desde muito cedo. E a pessoa vai sutilmente aprendendo a qualificar seus desejos como bons ou maus, certos ou errados, desejáveis e indesejáveis, para "combinar" melhor com o gênero e o sexo ao qual pertence. Isso equivale a dizer que o gênero tem um aspecto *organizador* para a identidade. Mas, como todo ordenamento simbólico, ele também se funda sobre exclusões e apagamentos. Muita coisa precisa ser deixada de fora para que certas características sejam reforçadas e incluídas nas categorias do "feminino" e do "masculino", tanto do ponto de vista individual como coletivo.

E é interessante como, no ser humano, esse processo se dá em etapas, pois a criança pequena circula mais livremente em relação a isso do que o adolescente, para quem a identidade e a questão da sexualidade tornam-se cruciais. O mesmo se passa quando um sujeito se torna pai ou mãe, pois a diferença em relação à concepção e gestação do bebê é um dos aspectos marcantes da diferença biológica entre o homem e a mulher.

Assim, existe um caminho que leva o indivíduo à definição de gênero, que começa no berço, prossegue na infância, passa por uma fase bem radical (a firme convicção de que "coisa de menino" e "coisa de menina" são campos muito distintos) e vai se apaziguando aos poucos, no processo de amadurecimento. A integração da variedade de características, presentes em homens e mulheres, que pode se distribuir por todos os gêneros, é o que nos torna únicos. Por trás do semblante do homem e da mulher, as pessoas são diferentes e plurais, mas isso não impede que a sociedade determine, em cada época, um ideal imaginário do que seria específico e desejável para cada gênero.

Ideais

Nesse sentido, vivemos uma época confusa. Por um lado, a variedade de possibilidades em relação às realizações disponíveis as para mulheres, homens e pessoas que não se identificam com estes dois gêneros. Por outro, os ideais reforçados pelas mídias, ainda muito excludentes, muito restritivos, impossíveis mesmo de se alcançar. Quem nunca se questionou sobre a questão da mulher contemporânea que, tentando "caber" no ideal feminino, sofre para atingir os padrões estéticos determinadas pela cultura? Tantas conquistas e a mulher ainda permanece escrava do ideal da perfeição do corpo e eterna juventude. Quanto à maternidade, então, nem se fale. Tem que amamentar até o filho fazer 2 anos, ser bem-sucedida e PhD em educação positiva, fazer-se tão presente como a mãe do século passado, mas ter dois orgasmos por dia no seu casamento perfeito, em que pai e mãe trabalham e estão realizados com o trabalho, além de terem filhos bonitos e inteligentes, a quem não falta quase nada e etc. Dá um cansaço só de pensar!

O leitor pode perceber a ironia da minha colocação, mas são mesmo esses conflitos que escuto todos os dias na clínica com as mulheres. Do mesmo modo, a masculinidade hegemônica é uma idealização também. Alguns podem dizer que caminhamos muito em relação a isso, o que é verdade de certa forma. Mas todo dia, nas escolas, aqueles meninos que não se adequam a um certo perfil "masculino" ainda correm o risco de sofrer *bullying* dos outros, principalmente se o grupo enxerga nele algum traço *do que julga ser a feminilidade*. Esse é o tema do seriado *Adolescência*, que está fazendo muito sucesso no ano de 2025, e mostra como o assunto está longe de ser resolvido.[117] No enredo dessa trama, um garoto se torna extremamente violento depois de sofrer *bullying* virtual, justamente por não se adequar ao perfil da masculinidade dominante no seu grupo. Mas sabemos do *autobullying* que os adultos fazem consigo mesmos, que pode começar nessa fase e continuar por toda a vida. O ideal da masculinidade "hegemônica" gera uma competitividade feroz entre os homens, que tende a levá-los à solidão. Os ideais são uma fábrica de infelicidade em nossa sociedade falocêntrica que considera como inferiores o corpo e a pessoa da mulher (e também pessoas que não se identificam com a heteronormatividade e a masculinidade dominante).[118,119]

Isso acontece porque as construções do gênero têm sido utilizadas para servir às engrenagens do mundo, que dependem de que as pessoas "se encaixem" nessas engrenagens, aproveitando-se de tais categorias para perpetuar seus esquemas de dominação. As leis do mercado se apropriam da nossa necessidade de pertencimento para definir a masculinidade e a feminilidade ideais. E isso ajuda a vender carros, roupas, tadalafila, botox, produtos de beleza. Não é só na adolescência que o sofrimento em relação à imagem atinge o sujeito contemporâneo.

Mas existe um outro aspecto da ideologia ligada ao gênero, este mais estrutural, que interessa sobremaneira ao tema da paternidade. Este aspecto é menos evidente do que a busca dos ideais de sucesso de cada época, por ser muito mais perene e antigo. Falo aqui das ideias e crenças que colocam a mulher sempre "abaixo" do homem; mecanismos sutis que mudam de roupagem conforme os tempos, mas estão sempre por aí. Esses mecanismos se apropriam das diferenças biológicas e da suposta passividade feminina para naturalizar as diferenças entre o homem e a mulher em termos de valor. Quando a cultura associa ao masculino as qualidades mais apreciadas socialmente, afirma sua superioridade de uma forma indireta, muito mais difícil de reconhecer.[118,119] Talvez seja por isso, e não exatamente pela dosagem da testosterona, que a iniciativa, a agressividade, o domínio, a atitude e a esperteza sejam entendidos como "coisas de menino". Pertencendo ao campo de sentido da "masculinidade", esse conjunto de atributos é quase sempre considerado *melhor* do que a sua contrapartida. E isso, muitas vezes, não é consciente. Esse é um dos aspectos essenciais da dobra ideológica que liga feminilidade e fraqueza:[116] o fato de não ser consciente, o fato dessa conexão se apresentar como um dado da natureza – e, por isso mesmo, inquestionável.

Hoje em dia, discute-se mais este tema, mas, à medida que a naturalização da dominação faz parte da estrutura básica da sociedade, é difícil não repetir os seus ditames. Esses ditames se apoiam na ideia da superioridade do homem, implícita em muitos dos nossos ideais.

Por isso, precisamos pensar e pensar sempre. Assim chegamos à inconsistência da crença de que as características *consideradas masculinas* pertencem natural e irrevogavelmente ao homem. Se isso parece ser verdade, é porque até nossa própria linguagem nos faz pensar dessa forma. A palavra viril, por exemplo, pode significar "aquele que expressa coragem, que não tem medo, que é destemido, dotado de vigor". Quando analisamos as palavras da nossa língua sob a óptica do poder, fica mais claro como esses valores estão disseminados até nas nossas palavras, que legitimam assim o lugar superior do homem. E essa é uma justificativa quase infalível a ser usada como modelo para outras formas de dominação. As ligações entre o masculino e o poder, entre a violência e a dominação, estão enraizadas em nosso pensamento.

Medo de ser dominado

Mas, nessa vida, tudo tem o seu avesso! Agora podemos chegar, enfim, ao quarto ponto da nossa discussão: a armadilha da construção da masculinidade como uma dominância, uma força da natureza, que explica por que o "masculino" da cultura é tão dissonante em relação à ideia da passividade. Na introdução dessa discussão, citamos a *razão social* e a *razão psicológica* para que a masculinidade tenha esse aspecto contraditório em relação à própria natureza humana, no que ela tem de falho e imperfeito. Porque faz parte da nossa humanidade o confronto com o desamparo, com a falta e os limites do viver. Assim, aprofundando o aspecto social do gênero e a dominação, miramos seu lado oposto: a questão da fragilidade e da passividade em sua conexão com os dilemas masculinos. Afinal, os ideais ligados ao poder afetam também a eles, moldando sua personalidade e defesas de forma a afastá-los dos seus sentimentos.

Assim, podemos nos perguntar: será que o leitor já parou para pensar nos motivos pelos quais os conceitos de *feminilidade* e *passividade* estão tão "colados" um no outro? A "colagem" entre o feminino e o passivo faz parte da mesma "dobra ideológica" que liga a força e o masculino. Essas ideias determinam crenças que, por sua vez, são sustentadas por fantasias e temores em relação à fragilidade no homem, à sua abertura ao outro, presente na *constelação da passividade*. Pois o homem é levado, desde cedo, a desvalorizar tudo o que pode se ligar a isso. Até a dificuldade em validar os próprios afetos, e mesmo reconhecê-los, pode estar ligada à construção dessa "fortaleza". O masculino vai sendo edificado pouco a pouco sobre a negação da fraqueza *("homem não chora", "engole o choro", "seja forte", "proteja a mamãe")*. Pergunto ao meu leitor se já ouviu alguma frase como essa. É muito possível que sim! E, dessa forma, a fortaleza servirá para proteger o homem do *medo de ser dominado*. Um medo que se torna o maior organizador das suas defesas, do modo como se coloca frente ao mundo. Basta prestar atenção às piadas masculinas para ver como essa identidade rechaça a passividade em todos os sentidos.

Coisa de menina

Para entender como isso acontece, é preciso imaginar como, desde pequeno, o menino é criado de uma forma que todo aspecto de sua personalidade, lido pelo ambiente como inadequado ao semblante de um homem, é desencorajado ou punido. Seja a sensibilidade estética, seja a facilidade para a empatia, as artes, a suavidade ou a delicadeza; até mesmo o desejo de ser conduzido e guiado. Tudo isso é reprimido em função do ideal da masculinidade. Além disso, o outro lado da "dobra ideológica" é trazer, para os meninos, a proibição dos prazeres do viver que se ligam à ideia da passividade. O que é "coisa de menina" tem que ser deixado para trás, mesmo as coisas boas, como gostar de ser segurado, ser protegido, ser cuidado... São experiências que não têm a ver com o ato sexual dos adultos, mas são consideradas como equivalentes da docilidade e da penetrabilidade, posteriormente associada à "falta de macheza". Em alguns casos, até o terreno do autocuidado está apartado da experiência do homem que, quando adoece, é incapaz de pedir ajuda. Homem "que é homem" se acha "fortão"; e na medicina geral a gente se surpreende com o quão pouco os homens valorizam seus sintomas físicos. Alguns chegam a sofrer um infarto, um acidente vascular cerebral (AVC), uma fratura e demoram muito para chegar ao pronto-socorro, quando já se perdeu a janela de oportunidade para reverter essas lesões.

Ora, o leitor pode pensar que esses homens *de antigamente* estão se tornando mais raros entre as gerações que estão chegando por aí. Afinal, a cabeça dos jovens está mudando em relação aos preconceitos ligados à masculinidade. A esse respeito, tenho umas ressalvas, pois, agora, as novas gerações ligam sua produtividade ao raciocínio do funcionamento das máquinas e permanecem dissociadas do corpo, só que de forma diferente. Ligados ao ideal do *iron man*, os pais de hoje tomam *whey protein* e fazem academia, mas continuam surdos para as próprias necessidades. A masculinidade defensiva é bem esperta nesse sentido, acompanhando nossos tempos sem mudar a sua essência, que é o rechaço de toda ideia de fragilidade e passividade. Novas subjetividades, mas os medos continuam os mesmos.

Por isso tenho encontrado, entre aqueles homens que absorveram a ideia do cuidado de si, um novo tipo de heroísmo ligado aos ideais narcísicos da nossa época. Ter quase zero de gordura no corpo, afinal, também pode ser um jeito de expurgar o *feminino* desse corpo! É a geração da testosterona, que pratica um cuidado voltado para a perfeição, mas que se afasta, novamente, dos limites de sua humanidade. Assim, embora as coisas estejam mudando em relação aos papéis de gênero, ainda me parece que aquele cuidar mais delicado permanece um "assunto de mulher". Mas há uma exceção: no caso da paternidade cuidadosa, o homem pai pode se aproximar mais ternamente da fragilidade. Esse é o um ponto positivo das mudanças que estão acontecendo na contemporaneidade.

Paternidade e transformação

A paternidade pode ser um passaporte que autoriza o homem a "curtir" a passividade e o cuidado de uma forma socialmente reconhecida. Essa é uma constante na fala dos pais, o sentimento de que mudaram e se transformaram com a chegada do filho, que se tornaram "melhores" e mais "maleáveis" depois dessa transformação. Acredito que a maleabilidade conquistada por esses homens se relaciona com a integração da própria fragilidade, a disjunção da "colagem" entre masculinidade e dureza que o amor pela criança fez "derreter". Então, aquelas ideias que estavam amalgamadas (o feminino, o cuidar, a passividade e a dependência) podem ficar mais "arejadas" na cabeça do pai. Afinal, o bebê é prova viva da sua masculinidade, e isso pode dar ao homem *segurança* para se aventurar pelos caminhos da ternura, *sem perder a identidade.*

Examinar essa questão demanda um olhar sobre o tema da passividade, de forma ampla. Pois, aqui, é justamente a questão da passividade como abertura ao outro que estamos querendo ressaltar. Mas a passividade tem muitos sentidos, uns bons e outros ruins. Como a masculinidade hegemônica tem muito a ver com a defesa contra a feminilidade, pensar as representações do feminino nessa questão essencial pode nos ajudar a entender as defesas do homem, principalmente em seu aspecto mais patológico.

Passividade

O que é a passividade, afinal? Pode-se pensar a passividade de várias formas. Uma delas, talvez a mais óbvia, é sua qualidade de receptividade, quando pensada a partir da relação entre duas pessoas ou objetos. Ou seja, o passivo, em última instância, é aquele que recebe a ação do outro. Então, em um sentido até mais geral, a passividade pode ser vista como a qualidade de receber algo de alguém, aceitar o que vem do outro, estar aberto para este outro. Em si mesma, a passividade não é positiva ou negativa, pois, dentro de cada um de nós, tanto a passividade como a atividade existem. Sem a passividade, a personalidade está desequilibrada. Pode-se, inclusive, imaginar que a atividade ou passividade puras seriam incompatíveis com o relacionamento humano, com a vida mesmo. Estamos o tempo todo recebendo, lidando com a ação do ambiente sobre nós, sintonizando com o que está fora, para viver em equilíbrio. Até numa conversa boa: eu falo, eu escuto; numa relação sexual, eu faço um carinho, eu recebo um carinho, e assim por diante. São as trocas que permitem que os relacionamentos e as conversas possam evoluir, pois a "atividade" ininterrupta, como uma fala ininterrupta, é contrária à comunicação. De modo geral, independentemente da característica mais marcante da personalidade, nas interações entre pessoas ou grupos, a passividade é desejável em certos contextos. E há momentos em que é preciso agir mais. Estamos sempre regulando a voltagem da nossa abertura em relação ao outro, e a saúde está na flexibilidade em relação a estes dois polos, a atividade e a passividade, em nossas interações sociais.

Além disso, a passividade pode ser vivida de forma prazerosa. Ela se liga ao erotismo e tem um aspecto abstrato, sendo um modo de perceber o mundo, de lidar com situações da vida, que pode ser mais adequada ou inadequada, aceita ou recusada, valorizada ou desvalorizada.

Mas existe um aspecto ruim na passividade? Certamente que sim. A face da passividade que é desconfortável para a maioria das pessoas se liga à falta de controle, à impotência e à dependência do outro. Porque, no caso da ação violenta, o passivo é aquele que está à mercê de um outro, e corre risco por isso. Voltamos aqui à ideia do poder, pois, nesse aspecto, o passivo não tem poder, está destituído de escolha. E não é bom estar numa situação assim. Aqui temos o verdadeiro sentido de "sofrer" a ação do outro sobre si mesmo, de ser objetificado por ele.

Quanto mais o elemento "poder" entra numa relação, pior fica a situação daquele que é apassivado diante do outro. Basta perguntar a uma pessoa que foi assaltada o que ela sentiu quando sua vida foi ameaçada, ou mesmo a uma pessoa que fez uma cirurgia, que foi internada para um procedimento de risco – *"estou nas mãos dos médicos"; "nessa hora que a gente vê que a gente não é ninguém".* Se, num extremo, a passividade faz parte da vida, é prazerosa, é um agradável "deixar-se levar"; em outro extremo, quando ela traz o risco de tornar o sujeito uma "coisa" do outro, de não ter defesa, ela é assustadora. Pois, se o excesso de atividade é violência, o excesso de passividade pode ser igualado à impotência, ao risco de ser destruído, manipulado ou abandonado.

Situação antropológica fundamental

Curiosamente, o protótipo da situação de passividade é aquele momento da nossa vida em que ela é a regra, e não a exceção. Esse momento, como o leitor pode estar imaginando, é o tempo inaugural da existência, pois chegamos ao mundo numa condição de total dependência do outro. Essa é uma condição de necessidade e desamparo que nos esforçamos por esquecer, conforme crescemos e adquirimos autonomia.[37,120] O recém-nascido não é capaz de sobreviver sozinho; até para regular a temperatura do corpo, ele precisa de ajuda. É claro que o bebê sabe protestar e espernear. Mas, mesmo que chore, é a mãe quem decidirá a hora e o jeito de lhe oferecer o seio, acalmar sua fome. Ele é passivo em relação a isso. Sem o amor e o cuidado do adulto, a situação do bebê passa a ser terrível: um bebê só pode "vingar" se é acolhido por alguém.

É desse aspecto da passividade que todos nós precisamos nos defender. Se ele se repete na vida adulta, é muito desconfortável. É por isso que dizemos que é a passividade que constitui a situação antropológica fundamental e inaugural da nossa vida.[120] Podemos perceber que isso não tem relação com ser homem ou mulher, pois tem a ver, simplesmente, com ser um bebê humano. Inclusive, na infância, o cuidador que está em posição ativa em relação ao bebê costuma ser uma mulher. Por outro lado, qualquer que seja o seu sexo, o bebê menino é tão dependente da mãe, quanto a bebê menina. Ninguém escapa dessa verdade: o desamparo que caracteriza nossa chegada ao mundo.

E nunca é demais lembrar o quanto o medo do desamparo continuará guiando nossas ações e gerando os nossos maiores temores por toda a vida.[37] Tomemos os receios mais comuns de um sujeito: cair de um prédio, ser assaltado, enganado, ficar pobre, passar vergonha, ser traído pela pessoa amada. É interessante como o medo de se ver desamparado está por trás de muitos dos nossos receios, de muitas das nossas defesas ao longo da vida. Mas o curioso, e aqui precisamos fazer um esforço da imaginação, é como o desamparo e a fragilidade, o desamparo e a dependência, o desamparo e o medo, acabam ficando mais ligados à ideia do feminino e da feminilidade do que à ideia da masculinidade. Assuntos que não deveriam ter nada a ver com isso, mas passam a ser equiparados ao gênero. E isso ocorre porque, quando acontece aquela "dobra ideológica" que organiza a nossa sociedade, o que se está dobrando, igualando, é a representação do desamparo, do que não tem o poder e que é passivo, com o *feminino* – como se o masculino fosse contrário a isso.[116] É uma colagem de sentidos que se passa em dois tempos, num mecanismo que toma a parte pelo todo e iguala o "passivo" à "mulher".

Dobra ideológica

E esses dois tempos são: o desamparo que pertence ao começo da vida, e o tempo posterior em que o sujeito constrói uma narrativa para si mesmo do que é ser homem ou mulher. O tempo do desamparo, por assim dizer, é o tempo do bebê, um tempo em que o gênero está muito distante de ter qualquer representação no psiquismo da pequena criança. Nesse momento, ela se constitui em uma situação de tanta abertura para o outro que se pode dizer que está *alienada ao desejo do seu cuidador*, totalmente dependente dele.[120] A lembrança, a experiência, de estar nessa condição será esquecida e guardada no psiquismo, pois a criança vai crescer, aprender a falar, pedir, protestar, dizer não.

Por isso, a tarefa do lactente, nos primeiros anos, é justamente essa: adquirir autonomia. Qualquer um que tenha um filho lá pela faixa dos 2 anos de idade sabe bem o que é isso. São tantas birras por coisa nenhuma que os pais ficam quase malucos! Na verdade, a criança está, então, brigando para ser alguém, fazer valer a sua vontade. O exagero disso se liga, justamente, ao fato de ela ainda ser tão dependente dos pais.

Então, chega o segundo tempo do processo que liga o feminino e a passividade. É o momento em que a diferença entre os sexos é internalizada e, como um modo de defesa, todo resquício da passividade fica do lado da representação da feminilidade, projetada nas mulheres e em tudo o que diz respeito a elas. Segundo esse pensamento, os homens é que se tornam os "fortões"; "ganhando" vários símbolos (o herói, a lança, a espada, a bravura, a coragem) para imaginarem-se fortes e impenetráveis.[105] É assim que o pensamento humano, que tende a tomar a parte pelo todo, faz uma espécie de sobreposição entre não ter pênis e ser castrado,[115] ser passivo e ser mulher. Tudo que é relativo à mulher fica igualado à ideia do corpo mais frágil, que pode ser invadido e manipulado. Tal é a fantasia que divide os seres do mundo em dominantes e dominados. O feminino, por ser assim "penetrável" (na fantasia da relação heterossexual), fica para sempre ligado à ideia da docilidade, um corpo que pode ser possuído por outro, manipulado e apassivado.[27,120]

Obviamente, estamos falando aqui da equivalência entre fatos muito concretos, ligados ao corpo e certas imagens, que não têm relação com a passividade e a atividade do ponto de vista psíquico, e muito menos com a falta de valor. Mesmo assim, *é exatamente dessa maneira que muitos homens veem as mulheres, é assim que muitas mulheres se sentem em relação aos homens.* A feminilidade fica colada, então, à delicadeza, à suavidade, à leveza, à passividade, à doçura, mas também à penetrabilidade, à disponibilidade para ser possuída e subjugada, à qualidade de "coisa" do outro.

Defesas

Se o leitor recebe essas ideias com um certo mal-estar, é bom sinal. Isso porque, na patologia, a ideia da mulher como uma coisa não está distante da verdade dos sujeitos que utilizam a representação da feminilidade como um verdadeiro depósito para seus próprios medos. A masculinidade "tóxica" é, em grande parte, construída a partir dessas ideias.

E nem precisamos ir tão longe para entender essa defesa. Basta pensar naqueles momentos da vida em que o indivíduo, por alguma razão, se vê confrontado *de novo* com o seu desamparo ou a passividade diante de algo ou alguém. Então, aqueles que se identificam com a masculinidade mais rígida podem ter muita dificuldade diante dessas situações. Falta, a esses indivíduos, *repertório* para lidar com isso. É nesse momento que o leitor pode recordar situações da vida adulta em que os mais "fortões" são os aqueles que mais se "desmontam" diante da própria fragilidade. São experiências adultas que nos fazem recordar a passividade de uma forma desagradável, desorganizadora e assustadora.

Percebemos essa defesa, também, no envelhecimento, quando o maior medo é o de depender, perder a autonomia, o controle do corpo, dos esfíncteres, do próprio dinheiro, das decisões. Isso é como uma fratura no nosso narcisismo, uma quebra na integridade do nosso eu. Tenho percebido em minha clínica que, às vezes, a dificuldade de envelhecer está ligada a uma grande vergonha ou ao medo de se ver *passivo*. É interessante como algumas pessoas levam isso "numa boa", agradecem os cuidados que recebem, e vão lidando com as perdas da idade de um jeito mais tranquilo. Outros não conseguem pedir ajuda de jeito nenhum, até se ofendem diante de alguém que deseja oferecer ajuda. A psicoterapia da pessoa idosa passa por ressignificar esses aspectos da existência.

Situações como a velhice, a doença e até o pós-parto, ao nos lembrarem o desamparo, a dependência e a passividade que marcaram nossa chegada ao mundo, podem ser difíceis de enfrentar. E é curioso: pode-se pensar a divisão binária dos gêneros como um jeito um tanto tosco – embora eficaz – de atribuir a passividade a certas pessoas ou ideias, reservando o ideal de atividade e "masculinidade" como o objetivo a ser alcançado por todo aquele que deseja "se livrar" da passividade originária. Uma solução simples! Mas, obviamente, insuficiente para que qualquer pessoa consiga escapar do seu destino. O desamparo é o lugar de onde todos viemos – e para onde todos nos encaminhamos.[37] Com relação à dependência e ao desamparo, tanto mulheres como homens nascemos dependentes e frágeis. Tanto mulheres como homens, vamos adoecer e morrer. Vamos precisar dos outros a vida inteira, em maior ou menor grau.

Agora podemos, enfim, retomar a afirmação colocada no início deste capítulo: a de que *a relação do homem com a representação da passividade é um ponto-chave na compreensão do seu modo de lidar com a paternidade.* Agora podemos dizer que se homem se construiu a partir de uma masculinidade muito defensiva, ele provavelmente vai rechaçar com violência tudo que é passivo e frágil. E isso pode colocá-lo em maus lençóis diante do bebê. É aqui que lembro ao leitor que, na patologia, o medo do desamparo costuma ser tão forte e as defesas tão rígidas, que encontramos reações exacerbadas diante do "feminino": o feminino do parto, do pós-parto, do recém-nascido, da dependência e das mudanças. Homens assim se sentem completamente "amarrados" pela responsabilidade de ser pai.

Destino da passividade originária

Quando pensamos na psicopatologia, podemos nos perguntar: Qual o destino da passividade originária no psiquismo de um sujeito? Se tudo corre bem – e isso depende tanto de fatores individuais, como do ambiente no início da vida –, a realidade da passividade originária é ser recalcada, deixada fora da consciência, quando o sujeito se constitui como pessoa.

Contudo, no decorrer do desenvolvimento, vive-se ora em situações ativas, ora em situações mais passivas, e cada um encontra seu próprio jeito de lidar com o medo e o prazer de se ver apassivado diante de um outro. Isso pode, inclusive, manifestar-se em certos gostos sexuais, na paixão por esportes radicais e até em profissões ligadas ao cuidado. Estas são apenas algumas entre as tantas transformações possíveis daqueles sentimentos e vivências que jamais desaparecem completamente do campo de experiência do sujeito. Se você, leitor, é um profissional que trabalha com o cuidado, é possível que tenha transformado seu próprio desamparo no desejo de ajudar os outros.

Mas podemos imaginar inúmeras razões para que uma pessoa não encontre em seu ambiente uma maneira de transformar o medo de depender de alguém em uma estratégia eficaz para lidar com isso. A masculinidade defensiva, em termos de estratégia, é pouco eficaz porque afasta a pessoa do amor. É um escudo tão poderoso que leva o sujeito a se perder dentro de si mesmo e viver fugindo de toda representação de fraqueza e vulnerabilidade, sempre projetada no outro. Este "outro" pode ser uma mulher, outro homem, a pessoa gay... E, em qualquer caso, uma relação de boas trocas com o próximo estará dificultada. Em geral, grandes dificuldades de lidar com a passividade costumam se associar à rigidez da personalidade e dificuldades no campo dos afetos, isso tanto no caso dos homens como das mulheres.

Fantasiado de fantoche

E, conforme caminhamos em direção às patologias graves e aos traumas mais severos, as defesas contra a passividade se tornam cada vez mais radicais.

Existirão, talvez, situações em que o retorno da experiência do desamparo, da passivação, será tão insuportável, que o sujeito poderá enlouquecer. Creio que era disso que me falava um paciente esquizofrênico, descrevendo a situação de ser controlado a partir de fora. *"Eu sou fantasiado de fantoche"* – era o que ele me dizia. E descrevia forças estranhas que tinham domínio sobre o seu corpo, que faziam parte do seu delírio de controle. Imagine um adulto, com toda a sua racionalidade, que se sente totalmente desamparado: nem mesmo o seu pensamento e corpo podem ser sentidos como sendo dele mesmo! Situação de angústia quase inimaginável para quem não viveu essa experiência quando adulto. Esse sentimento é da ordem da loucura, da perda das bordas de um eu coeso e unitário.

Mesmo em casos de menor desorganização das fronteiras do eu, a agressividade voltada para fora pode funcionar como uma defesa contra o medo de vivenciar o desamparo. Quando pensamos as crises da vida – entre elas a entrada na paternidade – podemos pensar que quanto maior o medo, maior a necessidade de se defender. *É então que a brutalidade e a violência, caricaturas de uma masculinidade baseada somente na defesa, vêm colorir o modo como o sujeito manifesta seu sofrimento.* Com relação à parentalidade, o leitor talvez possa concordar comigo que a truculência e a rigidez de certo tipo de caráter masculino têm relação com o medo de experienciar a passivação, a dependência e a fragilidade que expulsou de si mesmo e acabou reencontrando no bebê ou na mulher. É assim que isso "volta" de forma muito forte, para alguns homens, no momento de se tornarem pais. Por conseguinte, se a fragilidade é projetada para fora, vai se ligar ao ódio, como aconteceu no caso de Venâncio e Anakin, que se desorganizaram gravemente na entrada da paternidade.

Divisor de águas

É por isso que a chegada de um filho pode ser, de fato, um "divisor de águas" para o sujeito que se depara com a questão da diferença entre os sexos em sua forma mais concreta: na gravidez, no parto e na amamentação. Os rituais da *couvade* deixam isso muito explícito e a loucura de Venâncio ao ver a cena da mulher com o filho mamando, também (página 40). É justamente ao tornar-se pai que o homem reencontra, de uma só vez, os desejos daquele menino das sementinhas, que tinha inveja das mulheres; e, ao mesmo tempo, o enigma da origem e a necessidade de reconfigurar sua própria masculinidade. Quando o medo é muito grande, *quando a "inveja do útero" nunca foi simbolizada nem transformada*, o pai pode se ver em dificuldade, sentir-se como aquela criança, o menino "indignado" que ele foi um dia. Aí, o *medo da mulher*,[121] daquela mãe poderosa de quem dependeu completamente, pode tomar a direção da doença ou da violência. Isso porque, similarmente ao que sentiu no seu passado, o pai pode temer ou odiar a sua mulher *hoje*, que detém o poder sobre o bebê *dele*, "misturando" os sentimentos do adulto com os sentimentos da criança que guarda dentro de si. Quanto mais assustado, mais o psiquismo paterno recorre àquela estratégia simplificadora, tomando a parte pelo todo.

Saída pela via da ternura

É claro que, felizmente, o confronto do homem com a passividade não precisa tomar a via da doença. Pelo contrário, se o pai consegue se abrir para a ternura, acaba por experimentar "por procuração" – ao tomar seu bebê nos braços – a própria passividade, no que ela tem de bom e prazeroso. É aí que toda a sua "feminilidade", um dia recalcada, vem para auxiliá-lo a integrar seus sentimentos. Coloquei o termo entre aspas porque, na verdade, não é a feminilidade que o pai experimenta, mas a doçura, a ternura e o prazer do contato pele com pele com o bebê. Este contato está fortemente ligado a registros muito antigos, que são capazes de religar o pai a aspectos seus, com os quais não tinha contato há muito tempo. É justamente ao ter "balançada" a sua fortaleza, a sua segurança, diante da gestação, do parto e do recém-nascido, que o pai pode viver uma experiência transformadora.

Assim, as mesmas emoções que podem levar alguns ao adoecimento perinatal, levam outros ao amadurecimento da personalidade. Para esses sujeitos, tornar-se pai é uma riqueza para a masculinidade, para a sua própria humanidade. Na medida da integração de aspectos seus que eram considerados passivos, "femininos" ou frágeis, o homem ganha uma "licença social" para experimentar o cuidado e o cuidar. Pode abandonar, então, sua lança e o seu escudo,[105] pegar o bebê no colo e se libertar do peso de ter de ser o "centro do universo", algo que Gregório Duvivier descreveu como uma experiência boa e verdadeiramente libertadora.

CAPÍTULO 2

Adoecimentos paternos

TRANSTORNO OU MAL-ESTAR?

> *Tal como acontece com a árvore, não descobres coisa alguma se desdobras o homem pela sua duração e o distribuis pelas suas diferenças.*
>
> *Saint-Exupéry*[122]

A questão do adoecimento mental é um tema complexo. No campo da psiquiatria, vários sintomas que caracterizam a doença também são encontrados na normalidade, ainda que em menor grau. A angústia, por exemplo, é um afeto universal; contudo, em excesso, pode caracterizar um transtorno de ansiedade. A tristeza e os processos de luto fazem parte do viver, mas depressão (ou melancolia) é a *tristeza paralisante*, que embota os sentidos e o raciocínio do deprimido.[123] E assim por diante. Com relação aos sintomas do pai, em sua conexão temporal com o nascimento da criança, existe um *continuum* entre as reações de adaptação esperadas para a fase e os quadros de maior descompensação. Nem sempre é fácil demarcar a fronteira que separa a doença mental paterna de outros sinais, mais leves, de ansiedade ou sofrimento psíquico.

Nesse segundo capítulo do livro vamos nos deter sobre os transtornos mentais paternos. A psicologia da paternidade, apresentada no primeiro capítulo, pode contribuir para este estudo. Se a visão médica tenta estabelecer padrões, pontos de corte a partir dos quais um fenômeno é considerado patológico, a visão psicológica pode ajudar a pensar a relação entre a normalidade e a doença. Ela também nos permite entender a conexão entre os sintomas do homem e a parentalidade. Por isso, a visão médica e a psicológica são complementares, embora se desenvolvam a partir de raciocínios diferentes. Por que o entendimento da subjetividade do pai importa para a avaliação psiquiátrica? No caso da doença mental *paterna*, este adjetivo só faz sentido, no quadro mental masculino, se o homem se sente pai.

Assim, um genitor, mesmo declarado pai, pode não se vincular ao bebê, nem ter a vida transformada com a chegada deste filho. Neste caso, como determinar a relação entre a paternidade e o transtorno mental? Haverá casos em que a desfiliação estará ligada ao adoecimento psíquico do pai. Em outros casos, isso pode não ser verdade. Afinal, dentro da questão do "sentir-se pai", encontramos diferença entre ser pai e genitor. Em algumas situações, um padrasto ou avô podem ser as figuras mais implicadas com a criança em uma família. Isso sem contar as uniões homoafetivas, maternidades e paternidades trans, as famílias reconstituídas, as outras formas de família. Quem é o pai, disponível e ativo na vida do filho, em cada uma dessas configurações?

Essa pergunta, que parece simples, coloca-nos algumas dificuldades. São questões que precisam estar na mente do pesquisador que investiga a saúde mental paterna. Conforme o desenho do estudo, o paradoxo inevitável é partir de um modelo patriarcal (que define o objeto "pai" pela transmissão do nome à criança) para pensar os sujeitos de hoje em dia, nas famílias da contemporaneidade. Tal questão pode ser irrelevante em um estudo iraniano que seleciona homens casados, que vivem com seu bebê, para avaliar os sintomas de depressão apresentados por eles.[124] Naquela sociedade predomina o modelo da família tradicional, ou seja, o pai biológico e o pai que cuida são a mesma pessoa. Mas o caso é diferente no estudo americano que rastreia a depressão paterna em lares cujas crianças são cuidadas por uma mãe solo.

Assim, a observação dos fenômenos clínicos sempre depende de uma teoria, mesmo que esta teoria – que pode ser, por exemplo, um modelo de família – esteja implícita na mente do pesquisador. Quando julgamos que nosso pensamento sobre algo é objetivo, isso significa apenas que não temos consciência da teoria que fundamenta a hipótese da nossa pesquisa.[19] Essa é uma verdade filosófica, a qual reconhece a utopia da total imparcialidade do observador, principalmente nos assuntos humanos, se lidamos com temas sensíveis como a parentalidade, o tempo, a família, o gênero e a sexualidade.

É por isso que a pesquisa sobre o pai exige nossa criatividade, para que o desenho dos nossos estudos permita uma aproximação mais fiel ao que realmente se passa com os pais, genitores ou não, do século XXI.[58,125]

Com relação a este ponto, é importante considerar duas questões. A primeira é a definição do que é e do que não é transtorno, doença mental, no caso da paternidade, pois os primeiros anos da criança são a fase que exige maiores adaptações por parte dos cuidadores. Quando o pai fica explosivo, começa a beber mais, ou consumir pornografia, depois do nascimento do filho: ele está "doente" ou não? Será que sua mudança de comportamento se deve a um transtorno mental não reconhecido? Outra questão é a necessidade de definir, *a priori*, de que pai estamos falando quando fazemos um estudo.

Mal-estar na paternidade

Para pensar essa questão, a ideia do "mal-estar" é um conceito que pode ajudar. Há cem anos, Freud descreveu assim o inevitável *quantum* de infelicidade que cabe a todo sujeito que vive em sociedade, por conta das limitações e restrições que a cultura impõe a ele. Na época em que Freud escreveu *O mal-estar na civilização* não havia internet, nem capitalismo tardio; as famílias organizavam-se de modo patriarcal e havia uma grande repressão da sexualidade na sociedade europeia.[126] Muita coisa mudou desde então, embora não da mesma maneira, nem em todos os lugares.

Hoje, temos agrupamentos humanos mais conservadores ou mais progressistas, mas a globalização já atingiu a maior parte das sociedades. Comparado ao tempo de Freud, nossos problemas e subjetividade são outros, embora o mal-estar continue presente, agora sob outras roupagens. O sujeito contemporâneo está diante dos imperativos: "Goze! Consuma! Seja feliz! Seja perfeito, jovem, bem-sucedido... Tenha filhos perfeitos". Isso provoca um ruído no campo da parentalidade. É assim que os pensadores atuais raciocinam em termos de mal-estar quando enxergam, no sofrimento dos pais e mães contemporâneos, os dilemas dos nossos tempos.

Dentre esses pensadores, a pesquisa histórica de Badinter,[13] desconstruiu a ideia de um *instinto materno*, que seria independente da conjuntura social da mãe. No livro cujo título explicita que o amor é um dom *conquistado*, ela refuta a ideia do vínculo automático entre a mãe e o bebê, no qual muitos insistem em acreditar. Apesar da família idealizada (dos nossos sonhos), *ser pai* e *ser mãe* é uma construção, feita por cada sujeito, em resposta à questão da filiação.[12,29,32] E a maneira como cada época entende o que é feminino, o que é masculino, qual é o jeito certo de cuidar da criança, como se organiza uma família: tudo isso influencia a manifestação sintomática dos nossos pacientes.

Agora, depois de muita pesquisa sobre o mal-estar da maternidade,[12,13,81] começamos a pensar nessa especificidade do desconforto ligado a ser pai. Há um *continuum* entre os distúrbios paternos, desde as manifestações psicossomáticas até as psicoses desencadeadas, desde a depressão e a ansiedade até os distúrbios sexuais. Isso, sem contar as atuações violentas e perversas que não se encaixam nas categorias encontradas nos manuais psiquiátricos.[15,107] Toda uma série de fenômenos que denotam agressividade mais ou menos significativa para com a mãe ou o filho, e denunciam o grande mal-estar dos sujeitos que se tornam pais.

E a lista de seus distúrbios, em um campo psicopatológico já extenso, fica ainda maior se acrescentarmos os comportamentos aditivos, como internet, jogos, pornografia, uso de substâncias e álcool, tão comuns na contemporaneidade. Esses comportamentos podem ser formas de *fuga* e desequilíbrio que expressam, um sofrimento psíquico, ainda que apenas no plano das relações do pai com os outros, sem significar, necessariamente, uma "doença mental".[107]

Esquisito e calado: será depressão?

Um exemplo que vivenciei na clínica pode ilustrar essa questão. Uma paciente, mãe de criança pequena, pediu que eu avaliasse seu primo, dizendo: "*Ele deve estar com depressão. Está esquisito, calado, com mudança de comportamento. Quer sair de casa, e o filho só tem 6 meses de vida!*". A família em polvorosa, minha paciente ficou comovida com a situação e resolveu ajudar. Aventou a hipótese de depressão paterna e sugeriu que me procurassem: "*Há uma esperança! Fazendo um bom diagnóstico e com o tratamento certo, quem sabe, ele entra nos eixos...*"

Marcaram, então, a consulta. Porém, a avaliação deste homem não revelou transtorno mental algum. O jovem pai concordou em ir conversar comigo, embora não visse sentido em tal encontro. Conforme fomos conversando, ele me contou que estava aflito e preocupado com a criança, mas tinha se envolvido com outra pessoa e já decidira partir, pois não desejava manter o casamento. Sem sucesso, tentara chegar a um bom termo com a companheira. Mas não conseguiu ser escutado, nem tampouco abordar o assunto de maneira clara. Do ponto de vista psiquiátrico, o rapaz não estava sintomático, nem mesmo ambivalente. Sentia que, desde antes da gravidez, não estava mais investido naquela união. Tinha tido vários "casos sem importância" durante o longo período de casamento, mas desta vez acabou se apaixonando por uma colega do trabalho.

Após ouvir a sua história, indiquei um atendimento de casal, ainda no sentido de ajudar o pai a conseguir conversar com a esposa e encontrar uma mediação para o processo de separação. Tal atendimento não se concretizou por dificuldades de ambos. O desenredo da história foi o pai começando uma nova união, o ressentimento da mãe e o estabelecimento de uma relação superficial e protocolar entre o pai e o filho.

Importância da psicopatologia

Observando este exemplo, vejam as palavras da minha paciente, descrevendo o comportamento do primo *"esquisito, calado, com mudança de comportamento"*. Essa descrição poderia nos fazer pensar em qualquer coisa, até em um surto de esquizofrenia! Muitos quadros mentais começam exatamente assim. Por isso, relatos como este precisam ser contextualizados, e é trabalho do psiquiatra ouvir e tentar compreender, a partir do discurso e do comportamento, aquilo que dali pode ser entendido como sintoma, para então inserir este sintoma num quadro mais geral.

A ciência que orienta essa tarefa é a *psicopatologia*: o estudo dos fenômenos da vida mental presentes na doença. A psicopatologia considera o aspecto racional e psicológico das queixas e sintomas de um paciente, e não somente a compreensão estática dessas manifestações, num sentido puramente descritivo. Então, é importante compreender como é que o sujeito experimenta o sofrimento, qual o aspecto temporal, as conexões e as relações do seu sintoma com outros fenômenos da sua vida mental.

Por isso, seguramente, quando um pai responde a um questionário baseado numa escala de rastreio, está colocando ali o seu mal-estar, nem sempre a doença, o transtorno mental, que deve ser confirmado por outros métodos. Ao contrário do familiar da minha paciente, não é raro que alguns homens, de fato, se deprimam, desenvolvam quadros de ansiedade e psicossomáticos na fase perinatal. Em alguns casos, uma aventura amorosa, sim, pode ser um jeito de escapar da angústia dessa fase, um *acting out*,[1] do qual o pai pode vir a se arrepender depois.

---

1 O conceito de *acting out* ou "passagem ao ato" refere-se às atitudes impulsivas, que rompem com o comportamento habitual do sujeito, cuja motivação ele mesmo desconhece. Podem servir como uma maneira de se livrar da angústia, realizar um desejo ou descarregar, no ambiente, algum tipo de pressão. Este tipo de comportamento é muito frequente nas pessoas que tem dificuldades de simbolização, que agem antes de pensar, independentemente de estarem ou não sofrendo de algum transtorno mental.

Com relação aos quadros paternos, a literatura tem exemplos notáveis de homens que se desorganizaram muito, ficando psicóticos; casos em que a paternidade foi o significante que gerou o gatilho de uma grande descompensação.[127] Porém, em um extremo oposto, é possível que o adoecimento do pai seja "silencioso", no sentido de passar desapercebido pelo seu entorno. São casos em que a busca ativa pelos sintomas do pai é importante, para reconhecer suas dificuldades ou sinalizar um problema já existente, fator de risco para o desenvolvimento de situações mais graves.

Nesse sentido, pode ser que o adoecimento do pai só seja identificado depois que vários problemas já tenham se instalado no ambiente familiar. Alguns estudos mostram que, mesmo entre pediatras ou profissionais de saúde que lidam com a família, é comum que não exista o interesse em perguntar como é que o pai está lidando com a chegada do bebê.[128] Isso se liga à *invisibilidade* do pai, que discutimos mais detalhadamente no primeiro capítulo deste livro.

Mas é importante ressaltar que, em outras tantas vezes, um homem pode decidir não abraçar a paternidade por questões diversas, pelo desejo de manter a liberdade, por ansiar por outros relacionamentos, por não poder se ver ao lado da mãe do bebê, ou por não querer assumir essa responsabilidade. Nesse caso, se há alguma "doença", ela não se situa no campo da psiquiatria, mas sim no modo como a pessoa do pai se constituiu em relação ao enfrentamento das responsabilidades da vida.

Será que o rapaz que eu avaliei teria se apaixonado, não fosse o fato de sua parceira ter se tornado mãe? Na única conversa que tivemos, não nos aprofundamos sobre isso, sobre as possíveis razões – mesmo que inconscientes – para a atitude daquele pai. Contudo, pelo menos no momento da avaliação, não havia razão para pensar num quadro psiquiátrico subjacente.

Levando em consideração essas nuances, os adoecimentos paternos, descritos a seguir, distribuem-se entre as síndromes psiquiátricas "clássicas" – aquelas que os médicos costumam diagnosticar e tratar – e outras possibilidades de sofrimento, que convém nomear de outros modos, dentro do espectro do seu mal-estar. As falhas paternas podem se manifestar, inclusive, na forma da violência, do abuso sexual e do abandono. Alguns pais sofrem por si mesmos, outros fazem sofrer, como nos fala o personagem de John Updike, aquele jovem pai com uma personalidade narcisista do qual falamos no primeiro capítulo (página 65).

Quando o personagem Coelho abandona a mulher e o filho, é procurado pelo pastor, que pede que volte para casa. Então, Coelho responde a ele: "*Vou dizer-te uma coisa: quando abandonei a Janice, descobri uma coisa interessante. Se tiveres coragem para ser você mesmo, outros pagarão tudo por você."*[72]

Vivemos numa época em que o imperativo de ser feliz, paradoxalmente, tem provocado muita infelicidade no campo da parentalidade.

DEPRESSÃO PÓS-PARTO PATERNA

É claro que te amo/E tenho tudo para ser feliz
Mas acontece que eu sou triste.

Vinícius de Moraes[129]

O atendimento à perinatalidade, por sua própria natureza, envolve o trabalho em rede. Os pais de primeira viagem podem ter pouca percepção sobre suas dificuldades e chegar para o tratamento a partir do problema da criança. Um casal adoecido, que conheci desta forma, tinha se envolvido numa verdadeira "guerra" por causa do sono da filha. Foi assim que conheci Felipe, 30 anos, profissional de tecnologia da informação (TI). A queixa inicial, que levou à procura de uma consultora de sono, era a de que o bebê não dormia. Felipe estava brigando com a mulher, pois queria fazer um treinamento de sono, mas a esposa, por sua vez, diagnosticada com depressão perinatal, não conseguia fazer o treinamento. A menininha, que dormia "dependurada" ao seio da mãe, acordava inúmeras vezes à noite. Felipe estava desanimado com a situação. Para ele, a questão do sono era um ponto nevrálgico, pois, mesmo antes de ser pai, já sofria de insônia e fazia uso de medicação para dormir.

Quando recebi a família para avaliar a questão da criança, percebi rapidamente que o maior problema estava no conflito entre os pais. Mas, uma vez que o choro e a irritação da menina eram muito mais "barulhentos", foi só depois de um tempo que o casal conseguiu construir uma narrativa do seu sofrimento. Com relação a Felipe, descobrimos aos poucos que, embora ele não soubesse, estava deprimido também. Seus sintomas permaneciam ocultos porque conseguia trabalhar e não se via triste, mas desanimado e injustiçado por sentir que ninguém o escutava. Queixava-se, principalmente, de falta de energia ao fim do dia e da incompreensão da esposa, que não percebia que ele *"só queria ajudar"*. Ao ser interrogado sobre isso, Felipe se deu conta de uma irritação difusa e de que o trabalho estava mais penoso, pela falta de concentração. Mas vinha atribuindo essas queixas a um "*déficit de atenção*", o qual, segundo suas palavras, não tinha sido diagnosticado até então.

Havia algum tempo que Felipe usava comprimidos para "*ficar mais ligado*" e melhorar o foco. Tinha os conseguido com amigos, sem receita médica. Percebia que as pílulas deixavam sua boca seca e "*o pensamento mais aguçado, como se o cérebro estivesse num túnel*". Porém, a esposa tinha notado que o uso do remédio piorava a irritação do marido. Felipe não se automedicava todos os dias e mesmo quando fazia um intervalo entre trabalhos, não conseguia "desligar" e relaxar. Aproveitava, então, para ler manuais e *sites* de desenvolvimento infantil, tirando daí conclusões que planejava colocar em execução para ajudar a filha. A despeito da queixa de falta de energia, falava muito. Seu pensamento era circular e repetitivo, de modo que Felipe acabava por adotar uma atitude intrusiva em relação à esposa, fazendo ouvidos moucos a qualquer orientação dos profissionais que tentassem ajudá-los.

Fiquei impressionada pela maneira como o pai se automedicava e se autodiagnosticava, sem ter consciência do quanto precisava de ajuda para lidar com o sofrimento que estava vivenciando. Sua atitude era rígida, defensiva. Foi preciso tempo para perceber a depressão que estava por trás do seu comportamento.

Além disso, havia a impaciência com a dificuldade da mulher. Nas exaustivas madrugadas, o casal se digladiava nas discussões acaloradas em que discordavam sobre o melhor jeito de acalmar a neném. O pediatra da menina estava pensando em dar medicação para o bebê dormir! Também ele não havia cogitado a possibilidade da depressão paterna, pois Felipe era aquele pai "chato" e cansativo, que faz qualquer pediatra respirar fundo quando chega a hora de fazer as orientações.

Foi assim que recebi essa pequena família, um tanto caótica, para uma primeira avaliação em psiquiatria infantil. Depois de um tempo, o querelante Felipe "desmoronou", confessando que tinha medo das noites, "*um show de horror*", e que a paternidade estava difícil. Percebendo que a menininha reagia à situação ambiental, conduzi as coisas de modo a ganhar a confiança da família e deslocar o eixo do tratamento para o atendimento do pai. Essa foi uma decisão compartilhada com a consultora do sono e o analista da mãe, pois precisamos nos reunir para traçar um plano terapêutico para a situação.

Obviamente, não foi num primeiro momento que conseguimos entender o que estava acontecendo. O caos é como um barulho com o qual a gente precisa se acostumar, para começar a ouvir a dor da família, procurando algum espaço por onde o processo terapêutico pode começar.

Como poderia parecer a princípio, Felipe não tinha déficit de atenção e sua insônia era um sintoma depressivo. Neste caso, a melhora foi nítida quando o diagnóstico e a medicação correta foram introduzidos. A seguir, o casal fez dez sessões de terapia familiar sistêmica, suficientes para a melhora do sono da menininha. Após esse arranjo, os pais prosseguiram em seus trabalhos terapêuticos individuais.

Atendimento da depressão paterna

Muitas vezes, a depressão paterna chega para o tratamento por meios indiretos. No caso de Felipe, só foi diagnosticada quando um psiquiatra foi acionado, depois de dois profissionais (pediatra e consultora de sono) identificarem a refratariedade da insônia da filha. Como a esposa já estava em tratamento, *toda a dificuldade vinha sendo atribuída a ela.* Pouco se sabia da situação do pai, do seu sofrimento e da agressividade que existia nas discussões do casal.

A depressão paterna, quando identificada, requer um trabalho em três frentes: amparar a criança, construir o encaminhamento do pai e minimizar, tanto quanto possível, o sofrimento da mãe, que precisa de apoio nessa fase. Esses encaminhamentos não podem ser feitos a um só tempo; é preciso ajudar os pais a perceberem e nomearem as suas dificuldades. Isso exige paciência e capacidade de escuta. Exige, também, que a saúde mental das pessoas que estão no entorno da família esteja "em dia", para que possam adotar uma atitude, ao mesmo tempo, *implicada e neutra,*[9] sem tomar partido de ninguém.

Obviamente, isso não é o que acontece na maioria das vezes. O leitor pode imaginar a gravidade da situação de um bebê cujos pais se encontram, ambos, em depressão. Num contexto de desorganização da família, as dificuldades do casal se somam, camuflando o sofrimento de ambos sob o manto da discórdia. Eis porque o manejo dessas situações pode ser difícil. É necessário encarar a grande confusão e o sentimento de desamparo que está por trás de tudo isso.

Aspectos sintomáticos e depressão dupla parental

As pesquisas populacionais que rastreiam a depressão nos homens que se tornam pais encontram, nas escalas utilizadas, pontuação suficiente para a suspeita diagnóstica em até 10% desses indivíduos. Assim, podemos encontrar na literatura dados que confirmam o risco da depressão masculina nessa fase.[15,130]

Como no caso de Felipe, quando a mãe já está deprimida, é ainda mais comum que o pai apresente um quadro semelhante.

Da mesma maneira que na depressão materna, por questão de definição, a depressão do pai costuma ser pensada como o episódio que se inicia dentro do prazo da gestação até o final do primeiro ano de vida do bebê. É claro que tanto o pai como a mãe podem adoecer em qualquer época. Contudo, o primeiro ano da criança caracteriza o período de maior intranquilidade, em termos da necessidade de adaptação à novidade. Assim, considerando a importância dos estágios iniciais, as bases para a construção do sentimento de ser pai e da acomodação a este papel ficam prejudicadas quando o homem adoece dessa maneira.[130,131]

Quando se fala sobre a depressão *pós-parto* do pai, o adjetivo precisa ser colocado entre aspas, porque o parto e as transformações fisiológicas da gestação, que contribuem para os transtornos de humor, não acontecem no seu corpo. Mas é curioso como o termo é verdadeiro se tomado em relação ao tempo. No caso da mãe, os sintomas se manifestam desde a gravidez em boa parte dos casos,[130,132] mas os problemas do pai parecem piorar após a chegada do bebê. Porém, se ele refere sintomas desde antes do nascimento, existe um risco sete vezes maior de depressão numa fase precoce (segundo mês) da vida do filho.[133] Esse dado aponta para a necessidade da atenção para com o pai durante o pré-natal, como forma de prevenção de um desajustamento maior após o nascimento.

De modo geral, o pico de incidência da depressão paterna se encontra entre o terceiro e o sexto mês e vida do filho[15,130] e, em comparação à depressão materna, esses casos podem ter uma evolução insidiosa e complicar-se ao longo do tempo.

Quanto aos sintomas, a depressão paterna engloba as manifestações clássicas do transtorno: humor depressivo, perda de interesse, isolamento social, afastamento dos relacionamentos, insônia, diminuição do desejo sexual, perda ou aumento do apetite e dificuldades cognitivas, como falta de foco e memória. Porém, comparada à depressão da mãe, pode cursar com outras alterações, como comportamentos aditivos, incremento do uso de substâncias já utilizadas anteriormente pelo pai e *agressividade*.[15,134] Quando isso acontece, a discórdia conjugal e atitudes violentas para com o filho ou parceira podem aparecer, como no caso de Felipe, tão obcecado que ficou pelo treinamento de sono do bebê. Embora, para ele, o sentimento de estar implicado com o bem-estar da filha fosse intenso, são comuns os casos em que o pai se afasta da família e não consegue constituir um vínculo duradouro com a criança.

O caso de Felipe ilustra a situação, relativamente comum, da *depressão dupla parental*.[134,135] A conexão entre a depressão do pai e a depressão materna está bem-documentada – quando ela não está bem, o pai pode apresentar sintomas depressivos em até metade dos casos (Figura 3). Mas a depressão pós-parto dupla parental pode ser especialmente alta se o pai, em oposição à mãe, é o caso inicial.[136]

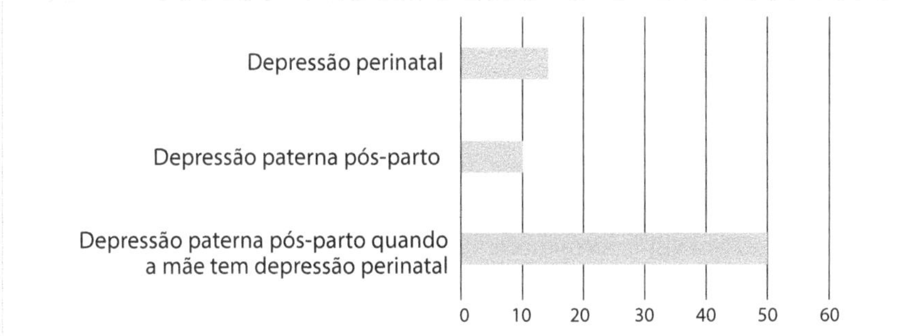

Figura 3 Prevalência de depressão parental em termos da percentagem de pais acometidos pelo transtorno. (Observação: as taxas de depressão perinatal podem ser mais altas do que o exposto acima, dependendo do estudo, chegando a 20% em certas populações).

Fonte: adaptada de Paternal postpartum depression (Paternal PPD): information and recommendations for Kansas MCH Programs; 2020.

Nos episódios mais "barulhentos" de depressão paterna, as brigas, traições, desentendimentos e sentimentos mútuos de incompreensão predominam no casal. Cada um sente que o outro não o compreende e os canais de comunicação ficam obstruídos. Mas há casos silenciosos, em que o pai, desvitalizado e retraído, ainda que não intencionalmente, negligencia as necessidades básicas da parceira e do filho, sem reclamar, sem fazer qualquer "barulho", tornando-se ausente mesmo quando presente.

Minha impressão, atendendo famílias e crianças, é que para cada Felipe existem outros tantos pais que "desistem"... Quando o bebê começa a dormir acoplado ao seio da mãe, passam a ocupar o outro quarto ou o colchão ao lado, deixando de investir no encontro sexual com as parceiras (depois de algumas tentativas frustradas). Por fim, acomodam-se nessa situação.

Depressão silenciosa

A depressão silenciosa do pai pode chegar, e ir embora, sem nem mesmo ser identificada. No caso de um amigo meu, engenheiro de empresa de energia, foram *sintomas de dor* que determinaram a prescrição de um antidepressivo. Quando ele leu a bula do remédio, veio pedir minha opinião sobre isso. E eu nem imaginava que ele estava passando pelo problema. Porém, depois de conversarmos, percebi estar diante de uma depressão paterna. Sua história é relativamente comum e se relaciona, conforme as estatísticas apontam, com a sobrecarga sentida pelo pai quando precisa *"segurar a barra"* da desorganização familiar que sobrevém com o episódio depressivo da parceira.

Poucos anos antes, no nascimento da primeira filha, a esposa do meu amigo havia tido um quadro depressivo leve, mas recuperou-se rapidamente, depois que a mãe veio de outra cidade para assumir o cuidado da jovem e do bebê. No nascimento do segundo filho, a mulher teve uma depressão mais séria, com o agravante de que, desta vez, não pôde contar com a ajuda da mãe. Ao término da licença, ela não voltou ao trabalho, permanecendo em casa com um quadro arrastado que durou vários meses. Assim, o pai, que tinha acabado de mudar de emprego, ficou pressionado com demandas que chegavam de todos os lugares – a filha mais velha, com ciúme do bebê; a esposa em uso de medicamento, sem poder revezar com ele nas madrugadas para ninar o pequeno; o novo chefe e o trabalho exigente.

Meu amigo é uma pessoa que gosta de organização e controle. O desafio de um segundo filho, associado à problemática dele decorrente, foi ansiogênico para ele. Começou a ter um sentimento constante de apreensão, palpitações inexplicáveis, medo de ser demitido e dificuldade de pegar no sono, ao se deitar para dormir. Pensava *"daqui a pouco vou ter de acordar para dar mamadeira"*, e então não entrava em sono profundo. Em pouco tempo, sobreveio o cansaço, o desânimo. Começou a perder peso e teve uma crise ciática. Lentamente, foi desenvolvendo um quadro depressivo. *"Lá em casa é uma guerra todo dia"*: foi assim que descreveu sua sensação de aflição e cansaço.

O que ele fazia para lidar com o estresse? Quando desligava o computador, nos dias em que fazia *home office*, colocava a filha mais velha para ver desenhos na TV, deitava-se no sofá ao lado e ficava olhando notícias no celular, sem prestar atenção. A esposa se queixava de que o pai não brincava com a menina. Mas ele não conseguia, pois tinha *"vontade de nada"*... *"eu estou vivendo no automático"*; dizia. Não fosse a crise ciática, talvez não tivesse procurado ajuda para a situação. A única dor que percebia sentir era a dor física.

Meu amigo é uma pessoa inteligente, bem-sucedida no trabalho, mas que não "se pensa". Mesmo deprimido, pouco percebeu o quanto estava mudado ou a natureza irracional do medo de perder o emprego. A crise da coluna o levou a um fisioterapeuta, que percebeu seu estresse e sugeriu uma psicoterapia. E foi assim, com a ajuda do psicólogo, que ele começou a "se narrar", identificar seu sofrimento e nomear sua dificuldade. "*Sabe, Arianne, eu descobri que não tenho jeito mesmo com criança pequena. Não tenho jeito com bebê, com essas coisas de trocar, dar banho, pôr pra dormir. É mais fácil para mim quando eles estão maiores. Sem a minha sogra para ajudar, ficou impossível*".

Esquiva e agressividade

É curioso que a depressão paterna possa se expressar de maneiras muito diferentes, que tenha um aspecto silencioso, desapercebido, e também uma faceta "*barulhenta*", quando camuflada sob as atitudes violentas e não empáticas do pai. Por um lado, pais como Felipe são inseguros e temem pela saúde do bebê. Outros se desconectam, começam a viver "no automático", tornam-se ausentes, deixam de investir nos seus vínculos. Isso pode se dar de forma mais grave, ou mais leve, como no caso do meu amigo, que colocava a filha na tela para ter sossego, sem energia para lidar com ela.

Assim, estudos e relatos diversos mostram que fugir ou agredir – esquiva e violência – são comportamentos comuns nos quadros de depressão paterna.[15,133,134] Obviamente, isso não significa que todo pai omisso, violento ou intrusivo tenha depressão. Mas os pesquisadores da área sugerem que, por conta do seu repertório comportamental, os homens tendem a exibir seu mal-estar de forma diferente das mães, que procuram mais ajuda, quando deprimidas.[16,137] Eles se esquivam, não procuram ajuda e tendem a se afastar.[138] Sua tendência é guardar silêncio mesmo quando sofrem, expressando sua dor por meio de um comportamento disruptivo ou, como no caso de Felipe, na "teimosia" e irritação relativas a questões cotidianas. Às vezes, o excesso de solicitude paterna é uma formação reativa que deriva da depressão ou ansiedade, levando o pai a um envolvimento problemático com seus bebês. Tanto o exagero do cuidado como o descuido podem ser indicativos de problemas, pois a capacidade de sentir prazer no contato com a criança está diminuída na depressão.

Por outro lado, a esquiva paterna pode ser intencional, como um modo de proteger a relação amorosa quando o pai deseja evitar o conflito: "*se você tem vontade de agredir, conte até dez, ou saia de perto*". Para muitos homens, faz parte da aprendizagem da masculinidade a introjeção da proibição de agredir a mulher, mas não os recursos de comunicação e simbolização da própria raiva.[137] Por isso, esquivar-se para não brigar é uma estratégia comum quando o homem tem medo de "passar da medida". Esse comportamento faz parte da apropriação da agressividade e é sentido como um passo necessário para não descarregar, de imediato, o impulso.

Na hora da raiva, se o pai é capaz de "retirar-se" de uma forma mais simbólica, consegue manter-se presente e pensar, metabolizar a emoção, *escolhendo ficar* e conversar. Essa é uma maneira melhor de lidar com o incômodo e a dor psíquica. Verbalizar, reivindicar, traduzir para si mesmo e para o outro o incômodo sentido são atitudes que comunicam mais, que trazem maior possibilidade de conciliação para o conflito. Mas "os meninos" nem sempre aprendem isso desde cedo, pois o "escudo da masculinidade" também envolve a evitação das emoções.[105] E, no caso da depressão, o recurso da comunicação pode ficar ainda mais difícil de ser acessado pelo pai.

É claro que esse estado de coisas acaba por afetar a parceira. Na fase perinatal, a família fica "à flor da pele" e a mãe do bebê pequeno tem pouca condição de compreender a confusão do pai. Menos ainda os familiares, que tomam o partido da mulher e sempre "metem a colher" na situação, raramente de uma forma construtiva. Por isso, grandes confusões começam a partir de pequenas coisas. Diante da contrariedade, do ciúme, da sensação de desorganização da vida, dos choros do bebê e do excesso de pessoas "ajudando" e ao mesmo tempo atrapalhando o sossego da casa (todos esses incômodos já me foram expostos por diversos pais), os pais, irritados, "se fecham" e saem de perto.

Portanto, a esquiva do pai pode estar associada à depressão e à contrariedade, ou ao desejo de "sair de cena" quando a irritação e a confusão são grandes, e o pai não consegue estar perto da mãe e do bebê. E a esquiva pode acontecer de um jeito bem "disfarçado". "De repente", o pai é promovido no trabalho e começa a trabalhar o dobro. Se faz *home office*, acha um jeito de ter de ir trabalhar presencialmente. E assim por diante. *Nessa hora, chamar o pai de volta de forma ostensiva ou autoritária pode aumentar o seu desejo de se isolar.*

Há uma forma particular da esquiva paterna que se associa a questões mais profundas, ligadas à sexualidade do pai. Diante da emergência do infantil e da mudança de posição ligada à parentalidade, o pai "anestesia" o corpo, "tira o corpo de cena". E vai apagando a percepção da conexão erótica com a mulher. É comum que os casais passem vários meses sem ter relações sexuais após a vinda do bebê. Essa desconexão sexual chama a atenção dos clínicos – *é como se a parentalidade colocasse uma sombra sobre a conjugalidade, ainda mais nos casos em que a depressão está presente em algum membro do casal.*

Por outro lado, se há saúde, o pai é peça-chave para trazer a mãe de volta ao semblante de mulher. Em um caso de puerpério que acompanhei, presenciei um fato interessante. Até mais ou menos os 3 meses do bebê, na labuta do começo da amamentação e noites sem dormir, a mãe sempre me recebia de pijama, em qualquer hora do dia, demonstrando o seu cansaço, com o cabelo meio "bagunçado". Um dia, eu conversava com ela na hora do almoço e o companheiro chegou. Sem fazer caso da minha presença, falou em tom de brincadeira: *"Agora chega de passar o dia de pijama, né"*. Na hora, a mãe me olhou meio zangada, como que para procurar aprovação, e disse para ele *"é! É fácil falar, mas não é você que está amamentando dia e noite sem parar!"*. A discussão parou por aí, mas o pai, percebendo que tinha dado "mancada", pegou o bebê no colo e falou: *"Eu sei, essa pacotinha está ficando que é uma beleza"*, fazendo um elogio indireto ao esforço materno. E a mãe se acalmou.

Na visita seguinte, encontrei uma moça completamente diferente quando toquei a campainha: cabelo penteado, banho tomado, a mãe não estava mais de pijama. Às vezes, o olhar do pai é justamente o que traz a mãe de volta a si mesma, quando a maternidade pode ser uma experiência tão absorvente. Se esse olhar não comparece, pois o pai está deprimido, ou ausente, as coisas podem se passar de outra maneira.

Comorbidades

Quando a depressão do pai ocorre associada a outros diagnósticos, usamos o termo "comorbidade" para indicar sua coocorrência. No caso de meu amigo, o problema físico (dor) e as crises de ansiedade podiam tanto fazer parte da depressão como ser graves o suficiente para "merecer" um diagnóstico à parte. A depressão e a ansiedade costumam andar juntas. Mesmo em modelos animais, o estresse crônico pode levar um indivíduo a deprimir-se, como se seus mecanismos para lidar com a necessidade de estar sempre alerta chegassem a algum tipo de exaustão. Isso se traduz, inclusive, por alterações neuroendócrinas.[139]

A comorbidade se deve a vários fatores, em parte porque distúrbios fenomenologicamente diferentes podem compartilhar o mesmo substrato neural, mas também porque os mesmos sintomas podem estar presentes em vários diagnósticos. Isso é bastante comum. Mas o conceito de comorbidade tem desvantagens, se um diagnóstico é somado a outro e mais outro, numa abordagem excessivamente descritiva do problema do sujeito. Quando isso ocorre, *o excesso de diagnósticos pode fazer o clínico e o paciente perderem de vista aquilo que é importante* e levar ao excesso de medicações. Porém, no caso bastante comum da depressão paterna associada ao abuso de substâncias, a ideia da comorbidade é útil. Ela salienta o peso de cada uma dessas questões na descompensação do pai. Isso permite ao clínico evitar explicações fáceis para o problema, tais como *"ele bebe porque está deprimido"* ou *"viciou-se em apostas no celular porque a esposa não dá atenção"* etc.

Às vezes, é difícil saber o que começou primeiro: a depressão ou o vício. No caso de Felipe, do bebê que não dormia, o pai também era insone, já dependente de medicação para dormir. Tal insônia se ligava ao perfil ansioso e aos maus hábitos adquiridos pelas exigências da profissão de programador. Com a depressão, a dificuldade de descansar piorou. O abuso de hipnóticos e a automedicação com metilfenidato (para um suposto transtorno de déficit de atenção e hiperatividade – TDAH) eram complicadores dos seus sintomas.

Pessoas como ele, muito informadas e "antenadas" com as mídias, às vezes chegam ao psiquiatra já com o diagnóstico pronto. Chegam à consulta com um verdadeiro dossiê, escalas "baixadas" da internet e um discurso construído por informações colhidas sem critério, sem a mediação de um profissional disposto a ajudar o paciente a nomear sua dificuldade.

Porém, o uso abusivo de substâncias de Felipe não era seu problema principal. Por isso, seu caso pode não ser um bom exemplo para ilustrar a complexidade das adições paternas. Em nossa população, possivelmente o alcoolismo é a dificuldade mais comum, como observado no relato do paciente Caio, detalhado a seguir.

Problemas ocultos

Caio, médico de 36 anos, veio para o tratamento já consciente de sua depressão. A companheira, que fazia análise com uma colega, tinha dado um "ultimato" a ele pela falta de paciência do pai com o menino de 18 meses, além do seu isolamento e desânimo. Diagnóstico feito, sem maiores questionamentos, Caio começou a tomar a medicação. Mas algumas queixas persistiam, e a esposa, descontente, insistia que ele procurasse psicoterapia. Qual não foi minha surpresa ao saber, *depois de vários meses*, que Caio fazia uso abusivo de álcool! E então pudemos abordar o problema que contribuía, e muito, para a insatisfação conjugal. No caso de Caio, não era a depressão, e sim o alcoolismo o sintoma silencioso, o comportamento normalizado que sequer era identificado pelo pai como um problema.

Tenho notado, na clínica, um contingente crescente de pais que tem a mesma relação, tão perniciosa quanto normalizada, com o uso de *cannabis*. Alguns homens têm chegado para tratamento por conta de irritação, distratibilidade e sintomas de explosividade com os filhos pequenos, sem sequer considerar o uso problemático da maconha como parte da dificuldade.[140] Faz parte do comportamento da dependência uma certa recusa, por parte da pessoa, em reconhecer a conexão entre o uso da substância e os sintomas indesejáveis dela decorrentes. Não se trata de um desejo de "mentir", de "esconder", pura e simplesmente.

Pedro, por exemplo, um pai que atendi por um curto período, era canabista desde os 13 anos e pai de gêmeas. Ele me procurou para ter ajuda com uma das meninas, a qual tinha vários sintomas obsessivos e disforia de gênero. Não me contou, espontaneamente, que fazia uso diário e regular de maconha. Quando perguntei, respondeu que gostava de fumar com os amigos, eventualmente. Acontece que a menina estava exigindo muito da sua paciência, cheia de rituais e manias, e o pai ficava confuso sobre como agir a respeito do seu comportamento, exigências e "birras". Pedro também enfrentava problemas com os pais, a mãe muito frágil e o pai num quadro de demência avançada. A maconha, para ele, era um escape, um artifício que ajudava a relaxar, a dormir e, além de tudo, *"natural"*, muito mais inofensiva do que qualquer *"sossega-leão"* vendido na farmácia!

De fato, Pedro às vezes se transformava *"numa fera"*, principalmente quando irritado, mas não gostava da ideia de tratar a impulsividade com medicamentos *"controlados"*. *"Não quero ficar dependente de remédio... não quero sossega-leão"*, falava entre risos; mas, quanto mais estressado, mais tendia a estreitar o repertório de uso da *cannabis*. Quando abordei o problema com ele, não quis continuar o tratamento. Estava numa fase de pré-contemplação em relação a este problema e decidiu seguir por outros caminhos, procurando uma terapia alternativa para ajudar a lidar com o estresse.

Sintomas externalizantes

O que existe em comum nos casos de Pedro, Felipe e Caio? Pedro, bastante estressado, não tinha um diagnóstico de depressão como os outros, mas fazia uso de substâncias para lidar com a tensão. Sabia que, às vezes, *"ficava uma fera"* por causa das manias da filha e queria resolver isso, mas não com um *"sossega-leão"*, um medicamento "controlado" que viesse para controlar, a partir de fora, seu jeito de viver. Felipe, obcecado com o sono da menininha, era teimoso, repetitivo e não conseguia ser empático com as dificuldades que a dupla mãe-bebê estava tendo de se separar. Pelo contrário, quanto mais impositivo se tornava, mais afastava a esposa, reforçando a simbiose da criança com a mãe. Caio veio para o tratamento por causa do "ultimato" da mulher, pois estava "*dando umas palmadas*" no filho de 18 meses. Além disso, passava os finais de semana bebendo de forma descontrolada. Esses três homens, cada um à sua maneira, lidavam com dificuldades por questões de agressividade para com a esposa ou filhos. O uso problemático de substâncias, em cada um destes pais, tinha uma conotação e um peso diferentes. Porém, ilustram a associação entre as adições paternas e os problemas emocionais que pesquisadores de diversas áreas têm apontado.[15,141]

Tanto a agressividade como o uso de substâncias fazem parte de um grupo de sintomas frequentes nos casos de depressão paterna – os sintomas *externalizantes*.[15,130] Definidos como comportamentos desviantes, em geral, e problemas de raiva ou descontrole, o adjetivo externalizante se refere ao efeito negativo deste tipo de sintoma no contexto social do sujeito. Em contraposição, sintomas internalizantes (tristeza, retraimento, queixas somáticas e medo) são mais facilmente reconhecidos como "emocionais" e entendidos (até pela própria pessoa) como sinal de sofrimento. O quadro do meu amigo, que sofria com palpitações, preocupações, angústia e dor física, tinha essa patoplastia, embora também não tenha sido associado à depressão ou à ansiedade num primeiro momento.

A alta frequência de sintomas externalizantes nos quadros paternos leva a um questionamento: Em que medida pode-se considerar este tipo de sintoma e as atitudes disruptivas do pai como *equivalentes depressivos* ou depressões *mascaradas?*[15,16,131] Queixas como a dor, o cansaço, a hiperatividade, a agressividade, abusos e dificuldade de controle dos impulsos diferem dos sintomas típicos da depressão – a tristeza e a falta de prazer, que guardam relação evidente com o humor. Quando uma pessoa apresenta sintomas externalizantes ou queixas inespecíficas, como dor e cansaço, pode estar de fato deprimida e não ter seu problema reconhecido. Felipe, por exemplo, que era visto como um pai exigente e "chato", passou por vários profissionais sem que essa hipótese fosse sequer aventada.

Um outro questionamento, relativo a este tema, é o peso da aprendizagem e modelagem dos comportamentos masculinos, conforme o papel que lhes é reservado na cultura. Ainda temos muito a aprender sobre a depressão e sua relação com a masculinidade hegemônica. Mesmo com o surgimento das novas masculinidades, ainda é frequente que, diante da dor, o homem se refugie naqueles velhos modelos. Isso pode matizar os seus sintomas, pois, por não saber expressar sofrimento, o homem tende a utilizar estratégias defensivas que partem da evitação e podem chegar ao extremo da auto e heteroagressividade (Figura 4). E isso ocorre não somente pelo medo de demonstrar fraqueza. Em certos casos, o homem não tem repertório comportamental, nem simbólico, para representar a vulnerabilidade. E, na fase perinatal, a dissociação entre o homem e seus aspectos considerados mais dependentes e frágeis pode ser ainda maior, conforme discutido no primeiro capítulo deste livro. Aqui a natureza e a cultura se entrelaçam para explicar como certos pais, diante dos incômodos típicos do momento, evitam o contato com a fonte da sua dor, mesmo que isso signifique o afastamento dos filhos.

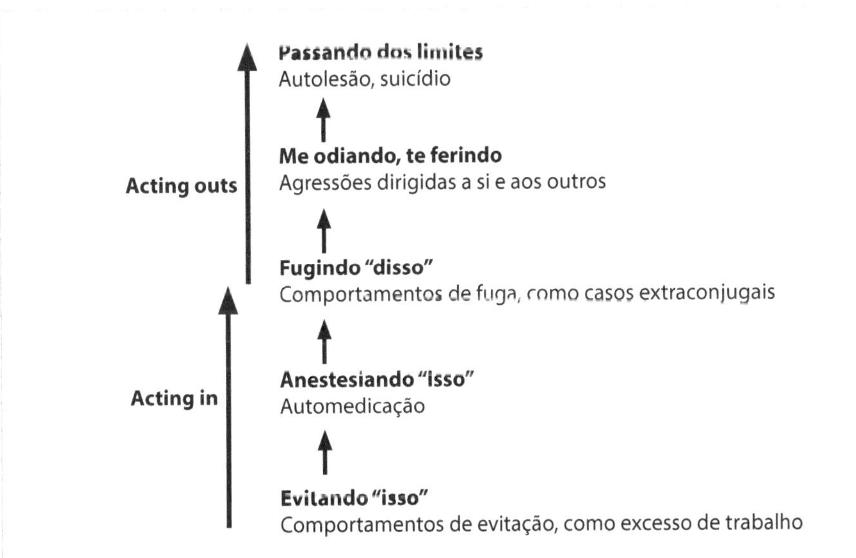

Figura 4 A "grande construção": a trajetória ascendente dos *acting outs* masculinos no sofrimento emocional.

Fonte: adaptada de Branney e White.[16]

Para certos homens, é como se as representações do masculino se erguessem como um obstáculo para a experiência da paternidade de um modo gratificante e integrador. Porém, nem tudo é patologia! Pode ser que, simplesmente, a personalidade do pai o torne menos afeito ao cuidado. No seu processo de psicoterapia, aquele meu amigo se deu conta de como era difícil, para ele, estar com um bebezinho. Ter entendido isso foi importante para moderar aquele perfeccionismo, aceitar um limite. Arrisco dizer, inclusive, que meu amigo aprendeu muito sobre si mesmo com a sua depressão. Teve a sorte de ser acompanhado por alguém que o ajudou com a sua rigidez, a qual tinha se manifestado, inicialmente no corpo, com o problema na coluna!

Depressividade

Acompanhando pessoas que passam por crises vitais, aprendemos uma coisa importante: tem sempre um pouco de tristeza, uma perda e um ganho, quando o ser humano passa pelas transformações do amadurecimento. A necessidade de retraimento, inevitável ao choque de uma grande novidade, deve-se à constelação de sentimentos e percepções, de tristeza e frustração, comuns *às fases de transição. Aquele que se torna pai, então, passa a sonhar com seu próprio pai, pensar no que viveu na infância, observar crianças, bebês e famílias à sua volta. É um tempo para rever conceitos e valores além de, inevitavelmente, se preocupar.*[91]

O homem preocupa-se com o parto, a saúde da mulher e do filho; mas principalmente, questiona sua própria capacidade de enfrentar a responsabilidade material e afetiva de ser pai. Lidar com os sentimentos de ciúme, a insegurança, o peso do dever, as decepções e a culpa pelas dúvidas e sentimentos ruins a respeito da criança traz para o homem a necessidade de se recolher. É preciso, então, desviar energia para realizar um trabalho interno, *psíquico*, de reorganização.

Assim, como se fizesse uma faxina dentro de casa, o pai precisa tirar algumas coisas do lugar, renunciar a outras, deixar partir velhas certezas e *reciclar* aquilo que deve ser aproveitado da vida que viveu até então. Essa "faxina interna" é cansativa! Envolve a tristeza, a saudade e – por que não? – um pouco do arrependimento por ter de abrir um espaço tão grande da vida para uma pessoa que, pelo menos no início, não vai poder lhe corresponder.

Ao estado de recolhimento natural que se liga ao luto de toda transformação, dá-se o nome de depressividade.[123] Esse nome, apesar de nos trazer uma ideia de tristeza, é aqui considerado como uma qualidade fundamental ao trabalho psíquico, uma verdadeira necessidade humana quando pensamos os processos de amadurecimento. Faz parte da saúde e, se podemos dizer assim, é a tristeza boa e importante, que precisa ser respeitada e compreendida, mas não patologizada.

Embora, para quem enxerga de fora, possa se parecer um pouco com a depressão, por sua qualidade de quietude e recolhimento, o estado de depressividade é percebido pelo sujeito como uma necessidade vital e tem uma qualidade diferente daquele adoecimento mórbido, próprio da melancolia. Como diferenciá-los? Isso é possível somente conversando e observando atentamente o pai. Esse processo de fechamento, de recolhimento, por ser ligado à condição de tolerar emoções e perdas, aguça o contato do indivíduo consigo mesmo. Pode haver, então, um sentimento de culpa, consequência natural da percepção da própria responsabilidade pelos sentimentos (raiva, ressentimento, arrependimento) despertados pelas mudanças que estão ocorrendo.

Saber o que é seu

Esses sentimentos foram explorados no trabalho de Cherer et al., apresentado em detalhe no início deste livro (página 67).[68] Os três pais apresentados pelos autores chegaram, algumas vezes, a sentir culpa. Porém, essa culpa estava ligada ao amadurecimento e à transição para a paternidade e não se assemelhava ao sentimento de ruína e autoflagelação, próprio da depressão-doença. Esse é um tipo de culpa que se liga à responsabilidade de ser adulto, de *saber o que é seu*. Como aquele paciente que me falou um dia, depois de se tornar pai: "*Agora é a hora de separar os meninos dos homens!*"

Por isso, existe uma relação dialética entre a depressividade, como possibilidade de entrar em contato com a dor e as limitações da vida, e a melancolia, verdadeiro fechamento do si mesmo, que significa a impossibilidade de elaborar e aceitar as perdas. A quietude necessária à depressividade tem tido pouco espaço na contemporaneidade, que nos impele à busca de soluções rápidas, externas a nós mesmos, diante de qualquer desconforto psíquico. Mas, na verdade, é o indivíduo que não consegue elaborar seus lutos que está verdadeiramente adoecido. A dificuldade de parar para pensar e de rever nossos atos nos desumaniza, transforma-nos em máquinas e nos torna incapazes de aceitar a transitoriedade da vida.

Depressividade, depressão e importância da escuta

A ligação entre a depressão e a depressividade pode parecer paradoxal, mas, na verdade, é um aspecto fundamental da "cura" natural da tristeza. Um pai que está deprimido consegue recuperar-se, justamente, quando conquista a capacidade de viver a depressividade, como um modo de *aguentar dentro de si mesmo* as emoções desconfortáveis ligadas à fase que está passando.[21] Foi isso que aconteceu com meu amigo, que descobriu muito sobre si mesmo com a psicoterapia, e soube encarar a paternidade como uma oportunidade de amadurecimento pessoal.

A depressividade tem também uma relação com o tempo, é aquele "fechar para balanço" que se liga aos processos de elaboração psíquica. No trabalho que citei há pouco,[68] os pais Rodrigo, Danilo e Guilherme relataram desconforto na primeira entrevista, tendendo a negar os sentimentos ruins. Contudo, já tinham uma opinião diferente sobre suas renúncias na segunda entrevista. No segundo ano de vida das crianças, os pais já tinham se adaptado e se acomodado à mudança. E puderam então rever alguns pontos do seu discurso, depois dessa acomodação.

Nesse sentido, estudos longitudinais, tanto qualitativos como quantitativos, podem nos ensinar bastante sobre os processos de adaptação que acontecem na entrada da parentalidade. Alguns sentimentos depressivos estão comumente presentes nessa fase, tanto para as mulheres como para os homens.

Será que o pai também tem o seu "*blues*" puerperal?[142] Este seria um tema interessante para ser estudado numa pesquisa sobre os mecanismos de adaptação dos pais na fase da chegada do filho. No Capítulo 1, trouxemos em vários momentos os dados da pesquisa de Guidugli[56] que entrevistou seis pais primíparos antes do nascimento do filho e depois, no primeiro mês de vida do bebê (página 45). Em informação oral, Guidugli me contou que os pais ficaram muito gratos a ela pela realização da pesquisa. Para eles, o simples fato de terem sido escutados fez toda a diferença. Isso é interessante – o poder de uma boa conversa ajudando os jovens pais a nomearem seus sentimentos. Certas tristezas, quando escutadas e validadas, resolvem-se por si mesmas, encontram seus próprios caminhos de transformação.

Uma abordagem sensível ao gênero

Mesmo reconhecendo a depressividade como um processo saudável de elaboração das perdas da transição perinatal, não são raros os casos em que o pai adoece psiquicamente. Se estimamos que um em cada dez homens está lutando contra sintomas depressivos na fase perinatal e que, no caso da depressão feminina, metade dos companheiros provavelmente não está bem, é importante pensar em instrumentos de rastreio para detectar o problema nos pais. Assim, sob o ângulo da saúde pública, pode-se cobrir um número maior de homens que não apresentam demanda espontânea por tratamento ou aconselhamento. Considerando que pesquisas sem intenção "terapêutica", como as entrevistas de Guidugli, já fazem efeito no sentido de acolher esses sujeitos, há realmente muito a ser feito nesse campo.[56] Medidas que não devem passar necessariamente pela patologização do mal-estar do pai, mas pelo oferecimento de espaços e dispositivos de escuta, apoios para que possa elaborar a transformação pela qual está passando.

Nesse sentido, ainda precisamos caminhar muito em relação ao cuidado com a saúde mental paterna. Com relação aos estudos que tenho acessado para escrever este livro, fica patente a percepção de que a melhor escuta dos pais também passa pela formulação das *perguntas certas*. Como detectar suas dificuldades em tempo de ajudá-los nos seus processos de ajustamento? É preciso atingir essa população, que não está fidelizada ao sistema de saúde pelo seguimento pré-natal, como é o caso da mulher. Os homens dificilmente recebem um diagnóstico adequado, simplesmente porque não se apresentam para qualquer avaliação.

E, ainda sobre os estudos que buscam a detecção do mal-estar e transtornos paternos, percebe-se também outra tendência: a detecção dos sintomas relativos à afetividade e estresse sem tentar forçar o enquadramento dos pais na fórmula da "depressão", que parece funcionar melhor no caso feminino. Por exemplo: o instrumento mais utilizado nas pesquisas sobre a saúde mental masculina ainda é a escala de depressão pós-parto de Edimburgo (EPDS, do inglês *Edinburgh postnatal depression scale*), desenvolvida originalmente para as mães.[143] Contudo a abordagem sensível ao gênero[144] entende que o pai reage de forma diferente, pois seu mal-estar se manifesta no repertório comportamental absorvido da cultura. Embora os pais possam apresentar humor depressivo, anedonia, retraimento e outros sintomas depressivos clássicos, suas queixas nesse sentido são geralmente mais "leves" e menos definidas do que as femininas. Pode-se perceber, nos trabalhos, uma busca de instrumentos de rastreio específicos, para atingir esse polimorfismo ao avaliar pais em amostras populacionais.

A EPDS é um questionário que se baseia no autorrelato e engloba sintomas depressivos e de ansiedade vivenciados nos últimos 7 dias. Algumas perguntas referem-se aos sintomas de humor, questionando percepções como "rir e achar graça nas coisas", ou sentir prazer quando se pensa no que está para acontecer por aqueles dias. Outras perguntas se referem à sensação subjetiva de ansiedade. Essa escala tem muitas vantagens: é simples, rápida de responder e foi validada para o português. Não substitui a avaliação clínica, pois seu maior valor é como instrumento de triagem e para os estudos populacionais.

Outras escalas, como a escala de depressão de Gotland (*Gotland depression scale*) e a avaliação perinatal da afetividade paterna (PAPA, do inglês *perinatal assessment of paternal affectivity*),[134] são instrumentos que levam em conta as características dos sintomas paternos, sem se deter aos critérios mais restritivos da depressão e ansiedade. No primeiro caso, o abuso de álcool, a agressividade, a irritação e o risco de suicídio são pesquisados diretamente, junto às questões sobre os sintomas de humor.[144] A escala de *Gotland* foi desenvolvida sob encomenda para detectar o risco de suicídio em homens e dá especial atenção aos sintomas externalizantes. Já o questionário da PAPA foi desenhado para detectar sinais precoces de estresse em pais durante a transição para a parentalidade, sem finalidade diagnóstica.[134] Seus oito itens avaliam ansiedade, depressão, estresse percebido, irritabilidade/raiva, problemas de relacionamento (incluindo família e trabalho), comportamento anormal de doença (somatização, queixas hipocondríacas), problemas fisiológicos (sono, alimentação ou desejo sexual), vícios (desde o tabagismo ao uso compulsivo da internet) e outros comportamentos de risco (dirigir em alta velocidade, esportes perigosos, tomar riscos desnecessários no trabalho).

E existem muitos outros instrumentos, os quais visam "fazer as melhores perguntas" para detectar os quadros paternos. Em geral, são escalas que não foram traduzidas e validadas para a nossa população. Estudos abrangentes tentam se valer de mais de um instrumento, além da EPDS que foi desenvolvida para as mães, com o objetivo de abarcar o amplo panorama do desajustamento masculino na paternidade.[143] A visão psicodinâmica e certas noções básicas da psicologia social, quando presentes na mente do pesquisador, colocam um freio naquelas abordagens simplistas, do tipo: "atingiu o ponto de corte na EPDS, é depressão paterna". Pois o ambiente e o entorno do pai, o modo como interpreta sua dor e a questão do ajustamento na crise sempre precisam estar no horizonte do estudo da paternidade. O envolvimento paterno com sua prole, nesse sentido, também é um dado importante na compreensão dos seus sintomas e consequências.

Envolvimento paterno

O interesse de medir a qualidade do envolvimento paterno com o filho, em sua acessibilidade, responsabilidade e disponibilidade física e psicológica, vem crescendo cada vez mais. À medida que se percebe a importância do pai para a saúde mental das crianças, alguns estudos buscam, além de encontrar os sintomas paternos, encontrar a associação entre esses sintomas e o grau de envolvimento com o filho. Entender a posição do pai em relação às dimensões afetivas, cognitivas e éticas do seu papel, inclusive em seu suporte psicológico e financeiro à mãe, pode ser uma maneira indireta de avaliar seu equilíbrio. Nas revistas de pediatria e desenvolvimento infantil, essa preocupação parece ser crescente.[135,145] Finalmente, *a parte do pai* na questão do desenvolvimento do filho tem ganhado espaço, direcionando estudos que buscam avaliar essa questão.

E o que estes trabalhos têm encontrado, no campo quantitativo, reforça algumas das ideias apresentadas neste livro, pois o vínculo pai-criança costuma depender de contingências, externas a ambos, que dependem da situação econômica e social do pai *e da ligação com a mulher* (p. ex., se o pai tem trabalho, se vive com a mãe do bebê, se tem uma boa relação com ela, se esteve presente na gravidez e parto).[146] A questão da licença paternidade também é considerada[58,145] como indicador do acolhimento ambiental ao pai e da percepção da sua importância. É possível que os fatores que favorecem o envolvimento do pai sejam semelhantes àqueles que facilitam o ajustamento à nova condição.[147] Seriam, talvez, fatores de proteção em relação à depressão, pois a falta do ambiente facilitador é um fator de risco para o sofrimento mental, e também os problemas no vínculo.

Fatores de risco

O estudo dos fatores de risco para a depressão paterna encontra a ideia do *mal-estar* de maneira significativa, pois os fatores sociais (desemprego e inseguridade social) demonstram um forte impacto (Figura 5). Uma metanálise recente enumerou nove fatores de risco mais relevantes para a depressão em pais, classificando-os entre fatores maternos, paternos, familiares e relativos à criança.[148] São destacados os impactos dos fatores desemprego, dificuldades financeiras, histórico de doença mental prévia paterna e doença mental materna. O estresse percebido na entrada na parentalidade e a insatisfação conjugal também foram elencados como fatores importantes para o adoecimento do pai.

Na análise dos aspectos psicossociais, o papel de provedor é preponderante no sofrimento paterno a despeito das mudanças da contemporaneidade.[5] Essa observação se replica na maioria dos estudos, quantitativos e qualitativos, que denunciam o desconforto do pai que, socialmente, não consegue cumprir as expectativas de sucesso e de prosperidade. Embora a maior parte das pesquisas publicadas em revistas internacionais descrevam coortes e amostras de pais canadenses, norte-americanos ou europeus, há evidências de maiores taxas de depressão paterna em populações de imigrantes e países do terceiro mundo.[148] É por isso também que o fator paridade (ter mais filhos) aumenta o risco de depressão paterna, diferentemente do que ocorre com a mãe. Quanto mais filhos, maior a pressão econômica sobre o pai. Para a mãe, acontece o contrário: é na chegada do primogênito que encontramos a maior incidência de casos de depressão perinatal feminina.

Quanto aos fatores paternos, ter tido um episódio de depressão anteriormente é o elemento que mais indica risco, salientando a vulnerabilidade do pai à doença mental. Essa vulnerabilidade é composta tanto por fatores biológicos e predisposição genética ao transtorno, como por fatores do desenvolvimento do pai; e, por fim, a questão ambiental, que influencia no modo como esse sujeito lidou com perdas e mudanças ao longo da vida. Quando olhamos para a prole, existe muita pesquisa que liga a depressão parental, a violência, o abuso e os padrões insatisfatórios do apego entre pais e crianças com as alterações do desenvolvimento infantil.[19,145,149,150] Ou seja, desde que esses fatores vêm sendo estudados, o acompanhamento longitudinal dos pequenos vem mostrando as sequelas dos maus-tratos e dos abusos na saúde mental e desenvolvimento da personalidade, a longo prazo. Inversamente, há menos trabalhos que associam os problemas da personalidade paterna com o risco de *ele mesmo deprimir ou adoecer*, quando o filho chega.

Ainda assim, já há evidência de que determinados traços de personalidade, características psicológicas e antecedentes da história infantil do pai são fatores que o predispõe a problemas nesse momento. Os estilos defensivos característicos de personalidades mais imaturas, as quais têm dificuldade de se relacionar, colocam o homem em risco de descompensação quando tem de lidar com o ciúme, a espera, a insegurança e a novidade de ser pai. Lidar com o universo infantil e com o arcaico que ressurge na entrada da parentalidade pode ser difícil para aqueles que, devido à imaturidade ou características pouco maleáveis do caráter, não conseguem enfrentar as triangulações inevitáveis do momento. As dificuldades de simbolização, a tendência aos *acting outs*, a dificuldade de suportar a ambivalência e as fragilidades narcísicas dos homens com os chamados transtornos de personalidade[15] tornam esses indivíduos particularmente vulneráveis ao adoecimento quando se veem diante dessa crise vital.[131]

Mas há um elemento significativo, percebido na clínica perinatal, que aponta para o quão paradoxal pode ser o desejo humano. É verdade que sujeitos muito narcisistas, com um fraco senso de si, tendência a relações fusionais ou incapazes de empatia, tendem a manifestar descompensações quando se tornam pais. Todavia, o sujeito "supernormal" pode não ter qualquer interesse em se lançar em um "negócio" tão arriscado, como esse de ter um filho. É como dizia o poeta: "filhos, filhos... melhor não tê-los!"[151]

Afinal, é mesmo o desejo de "passar a vida a limpo" que faz muita gente se aventurar na empreitada arriscada da paternidade. E são as raízes que se aprofundam mais, até a terra da infância, que permitem que um sujeito se disponha a mergulhar no mundo arcaico das primeiras relações. É assim que as carências, os desejos narcísicos, fixações do passado e, seguramente, "resquícios do infantil" na personalidade dos pais não constituem, de modo algum, impeditivos para a parentalidade. Existe, então, uma relação entre as faltas, as falhas e as carências dos pais com a sua capacidade e vontade de ter filhos. Num transtorno de personalidade, a falha é mais estrutural e, aí, sim, essa empreitada pode dar muito errado. Em todos os outros casos, o filho é uma tentativa de cura para a saudade que temos da nossa própria infância.

Fatores de risco ecológico
- Mudanças de estilo de vida
- Dificuldades de desenvolver apego com a criança
- Falta de modelos saudáveis e recompensas
- Falta de rede de apoio social
- Desemprego e inseguridade social
- Mudanças na relação conjugal
- Sensação de exclusão da relação mãe-criança
- Depressão pós-parto materna

Fatores de risco biológico
- Baixo nível de testosterona
- Baixo nível de estrogênio
- Baixo nível de cortisol
- Baixo nível de vasopressina/ocitocina
- Baixo nível de prolactina
- Dificuldade de autorregulação decorrente de traumas precoces

Prevenção e intervenção
- Ajuda profissional para tratamento
- Suporte do(a) companheiro(a)
- Pré-natal paterno e grupos operativos
- Programas para a parentalidade
- Políticas para licença-paterna remunerada
- Conscientização sobre a invisibilidade paterna

Depressão perinatal paterna
- Prevalência: 1,2-25,5%
- Sintomas: humor rebaixado, irritabilidade e sensação de desamparo
- Sintomas externalizantes
- Comorbidade com distúrbio de ansiedade, comportamentos aditivos e sintomas obsessivo-compulsivos
- Alta comorbidade com depressão materna pós-parto

Impactos na família
- Aumento nos distúrbios emocionais e comportamentais da criança e do bebê
- Distúrbio no desenvolvimento de apego seguro na criança
- Aumento dos conflitos conjugais
- Mães mais vulneráveis à depressão
- Aumento dos índices de violência doméstica

Figura 5 Fatores de risco para depressão paterna e seus impactos.

Fonte: adaptada de Pinheiro et al.[152]

O caso do transtorno bipolar paterno

Com relação aos transtornos afetivos paternos, não poderíamos encerrar este capítulo sem considerar os diagnósticos diferenciais dos episódios depressivos. Às vezes, quando esses sintomas aparecem, estamos diante de uma desorganização diferente. A depressão pode aparecer de forma isolada, ser mais ou menos complicada, ter ou não ligação com um estressor, e até se resolver sozinha após um tempo. Mas, em certos casos, ela pode evoluir de forma recorrente ou crônica, e fazer parte de um transtorno afetivo bipolar. Neste caso, as crises são *qualitativamente* diferentes entre si, pois a depressão se alterna com episódios de alteração de humor, incluindo a irritabilidade ou a euforia, o aumento da atividade e a energia, o incremento da libido, o excesso de confiança, a aceleração e a tendência a comportamentos de risco.[19,152,153] Tratam-se de episódios de elevação do humor que, conforme a gravidade e intensidade dos sintomas, podem ser chamados de mania ou hipomania.

Nesses casos , a depressão pode se alternar, seguir-se ou preceder os episódios maníacos e hipomaníacos. Nesse tipo de crise, as alterações do afeto, pensamento e conduta vão em direção oposta àquilo que o deprimido vivencia. O nome "bipolar" se liga à oscilação entre os dois polos. Um deles é a diminuição da energia vital, a lentificação, a tristeza e a culpa; e o outro polo, contrário a esse, nega tais sentimentos. Então, o aumento patológico de energia vital afeta o sono, a velocidade de processamento dos pensamentos e a capacidade de avaliar as consequências do próprio comportamento. O excesso de otimismo e autoconfiança pode chegar, inclusive, a comprometer o teste de realidade do indivíduo.

Quanto aos episódios ou crises que caracterizam essa condição, se a elevação do humor é grave – crises de mania – temos o transtorno bipolar tipo 1. Porém, se a aceleração e o aumento de energia ocorrem de forma mais branda, sem comprometer o teste de realidade ou o funcionamento geral de forma significativa, temos o transtorno bipolar tipo 2. O primeiro tipo afeta homens e mulheres de forma semelhante e tende a começar com episódios de depressão. O segundo é mais frequente na população feminina. Além disso, existe um tipo de crise que chamamos de "episódio misto". Neste caso, sintomas depressivos e maníacos estão simultaneamente presentes: o humor é deprimido, há tristeza e desespero, mas também irritação, agitação e aumento de impulsividade. São episódios cuja gravidade se liga à presença conjunta do desespero e da inquietação, podendo levar o pai ao maior risco de autoagressão.

E aqui podemos estar diante de uma certa polêmica. Considerando o polimorfismo do transtorno bipolar, pode-se perguntar se, no caso paterno, aqueles sintomas externalizantes da depressão seriam na verdade marcadores de uma bipolaridade não identificada. Nesse sentido, um estudo brasileiro conduziu uma entrevista estruturada que investigava episódios maníacos, hipomaníacos e mistos em pais no primeiro ano de vida do bebê.[152] No segundo mês de vida do filho, como também aos 12 meses, a incidência de episódios maníacos esteve na faixa de 3,4-3,5% e os episódios mistos, na faixa de 1%. Diante desses números, esses pesquisadores questionam se a agressividade, irritação e abuso de substâncias após o nascimento do bebê poderiam estar de fato associados, não a um episódio depressivo clássico, mas a um episódio misto do transtorno bipolar. Por conta de suas características, os episódios mistos levam o pai a um risco de suicídio duas vezes maior em relação à depressão "pura" sem características maníacas ou hipomaníacas associadas.[154] Contudo ainda há poucos estudos sobre isso. Apesar da observação desses pesquisadores, a relação entre os *acting outs* paternos, a violência e esquiva do pai com a bipolaridade ainda não está clara.

Já em relação aos quadros puerperais graves femininos, a conexão com a bipolaridade foi estabelecida por um corpo de evidências consistente. Para a mãe, o peso da predisposição biológica para este tipo de adoecimento se liga às alterações hormonais,[155] sendo descrito há muitos anos. Conforme vamos entendendo que, também para os pais, episódios bipolares podem surgir na fase perinatal, essa possibilidade deve estar na mente do clínico que investiga os homens com depressão durante a gestação das companheiras, e principalmente, após o nascimento do filho.[152-,154,155]

Outro ponto importante na consideração do transtorno bipolar paterno é que, nos casos graves, esse diagnóstico pode se associar a sintomas psicóticos. Estes representam um alto risco de desajustamento para o pai, além de risco à saúde da mãe e do bebê. A psicose paterna é um capítulo à parte na história da saúde mental dos homens. Contudo, nem toda vez que houver delírios ou agitação o pai estará necessariamente em um episódio maníaco. Se o quadro paterno apresentar uma tonalidade paranoide, sem a presença de sintomas de humor, deve-se considerar outros diagnósticos como, por exemplo, a esquizofrenia. Tornar-se pai coloca o homem diante de um significante que pode ser desorganizador, remetendo à questão da origem e da filiação. Essa convocação subjetiva pode evidenciar falhas em sua estruturação, as quais estavam ocultas até então. Surgem então delírios ligados a essa temática, denunciando a dificuldade profunda do pai em ocupar este lugar.[127]

Como pudemos explorar no primeiro capítulo deste livro, a diferença entre os sexos e a origem da vida, sempre enigmáticas, estão ligadas a questões fundamentais que se fazem presentes de forma única no momento da chegada de um filho. Essas questões podem ser um gatilho para este tipo de desorganização. Atualmente, com o aumento de estudos em saúde mental paterna, a questão do sintoma externalizante, da bipolaridade e de outros casos de psicose nessa fase estão se encaminhando para um maior esclarecimento. *Em um estudo mais antigo, 2% dos casos de psicoses paranoides em uma unidade de internação estudada tinham na entrada da paternidade o principal gatilho para o surto psicótico.*[15] Embora mais rara do que a depressão ou a ansiedade, esse tipo de descompensação precisa ser mais estudado, devido às consequências potencialmente mais graves para a família e ao risco de suicídio paterno.

Suicídio

Existe uma relação entre os quadros afetivos paternos, o suicídio e a violência.[16] Atos extremos, contra os próximos ou contra si mesmos, são menos raros em pais do que desejaríamos acreditar. Nos estudos, em qualquer idade, encontra-se uma correlação entre suicídio e depressão. E se há depressão ligada ao transtorno bipolar, o risco é ainda maior.[154] Contudo, há uma relação inversa entre o reconhecimento do problema e o suicídio, o que aponta para a possibilidade de prevenção. Em qualquer época da vida, com exceção da infância, temos um caso de depressão masculina para cada duas mulheres. Ainda assim, os homens cometem suicídio de forma muito mais frequente. Levantamentos realizados com homens na fase perinatal chegam a encontrar até 5% de respostas positivas para o desejo ou intenção de tirar a própria vida – risco bem maior do que o encontrado na população geral.[149]

No caso do suicídio de pais que enfrentam a depressão nos primeiros anos de vida do filho, existem questões a serem mais bem-compreendidas. Ter filhos pode ser um fator protetor para homens e mulheres em relação ao suicídio, pois o laço com a família, a prole e amigos ligam o sujeito à vida. Mas pode ser que o estresse da entrada na parentalidade leve os pais a grandes descompensações, fazendo essa balança pender para o lado do desespero. E, assim, os sintomas externalizantes, o uso de substâncias, a impulsividade masculina e os possíveis episódios mistos de humor devem ter seu peso nestes casos. Levamos tempo para entender, a partir de levantamentos e observações clínicas realizadas ao longo de vários anos, a associação entre o transtorno bipolar e a psicose puerperal materna. Com relação aos sintomas apresentados pelos pais, ainda estamos aprendendo, definindo e investigando – com o agravante de tentarmos fotografar esse "trem em movimento" que é a transformação da parentalidade contemporânea, o que torna nosso objeto de estudo ainda mais complexo. Mas o que se percebe, até agora, é que o estresse e a morbidade psiquiátrica paternos na fase perinatal são altos, e têm sido sistematicamente negligenciados. Nesse sentido, a questão da violência e sua relação com a saúde mental paterna é tão prevalente e complexa, que optamos por abordá-la num tópico a parte.

Hot-spots: depressão pós-parto paterna

- A depressão "pós-parto" paterna tem sido definida como o episódio depressivo paterno que ocorre na fase perinatal, podendo se iniciar até o final do primeiro ano de vida do filho. Seu pico de incidência se situa entre o terceiro e o sexto mês de vida do bebê.
- Os fatores de risco se ligam à vulnerabilidade do pai, à presença da depressão materna e a fatores sociais. O desemprego e a inseguridade social são particularmente importantes nesse caso.
- Embora a depressão paterna seja diagnosticada a partir dos sintomas cardinais de depressão, não constituindo uma entidade nosológica particular, sua patoplastia exibe a tendência aos sintomas externalizantes: comportamentos de fuga ou esquiva, violência e compulsões.
- A depressão paterna pode estar camuflada sob situações de discórdia conjugal, e a depressão dupla parental é uma situação de potencial risco para a saúde mental da prole.
- A depressividade ligada às crises vitais é um processo de retraimento e elaboração psíquica que deve ser diferenciado da depressão. O mal-estar paterno pode se manifestar de forma diferente das síndromes psiquiátricas clássicas, tornando necessário um espaço de narratividade para que o homem possa dar nome às suas angústias.
- No caso do transtorno depressivo mais grave ou da depressão bipolar, o acompanhamento psiquiátrico é necessário. É possível que uma parte dos homens com depressão e sintomas externalizantes esteja, na verdade, apresentando um episódio misto do transtorno bipolar, precipitado pelo estresse relativo à chegada do filho.

TRANSTORNOS DE ANSIEDADE

No início deste capítulo, a angústia foi lembrada como um afeto universal. Embora possa assumir formas patológicas, ela também faz parte da saúde e é um elemento fundamental e constitutivo do ser humano. Nesse sentido, a angústia se liga à consciência da morte, do futuro, da transitoriedade e impermanência do viver. É aquela sensação de desconforto conhecida desde cedo, quando começamos a ter a representação da nossa fragilidade. O aspecto positivo da angústia, no sentido existencial, define-a como o afeto inerente à liberdade e à falta de garantias que marca as decisões humanas. É a angústia que nos move... e nos leva a pensar, a agir e nos transformar.

Esse aspecto existencial da angústia, embora esquecido na contemporaneidade, deve ser diferenciado das formas patológicas da ansiedade que são o foco desse capítulo. Contudo, é bom lembrar que a entrada na parentalidade traz uma certa angústia, que é esperada e normal. Afinal, essa passagem pode ser pensada como uma crise vital, momento de instabilidade e incerteza, em que o sujeito enfrenta sentimentos contraditórios dentro de si mesmo. Como pudemos discutir anteriormente, o pai pode angustiar-se diante do conflito, da dúvida, da insegurança e do ciúme que faz parte da experiência emocional dessa transição. Até certo ponto, isso é sinal de saúde. Como não se angustiar diante do parto, das mudanças, das perdas e até da incerteza sobre *ser capaz* de ser pai?

Entretanto, há casos em que o pai pode experimentar um sentimento difuso de apreensão, às vezes na forma da pura angústia, como seu problema principal. E, desde que passe de certa medida, essa angústia pode ser paralisante. Ela pode tomar a forma de ataques paroxísticos ou se apresentar de um modo difuso, ligado a sintomas físicos e excesso de preocupação. Além disso, mesmo em quadros em que a angústia não "aparece", ela pode estar presente de forma inconsciente. Neste caso, está na origem de sintomas e estratégias defensivas como a esquiva, os *acting outs* e a busca de entorpecimento paternos.

De qualquer maneira, seja na forma disfarçada ou mais explícita, a angústia do pai tem seus efeitos. Quando deixa de ser uma reação normal, como um afeto ligado à insegurança da fase e o enfrentamento do novo, ela precisa ser acolhida e simbolizada para encontrar outros caminhos de transformação.

Para dar um exemplo mais prático, lembro ao leitor os dois pais ansiosos descritos em um tópico anterior. Em ambos, a angústia ultrapassou um limiar que fez com que estes homens buscassem ajuda. Meu amigo engenheiro era uma pessoa que muitos avaliariam como "certinha", pois tinha uma personalidade conscienciosa e comedida. Sempre foi "controlado" na forma de demonstrar as emoções. Quando chegou o segundo filho e veio a mudança de emprego, seu nível de cobrança interna, que já era alto, ficou maior. Começou a sentir palpitações e dores. *O corpo estava manifestando a angústia* de não corresponder a um ideal, o conflito ligado à paternidade.

E o leitor vai se lembrar de Felipe, o pai da menina que não dormia, primeiro caso descrito no tópico sobre a depressão. Felipe sofria de *insônia crônica*: uma manifestação de ansiedade bastante comum. O corpo, para mergulhar no sono, precisa relaxar, deixar-se levar. Quando em alerta, não dorme, já que deve estar desperto para enfrentar o perigo (mesmo imaginário) que impede a entrada no sono profundo.

Tanto Felipe como meu amigo lidavam com a angústia à sua maneira, em sua vida pregressa. A vinda do bebê foi o evento que modificou a quantidade e a intensidade dessa angústia, levando-os a uma descompensação.

Para o psiquiatra, existe uma maneira prática de diferenciar a angústia, ou ansiedade, quando ela passa do limiar da normalidade e se torna patológica. Essa avaliação consiste, basicamente, em considerar se a reação ansiosa é de curta duração, autolimitada e relacionada ao estímulo do momento. Por outro lado, os transtornos ansiosos são quadros cujos sintomas primários se ligam a um *quantum* exagerado de angústia manifesta. No caso daqueles dois homens, a ansiedade era parte de uma síndrome abrangente, pois estavam clinicamente deprimidos. É comum que a depressão e a ansiedade apareçam juntas na clínica, mas a ansiedade "pura", como sintoma principal do sujeito, também é bastante comum.

Angústia, ansiedade e medo

Para aprofundar nossa conversa a respeito dos transtornos de ansiedade paternos, é importante definir alguns termos. Acabei de lembrar ao leitor o caso de dois pais ansiosos, mas usei ali os termos "ansiedade" e "angústia" sem diferenciação. Às vezes, estes termos são utilizados como sinônimos, pois eles guardam semelhanças entre si e com a sensação do medo, no qual encontram sua raiz primitiva. Mas o medo é uma emoção primária, presente em todos os animais, que se liga aos sistemas de defesa diante da ameaça. Já a ansiedade e a angústia são fenômenos humanos e têm um componente subjetivo e ideacional. Além disso, não costumam ter um objeto definido, podendo ter conotações diferentes, dependendo do contexto e do fenômeno que estão descrevendo.

Sobre a diferença entre a angústia e a ansiedade, pode-se pensar a primeira como um afeto, e a segunda como o conjunto de sintomas, sentimentos e comportamentos que derivam dele, mas podem se manifestar de múltiplas formas.[15] No *quadro de ansiedade*, a angústia que "toma conta" do sujeito costuma se associar a sintomas como insônia, dificuldade de concentração, fadiga, tensão muscular, irritabilidade e excesso de preocupação. Para a psiquiatria, o termo ansiedade é mais adequado. Já o componente existencial da apreensão diante da incerteza é mais bem simbolizado pela ideia da angústia.

De qualquer maneira, tanto uma como outra compartilham as reações físicas, o desconforto e os mecanismos psicossomáticos do *medo*, pois são experimentadas diante de situações que trazem *a sensação de perigo e apreensão* para o sujeito. Só que não podem ser chamadas propriamente de medo – são mais abstratas, por assim dizer. Ainda assim, são uma "abstração" à qual o corpo reage exatamente como se estivesse diante de um perigo real. A angústia se liga ao corpo, à impressão da falta de ar, do aperto, da opressão no peito. E é justamente a sua conexão com o mecanismo arcaico do medo que gera tais sensações. Como também o sentido da ameaça que, mesmo infundada, mobiliza o sujeito a partir de dentro. Por isso, diz-se que *a angústia é o afeto que não engana.*[156]

Além da sensação do medo, a angústia também pode descrever a experiência de se sentir "sem saída", acuado ou aprisionado. Algo que é um pouco diferente do medo ou apreensão pura e simples, a qual ainda traz em si a ideia de que se pode "fugir" para algum lugar. Essa é uma das nuances da experiência humana da angústia. Mas, para o psiquismo, a função desse afeto é mesmo ser um alarme, um aviso, que diz ao sujeito: "Há um perigo! Atenção!"

Algo que pode se passar quase que totalmente em nível somático, sem ser transformado pelo pensamento.

Teoria da angústia

A questão da ansiedade e seus distúrbios é muito importante no campo da saúde mental. Primeiramente, por ser comum. Em segundo lugar porque a característica aversiva do afeto da angústia é responsável por mecanismos psíquicos variados, sintomas, defesas e inibições em relação às atividades e experiências da vida.[157] Pode-se mesmo dizer que a quantidade de angústia que uma pessoa traz dentro de si é determinante de muitos dos seus problemas.

Nesse sentido, a teoria da angústia, para a qual a psicanálise fez uma contribuição importante, debruçou-se sobre as complexas relações entre este afeto e os sintomas das doenças mentais. Os pressupostos dessa teoria nos ajudam com as situações da clínica. Por isso, vou trazê-los rapidamente antes de comentar especificamente os transtornos de ansiedade paternos.

Sobre isso, discutimos aqui dois pontos que têm relação com a pergunta: por que, afinal, pode ser tão difícil se tornar pai, para algumas pessoas? O medo, a ansiedade e a apreensão podem ser inexplicáveis para o sujeito que sofre de ansiedade. E na entrada da paternidade pode se passar o mesmo.

Como um primeiro ponto, trago a hipótese dos *núcleos de angústia que o sujeito carrega consigo.* Essa hipótese nos ajuda a compreender por que situações *aparentemente* tranquilas podem não ser sentidas dessa forma por determinadas pessoas. Depois, vamos comentar a relação entre a angústia mais disfuncional e os sintomas a ela ligados, nos quadros que pedem atenção na fase perinatal.

Sobre os *núcleos da angústia*, podemos pensá-los como "buracos negros" dentro da mente, puxando para si com muita força as ideias e os afetos que se relacionam com eles. Eles geram, quase automaticamente, aquelas sensações de desconforto, medo ou aprisionamento sufocante, do qual o sujeito quer fugir de qualquer jeito, para escapar da experiência dessa sensação. Esses núcleos se formam a partir das experiências do sujeito ao longo de toda sua vida. E, na parentalidade, podemos citar dois deles: o desamparo, que é o núcleo primordial; e também a ambivalência, que discutiremos em segundo lugar.

Falamos sobre o desamparo no primeiro capítulo do livro. Este tema é essencial para pensar a natureza humana. Chegamos ao mundo tão despreparados para lidar com ele, que nossa condição de dependência em relação ao cuidador é absoluta. Pode-se mesmo dizer que precisamos *ser ajudados a viver.* E, como temos um psiquismo, uma memória e uma inteligência a serviço da nossa sobrevivência, é muito cedo que entendemos o perigo envolvido na separação em relação às figuras de segurança. Esse é o primeiro núcleo da angústia. Ele gera um mecanismo automático que vem a aglutinar, dentro da mesma possibilidade de gerar gatilhos para a angústia, várias situações da vida.[37,157]

Assim, no início temos medo do escuro, de ficar sem a mamãe. Depois começamos a ter medo de experimentar situações que envolvam algum risco de perda. E sobrevém a ansiedade de castração. Até que, mais adiante, situações abstratas ligadas à perda do amor ou à ansiedade social também passam a "disparar" dentro de nós a velha sensação da angústia. É como uma série de elementos, unidos por um ponto em comum, que se tornam cada vez mais complicados e abstratos conforme o psiquismo se desenvolve.[37,157] E assim o sujeito adulto, diante de uma situação de exposição, ou mesmo quando tem sentimentos contraditórios que ameaçam sua coesão interna, sente a angústia emergir. De medo em medo, chegamos ao núcleo primordial do desamparo, origem da ligação entre ideias *aparentemente inócuas*, mas que remetem sempre a um perigo, sentido internamente pelo sujeito.

E há aquela outra nuance da angústia: o sentimento de estar aprisionado e sem saída. Essa nuance difere um pouco do desamparo e se liga não tanto à falta como ao excesso, à impossibilidade do movimento, da liberdade do movimento.[156] É quando estamos indefesos diante de algo muito maior do que nós, quando sentimos a experiência de sermos *tomados por uma situação* da qual não podemos fugir. Qualquer semelhança com o parto não é mera coincidência!

O outro núcleo da angústia na parentalidade também já foi comentado neste livro. Trata-se da *ambivalência*, ou seja, a experiência de divisão interna que é muito dolorosa, pois não podemos fugir de nós mesmos. É assim a experiência de amar e odiar ao mesmo tempo, de querer ficar e precisar fugir, de não saber o que fazer, o que sentir, de não encontrar nem mesmo um nome para a sensação de divisão interna que experimentamos.[21,81]

Sobre a ambivalência, já comentei que esse estado doloroso envolve atitudes e afetos contraditórios em relação a uma mesma pessoa, ou objeto. A situação da ambivalência deixa o sujeito *encurralado*, à mercê de forças que o empurram em direções contrárias, o que é penoso para o "Eu". Porque é próprio do "Eu" zelar pela identidade e coerência – ele sempre direciona seus esforços para se sentir UM; para se sentir coeso.

Por isso, quando a tomada da posição parental ameaça "partir o sujeito em dois", quase sempre estamos diante de situações em que o amor e o ódio estão presentes ao mesmo tempo.[21,81] É o filho amado e desejado que chegou para roubar o espaço do pai; é o desejo de estar ao lado da parceira, apoiando a maternidade, e a inveja ou o ciúme, tornando essa proximidade angustiante. O "mundo interno", do qual não se pode fugir, é um campo de representações e afetos que podem ser dissonantes entre si, e com frequência o são,[21] principalmente nas fases de transição da vida.

A importância de compreender a ambivalência na entrada da parentalidade está ligada ao potencial desorganizador do momento. A ambivalência gera a angústia que impulsiona o pai a responder a essa vivência, muitas vezes de forma sintomática, *pois um dos pressupostos da teoria da angústia é que os sintomas se formam para evitá-la.*

Dessa forma, quando o pai tem um excesso de preocupações, sintomas depressivos ou até psicóticos, essas manifestações podem sinalizar dificuldades em lidar com os conflitos, os desejos contrários, a relutância na tomada de uma posição difícil para ele.

Em alguns casos, a emergência da angústia se relaciona mais diretamente com o bebê; em outros, com as mudanças na relação com a parelha, ou com os remanejamentos subjetivos que o pai precisa fazer diante dessa injunção. Aquele pai cuja esposa estava grávida de gêmeos tinha medo da morte e do parto. Já o outro pai, que estava sem emprego, angustiava-se porque, perante o corpo social, sentia que não tinha valor – não tinha "capital social" suficiente para se tornar pai.

É por isso que a ideia do núcleo da angústia é interessante. A ideia, inclusive, pode ajudar o profissional de saúde no atendimento ao pai. Seguir a pista da angústia, de medo em medo, não é só um mero detalhe teórico, mas traz uma maior compreensão dos comportamentos, sintomas, medos e *acting outs* masculinos.

Muitos atos incompreensíveis podem se originar no temor de perder o amor, ou falhar com aquele "Eu Ideal" que o pai estabeleceu para si mesmo. É quando se falha com esse ideal que a culpa, a vergonha e a autodesaprovação aparecem. Estes são sentimentos mais elaborados pelo pensamento, porém, em sua origem, ligam-se à sensação da angústia mais arcaica, que se transformou no *medo de errar* e falhar. Por isso, com relação à parentalidade, é difícil e confuso experimentar ambivalência em relação ao filho e ao próprio sentimento de ser pai.

Desamparo e ambivalência na parentalidade

A esse respeito, embora o foco deste livro seja a experiência do pai, na situação da parentalidade, existem núcleos de angústia comuns também à vivência materna. A ansiedade provocada pela chegada do bebê, cuja presença no ambiente familiar reativa traços mnêmicos relacionados às experiências infantis parentais, explica em parte as suas reações inesperadas e particulares nessa hora. "Novidade" que é também velha, o bebê traz à tona questões antigas do pai ou da mãe, o modo como lidam e lidaram, até então, com seu próprio desamparo.

Pode-se dizer, então que *o desamparo retorna como repetição*, em busca de ser nomeado, simbolizado e atendido nessa hora. É comum que, diante do bebê, o pai ou a mãe sintam um medo inexplicável. Que medo é esse? É o próprio bebê que foram um dia que os pais reencontram no filho. Isso pode ser traduzido como uma sensação de incapacidade, de desorganização e até de repulsa pela criança. Ou pura angústia.

Nesse sentido, os estudos do vínculo mãe-bebê mostram que a depressão materna pode ocorrer em decorrência da dificuldade materna de se ligar ao bebê. Em certos casos, quando a mãe se percebe incapaz de cuidar dele, por não conseguir transformar essa angústia, sua culpa fica tão grande, que é então que ela se deprime.[158]

No caso do pai, não há tantos estudos assim. Porém, o corpo de evidências nos leva a crer que a esquiva paterna, quando organizada como defesa contra a angústia, pode também ser o resultado da dificuldade de se vincular ao bebê, ou, talvez, de lidar com as mudanças da parceira, na fase perinatal. Entender a "angústia de base" por trás dessas reações é fundamental para aqueles que se colocam no cuidado dos sujeitos em dificuldade.[15,107] A ambivalência paterna, quando acolhida pelo ambiente, pode se tornar menos assustadora para o próprio sujeito.

É por isso que gostei muito da pesquisa que traz a fala dos pais, revelando a ambivalência em relação ao filho, comentada no primeiro capítulo (página 67).[68]

Se o leitor se lembra daquele pai "nota sete", achei a formulação genial! Diante da ambivalência, nunca existe a nota 10! (Aliás, sempre que o leitor se deparar com uma mãe ou pai muito perfeitos, "fique esperto", pois possivelmente aquela perfeição toda deve estar lá para disfarçar uma ambivalência ou um conflito muito grande. No campo da parentalidade, uma nota sete, "seis e meio", frequentemente é a melhor das situações).

Angústia como sinal

Quando se pensa em termos da patologia - sintomas limitantes, crises de pânico, ansiedade paralisante -, podemos facilmente nos esquecer do aspecto adaptativo do afeto da angústia, esse alarme que existe dentro do peito e dispara diante das ameaças internas que são percebidas como um risco para o "Eu". Pois, sim, é o "Eu" que sente a angústia, mesmo que as causas desse "disparo" não sejam percebidas de forma consciente.

Os "núcleos" da angústia não estão lá por acaso. São como a dor. A dor precisa estar lá para nos avisar de que algo não se passa bem com o corpo. E essa é uma boa analogia. Pensando numa pessoa que tem enxaqueca, dor crônica - nesse corpo, o mecanismo da dor se desregulou, mas isso não significa que a dor, em si, não é importante como sinal de aviso para o organismo.

Nesse sentido, a capacidade de sentir ansiedade, a angústia diante de estranhos, quando somos bebês - ou a insegurança por ter um bebê, quando somos adultos - é muito natural. E, agora, para terminar essa parte mais teórica sobre a angústia/ansiedade do ponto de vista da gênese psíquica, trago a questão da angústia-sinal como um conceito essencial para pensar as situações traumáticas.[157]

Na vida, quando o sujeito se depara com uma situação de desamparo, o sofrimento vivenciado faz com ele desenvolva métodos de defesa contra a repetição desse evento. O sujeito usará os seus recursos cognitivos (e emocionais) para evitar qualquer surpresa em relação a isso - ao invés de esperar passivamente que a "surpresa" se repita. E como se faz isso?

Em situações que trazem uma ameaça potencial, *a angústia como um sinal*, como um aviso deste perigo, é emitida. É como um alarme disparado se um ladrão *ameaça invadir* a casa. O sinal anuncia: "*Estou percebendo a iminência de uma nova situação de desamparo*" ou "*Esta situação me faz lembrar de uma experiência traumática que eu já vivenciei antes*". Portanto, a pessoa, prevendo o trauma, comporta-se como se ele já tivesse chegado, enquanto ainda houver tempo de não ser pega de surpresa por ele, como aconteceu no passado.[157]

Repare, leitor, que situação dolorosa: o sujeito que sofreu um trauma fica repetindo, continuamente, os mesmos sinais de alerta – o coração disparado, o medo, a pura angústia – e isso, mesmo quando o ambiente não está objetivamente o ferindo, como fez um dia. Alguns pais funcionam exatamente assim. Para eles, a chegada de um filho pode ter um aspecto aversivo, principalmente se na vida desse pai as experiências de dividir o amor foram demasiadamente ligadas ao risco de desamparo. Situações abstratas, ligadas a ideias de perda, que desencadeiam a ansiedade, obviamente dependem das experiências prévias da pessoa, de como ela lidou com as suas separações e também (isso é bem importante no caso masculino) com as castrações da vida.

Esse é um ponto essencial da angústia ligada às crises vitais. A maternidade já foi pensada como uma "troca de pele", o enfrentamento de uma grande mudança corporal e de papel na vida.[159] A paternidade, quando vivida profundamente, envolve uma transformação subjetiva, podendo também ser assustadora.

Permeabilidade psíquica do pai

A respeito do acolhimento à ambivalência e sentimentos contraditórios do pai, existe um termo muito conhecido daqueles que trabalham com a maternidade, a ideia da "transparência psíquica".[32] Esse conceito se refere à emergência de sentimentos, formulações, memórias, associações e desejos arcaicos no psiquismo materno, quando passa pela experiência perinatal. A "transparência" se refere à ideia de reviravolta, de retorno do reprimido, assustador, sim, mas também oportuno para as reinvenções e remanejamentos da personalidade e da experiência de si.

Muitas pessoas referem tal experiência ao descreverem a maternidade. Há estudos de neurociência que mostram as mudanças hormonais e neuroquímicas ligadas a essa passagem, como, por exemplo, a hiperfuncionalidade de áreas ligadas à empatia, mudanças no padrão de sono etc.[22,112,150,160] Elas demonstram como o corpo da pessoa que tem útero se modifica em vários sentidos quando vivencia a experiência de gestar. A amamentação também envolve vários circuitos neuroendócrinos que tem um correlato com essas modificações. E, embora a vivência psicossomática de pais e adotantes seja diferente, alguns elementos parecidos podem estar presentes no seu corpo e psiquismo.[160] De fato, os pais também podem ficar mais *permeáveis* aos seus conteúdos psíquicos na fase perinatal. Talvez, nós é que estejamos cegos para as transformações que ocorrem neles, devido ao nosso viés maternalista.[12]

Assim, compreender que existe um aumento de permeabilidade psíquica em qualquer sujeito que se coloque em íntima relação com o bebê, independente de ser mulher ou homem, é um posicionamento que muda a atitude daquele que atende o parceiro ou parceira da mãe, na fase perinatal. Quando a angústia do pai se faz presente, pode-se pensar que a escuta e o olhar certeiros, por parte do ambiente e profissionais de saúde, são salutares para estes sujeitos. Eles precisam da nossa escuta, tanto quanto a mãe.[159] A boa escuta pode ajudar o pai a fazer conexões entre seus sentimentos – e sintomas – e achar sentido para a sua angústia. Na festa com aquele meu amigo, quando ele disse algo como: *"Sabe, Arianne, não tenho jeito com bebê pequeno"*, havia em sua voz uma aceitação e compreensão de si que já eram resultado do processo da psicoterapia. As falas dos pais, ilustradas nas vinhetas presentes neste livro, estão repletas de pistas sobre a "permeabilidade psíquica" paterna. *"Nossa, eu já fui como ele, pequenininho..."; "o próprio pai está bem vulnerável", etc.*

Para quem tem olhos para ver, a ansiedade do pai não é em si mesma algo patológico, pois pode ser o efeito dessa permeabilidade a si mesmo e ao ambiente. Quando a angústia do pai irrompe na cena perinatal, isso indica que houve um "desmonte" das defesas que se erigiram contra ela – defesas que, até então, estavam ajudando o pai a viver.[161] E que oportunidade isso pode representar para a transformação na vida deste sujeito! Só precisamos ter olhos para ver.

Situações clínicas

Os transtornos de ansiedade, dentro da psiquiatria, são os diagnósticos mais comuns. É um grupo de síndromes que guarda uma relação com a angústia e seus modos de enfrentamento. O nome "ansiedade" é aqui descrito como o sentimento vago e desagradável de medo e apreensão, caracterizado pelo desconforto derivado da antecipação do perigo ou do enfrentamento do desconhecido.

No caso da ansiedade paterna perinatal, podemos ter quadros paroxísticos (como as crises de pânico); sintoma difusos (excesso de preocupações e sintomas físicos) ou fóbicos. Neste caso, o medo está direcionado a uma situação particular. Porém, em todos os casos, um ponto a destacar é sua ligação com a crise vital. Isso faz com que, além do tratamento medicamentoso, muitas vezes necessário, a psicoterapia e o acolhimento ambiental sejam importantes nesses casos.

Aqui, relembro o caso de Felipe (pai do bebê que não dormia) e do meu amigo engenheiro, e destaco a sinergia entre o tratamento medicamentoso e o atendimento psicológico que receberam. A família toda estava adoecida, no primeiro caso, e o cuidado precisou ser organizado em diversas frentes. Mas o meu amigo, este realmente se beneficiou da psicoterapia individual. A crise desencadeada pela vinda do filho motivou mudanças e descobertas que o encontro terapêutico potencializou, e isso foi parte essencial da melhora do pai.

Adoecimentos

Agora, vamos analisar alguns dados quantitativos a respeito da ansiedade paterna. Embora os transtornos de ansiedade sejam muito estudados no campo da psiquiatria, poucas revisões avaliam em termos quantitativos o risco de transtorno de ansiedade paterno no primeiro ano do filho. Uma metanálise recente refere um risco aumentado (até 13%) de transtornos de ansiedade nos homens que se tornam pais.[162] Se na população geral, os transtornos de ansiedade são duas vezes mais comuns do que a depressão, a metanálise sugere uma desproporção ainda maior na fase perinatal.

Da mesma forma, há poucos estudos que avaliam a ansiedade separadamente, em relação aos quadros mistos de depressão e de ansiedade paternos. Os estudos também não costumam fazer uma diferenciação entre a "ansiedade-traço" (a ansiedade de longo prazo, que se liga ao "jeito de ser" da pessoa) e os quadros pontuais, situacionais, ligados à chegada do filho.[163] A esse respeito, define-se como "ansiedade-estado" a angústia e sintomas ansiosos vivenciados em situações específicas, que flutuam e variam em intensidade, dependendo dos estressores ambientais.

Já a "ansiedade-traço" refere-se à ansiedade experimentada em todas as situações, que é uma característica relativamente estável e predispõe o pai a angustiar-se ainda mais com a chegada do filho. Pais cronicamente ansiosos correm maior risco de ver a paternidade de forma negativa durante esta fase da vida.[163] Como dizia Felipe, meu paciente programador, que vivia "*um show de horror*" toda noite que colocava a filhinha para dormir. Felipe era um ansioso crônico, que descompensou na paternidade, desenvolvendo então um quadro depressivo.

Embora menos reconhecida, a ansiedade paterna pode atingir níveis comparáveis aos das mães, segundo alguns levantamentos.[162,163] Quando a ansiedade é levada em conta, detectam-se os altos níveis de transtornos de ajustamento dos pais, iluminando assim a contribuição de seu estado mental para o equilíbrio do bebê. Nos estudos que avaliam a ansiedade paterna em relação a situações específicas (p. ex., bebês na unidade de terapia intensiva – UTI), percebe-se que a qualidade do seu sofrimento se liga mais ao estresse conjugal e à falta de suporte social para a família do que ao estresse ligado diretamente à problemática do filho.

Por outro lado, pais ansiosos tendem a ser superprotetores e controladores, tendo um estilo parental mais patológico, e isso pode prejudicar o desenvolvimento da criança, inibindo sua independência e autonomia. As crianças que têm um pai controlador tendem a se tornar ansiosas também, independentemente das características maternas. Isso mostra a importância do modelo paterno para a aprendizagem sobre os modos de enfrentamento das situações novas.[149,162,163]

Sintomas paternos: estresse

Embora exista uma relação importante entre a ansiedade e o estresse, não se trata do mesmo fenômeno. Em geral, o estresse qualifica uma relação particular entre a pessoa e seu ambiente, na qual o indivíduo se percebe sobrecarregado. A ideia do estresse se liga à percepção subjetiva de que a pessoa está lidando com algo que mobiliza seus recursos ao máximo (e às vezes os excede), além de afetar seu bem-estar. É comum que a pessoa sob estresse desenvolva ansiedade. Mas, como salientamos, existe um componente inconsciente na angústia e uma resiliência individual, que faz com que alguns indivíduos suportem melhor o estresse e outros, não.

Existem maneiras de mensurar separadamente o estresse percebido e os sintomas de ansiedade (apreensão, preocupação, sintomas somáticos como náuseas e palpitações, ataques de angústia, sensação subjetiva de estar com o pensamento acelerado). Porém, em estudos maiores, os dois elementos (estresse e ansiedade) costumam ser mensurados ao mesmo tempo, sem diferenciação.

Nesse sentido, a ansiedade e o estresse paternos parecem flutuar dessa maneira: uma crescente que tem o seu pico no momento do nascimento e diminui no período pós-natal posterior.[15] Contudo, em uma metanálise recente, a prevalência de ansiedade variou entre 3,4-25% no pré-natal e 2,4-51% no pós-natal.[163] Essa pesquisa encontrou poucos estudos que acessam o pai antes do nascimento, de modo que os números variam muito de acordo com a população e os instrumentos utilizados.

Fica a questão: em que medida os sintomas que os estudos encontram significam *patologia ou estresse paterno?* Quanto maior a população estudada, mais difícil fazer uma avaliação detalhada a respeito dessa diferença.

Mas o que esses números mostram, assim como no caso da depressão, é que os níveis de escolaridade e rendimento mais baixos, piores condições de moradia, estresse conjugal e o apoio social escasso estão ligados ao sofrimento do pai.[162,163] E aqui aparece também um fator de risco muito típico: o conflito entre trabalho e família, que coloca os pais contemporâneos sob uma pressão nova. O pai do século XXI sente a necessidade de se dividir entre as demandas domésticas e o desempenho no mercado de trabalho.

E, se podemos relacionar este fato ao que passamos a entender da teoria da angústia, parece que o "Eu Ideal" dos novos pais ganhou mais uma atribuição. Agora, é preciso também ser presente, ser "legal", "amigo", "carinhoso". Os estudos têm encontrado os pais mais estressados, pois, logicamente, o sujeito que quer ser bom pai também tem que trabalhar muitas horas por dia e se ressente por não estar presente.

A respeito dos impactos da ansiedade sobre a saúde paterna, nota-se o impacto negativo do problema na saúde física e a correlação com maior predisposição à depressão, à fadiga e à autopercepção de ineficácia em seu papel. É notável como o pico de maior incidência da ansiedade paterna está na fase perinatal imediata, mas sua depressão aumenta com o tempo. Pode-se supor aqui a relação entre os dois problemas. A ansiedade percebida, assim, já é um sinal de dificuldade, que predispõe à descompensação posterior na forma da depressão.

No caso da ansiedade paterna, contudo, há uma boa notícia relatada nas pesquisas. Parece ser um consenso que as intervenções para reduzir a ansiedade, mesmo pontuais, individuais ou em grupo, podem ser de grande ajuda. Em tempo, à medida que se fala mais da saúde mental paterna, o ambiente e os equipamentos de saúde que lidam com os pais tornam-se mais sensíveis para detectar seu estresse e ajudá-los a nomearem dificuldades e sentimentos dessa fase.

A questão do uso de substâncias e álcool pelos pais, como estratégias de enfrentamento da angústia, é um problema à parte, mas é sabido que situações difíceis são gatilhos para estes usos problemáticos.[15] A abordagem direta da "angústia de ser pai" pode ajudá-lo a encontrar saídas mais criativas para o estresse sentido, evitando a entrada no ciclo vicioso da ansiedade/depressão/esquiva/abusos e agressividade, que caracteriza seus mais graves adoecimentos.

Para pensar alguns quadros mais específicos da ansiedade perinatal paterna, seguimos com algumas considerações sobre a situação do parto e os quadros obsessivos do pai. O primeiro, por ser prototípico da ansiedade mais aguda, ligada à situação no nascimento. E o segundo, por gerar uma ansiedade mais duradoura, ligada a como o pai enfrenta a ambivalência dessa fase.

Parto

Para pensar o parto, do ponto de vista do pai, é importante lembrar a situação de risco nele envolvida, que é real. Como tal, as reações de angústia e as defesas arcaicas ligadas ao risco de morte podem ser mobilizadas tanto no pai, como na mãe. E, embora a experiência dela aconteça de forma muito diferente, a situação não é fácil para o(a) parceiro(a) que acompanha a mulher *e se angustia* com o trabalho e os riscos do parto. Segundo Guidugli,[56] o estresse paterno aumenta na medida da empatia e da sensação de impotência diante dos riscos e incômodos vividos pela parceira na perinatalidade. A universalidade dos rituais de *couvade* pode ser um indício dessa realidade, ou seja, um pai envolvido pode sofrer, por procuração, a angústia do parto ao lado da mulher. Os pais podem, inclusive, desenvolver sintomas de estresse pós-traumático em situações extremas, se presenciam a violência obstétrica, o sofrimento do bebê que não nasce bem e o óbito do recém-nascido, entre outros.

O estresse pós-traumático, sintomatologia grave que se relaciona com uma vivência violenta, abrupta e ameaçadora, pode ser experienciado por uma pessoa próxima àquela que sofreu diretamente o trauma. Isso pode ocorrer, por exemplo, com um familiar ou amigo de alguém que sofreu violência. E sabemos que a violência obstétrica e nos processos perinatais está longe de ser uma raridade em nosso meio.

A respeito das vivências traumáticas paternas, há um interessante estudo do Reino Unido, que recrutou 11 pais por meio de *sites* relacionados a traumas de nascimento e paternidade.[164] Após um questionário de consentimento e triagem, estes homens responderam "sim" à esta questão: *"Em algum momento do parto experimentei sentimentos de intenso medo, impotência ou horror"*. Em seguida, foram entrevistados, via telefone, por meio de uma entrevista semiestruturada e então, descreveram o medo da morte, refletindo a angústia da parceira; tentando *"manter tudo sob controle"* e assistindo impotentes *"a uma catástrofe se desenrolar"*. Os pais sentiram-se abandonados pelos funcionários, pela falta de informação, *mas também sentiram suas próprias reações como excessivas*, tentando lidar com seu imenso medo com estratégias de evitação. É preocupante: nem mesmo os próprios homens conseguiram validar seus sentimentos, apesar da gravidade das situações vividas.

Com relação ao parto, as mulheres podem desenvolver sintomas de estresse pós-traumático em 3-6% dos casos. No caso dos pais, a incidência é menor, mas os homens estão cada vez mais presentes durante o trabalho de parto e o nascimento, e hoje sabemos que as respostas pós-traumáticas dos homens influenciam as de suas parceiras.[164] Por isso, é importante compreender suas vivências para pensar a prevenção dos sintomas ansiosos e de desajustamento que podem acontecer após um parto difícil. E o mesmo se aplica nas situações de sofrimento do bebê. A literatura qualitativa sobre a assistência dos homens ao parto identificou que eles experimentam incerteza sobre seu papel no trabalho de parto, sentimentos de impotência pela incapacidade de apoiar a parceira na dor, mas, em última análise, alegria pelo nascimento de uma criança saudável. Contudo, o estresse pós-traumático pode interferir no relacionamento do casal.

Além de os homens se sentirem alienados e excluídos pelas ações da equipe, por serem "espectadores", em vez de terem um papel no nascimento, eles podem se sentir realmente traumatizados com a situação. E mantém isso escondido, carregando a experiência como uma marca na relação sexual posterior com a parceira. Uma marca, que foi descrita por alguns como uma "cicatriz sexual".[164]

A percepção do pai como um sujeito que pode angustiar-se é muito importante para que a equipe que dá assistência ao parto possa ajudá-lo a passar pela experiência. Para alguns homens, as interações com os profissionais de saúde foram traumáticas por si mesmas. Um pai descreveu-se como "destruído" por um comentário da parteira; outro sentiu que as dificuldades da parceira não foram contempladas, sentindo raiva e impotência diante da situação. No parto, os homens se queixam de serem deixados "no escuro" a respeito do que está se passando, e um pai se lembrava vividamente da visão de sua filha sendo "contrabandeada" pela equipe enquanto tentavam reanimá-la, sem explicar a ele o que estava realmente acontecendo: "*Ninguém disse nada. Você sabe... mesmo que a criança tivesse nascido e morrido eu estava esperando que me dissessem alguma coisa... Não apenas sumirem com ela*". E porque eles não fizeram isso, ele pensou: "*Deve haver uma razão pela qual eles não estão dizendo algo. Deve haver uma razão*". O sentimento de desamparo do pai neste momento ficou marcado para ele como uma sensação de abandono, que ficou pior por causa da atitude da equipe, ignorando sua presença diante da urgência da situação do bebê.[164]

Em alguns casos, a desconexão é tamanha que muitos pais, além de assustados, podem ficar culpados por sentir este pavor, já que não estão passando, eles próprios, pela experiência do parto em seu corpo. Sentem que não têm o direito de se afetar por isso porque "*não aconteceu nada comigo*"; descartando a experiência do testemunho e da participação do nascimento porque foi emocional, e não física: "*Eu me senti culpado... por estar me sentindo traumatizado quando, você sabe, obviamente eu não tinha realmente passado por nada daquilo*".[164] Será mesmo?

Para Missonnier, os pais são *literalmente maltratados em muitos contextos da perinatalidade*.[165] É preciso que a equipe de saúde compreenda que abrir espaço para os homens pode significar um trabalho extra, de modo que a ideia de trazer o pai para mais perto exige dos profissionais a disponibilidade para escutar e acolher o sofrimento desses homens.

Sintomas obsessivos

Para concluir nosso assunto sobre a ansiedade paterna, encontramos alguns achados de pesquisas que abordam quadros específicos como o transtorno obsessivo-compulsivo (TOC) paterno. Este, embora não seja atualmente classificado dentro do grupo dos transtornos de ansiedade, guarda com a angústia uma importante relação.

O TOC é uma síndrome cujos sintomas são as obsessões e os rituais, sendo que as obsessões se referem à experiência de pensamentos, imagens e crenças intrusivos, incontroláveis e recorrentes, ou impulsos que desencadeiam uma série de respostas afetivas e comportamentais, incluindo ansiedade.[166] Essas intrusões são descritas como egodistônicas, ou seja, não estão de acordo com as crenças ou desejos do indivíduo e são, portanto, altamente improváveis de serem realizadas. No entanto, os pensamentos obsessivos podem ser altamente angustiantes para o sujeito, que pode então se envolver em comportamentos compulsivos ou atos mentais para reduzir a ansiedade desencadeada pela intrusão. A prevalência de TOC na população ao longo da vida em geral é de aproximadamente 2%.

O período perinatal, que abrange a gravidez e os 12 primeiros meses pós-parto, é destacado como um momento em que o TOC pode ter início ou se exacerbar.[167] As obsessões mais referidas pelos pais incluem o sufocamento do bebê, sua morte por doença ou o dano sofrido em um acidente, que se assemelham às obsessões clínicas observadas no TOC não perinatal, na medida em que são descritas como perturbadoras, mas ilógicas e fora de contexto com o sistema de crenças do indivíduo. O pai obsessivo pode se engajar em comportamentos de checagem em relação ao bebê e procura excessiva de ajuda médica para essas preocupações.

Contudo, parece que os sintomas de ansiedade são mais intensos na fase pré-natal do que após o nascimento, de modo que alguns pais, que apresentam uma verdadeira crise obsessiva nesse momento, melhoram com o tempo. Isso levanta a questão de em que medida os sintomas obsessivos podem ser mais uma adaptação neurótica ao estresse do que um quadro que necessitará de intervenção médica.[166] O TOC, como um distúrbio, pode impactar negativamente o que em geral é um momento alegre para a maioria dos pais, já que os sintomas obsessivos provocam muita angústia.[166]

Mas tudo parece ser uma questão de grau: pensamentos intrusivos também surgem em pais que não têm TOC, e, neste caso, não são associados à extrema ansiedade e ruminação. É interessante como alguns homens podem ter pensamentos fugazes – como imaginar deixar o bebê cair pelas escadas – sem se desesperar com isso. O pensamento vem e vai embora. Já os pais que desenvolvem TOC tendem a interpretar essa experiência de tal forma que passam a crer que são péssimos pais ou que podem realmente cometer o ato. Isso os leva a mais pensamentos intrusivos e rituais, formando um ciclo obsessivo-compulsivo. A repetição constante das compulsões impede o sujeito de compreender e aceitar que o pensamento intrusivo não representa uma ameaça – o que é essencial para romper com esse ciclo de repetição.

Com relação aos pais que lidam melhor com os pensamentos negativos, aqueles que adoecem apresentam três padrões cognitivos principais, ou crenças.[166-168] A primeira é a crença de que pensamentos intrusivos são significativos e, portanto, podem e devem ser controlados. A segunda, ligada ao perfeccionismo e a intolerância à incerteza, é a crença de que o indivíduo pode e deve ser impecável, o que leva à falta da capacidade de lidar com a imperfeição. Finalmente, o senso inflado de responsabilidade e superestimação da ameaça baseia-se na terceira crença comum a estes casos, a da responsabilidade pessoal para evitar que seus pensamentos intrusivos se tornem realidade. Os indivíduos que desenvolvem o quadro de TOC consideram seus pensamentos muito mais prováveis de ocorrer do que realmente são. Existe, portanto, uma dificuldade em tolerar a ambivalência e uma tendência ao pensamento mágico. No entanto, o que os estudos mais enfatizam é a chamada *responsabilidade inflada*, pois o período perinatal está associado com aumentos substanciais de responsabilidade – algo que pode ser vivido com intensa angústia por alguns sujeitos.[167,168]

Quando os pensamentos obsessivos se organizam nas formas mais patológicas, a sua presença está associada à parentalidade desadaptativa. Pais que têm TOC ou depressão com traços obsessivos graves são significativamente mais superprotetores em relação aos filhos do que os pais sem traços obsessivos.[149] No sentido inverso, um estudo que avaliou pais a partir da característica da superproteção encontrou nesses sujeitos uma chance de 80% de terem um diagnóstico não reconhecido de TOC ou sintomas obsessivos subclínicos.[149]

A coocorrência de TOC e depressão, na perinatalidade, segue a tendência existente na população geral, mas, em relação aos quadros obsessivos, tornar-se pai pela primeira vez é um preditor mais importante para o adoecimento do que no caso da depressão,[168] que é mais prevalente em situações de dificuldade econômica, associando-se, portanto, à multiparidade.

Hipocondria

Um outro transtorno que costuma se ligar ao TOC, à depressão e à ansiedade parental é a hipocondria. Esse transtorno, que também envolve crenças e pensamentos sobrevalorizados, é um estado psíquico em que a pessoa acredita padecer de uma doença grave. A auto-observação constante do corpo e a procura por serviços de saúde e exames torna essas pessoas usuárias habituais desses equipamentos. Por outro lado, pais e mães com essas características podem desenvolver uma hipocondria "por procuração", por meio da crença de que há algo errado com o bebê.

Tenho percebido, hoje em dia, que as mídias têm trazido para os pais uma "hipocondria" nova, o medo de o filho ser autista ou hiperativo, o que pode gerar verdadeiras profecias autorrealizadas em certos casos. Como no caso de Felipe, que concluiu ter déficit de atenção depois de responder a um questionário da internet, tenho recebido crianças com questões emocionais que estão sendo diagnosticadas desde cedo, e erroneamente, como portadoras de distúrbios do neurodesenvolvimento.

Por outro lado, quando o pai ou a mãe não estão bem, a insegurança em relação ao filho costuma ser maior. E precisarão de ajuda para lidar com a culpa pelos sentimentos ambivalentes, projetados no temor de que o filho esteja doente, ou seja, de algum modo "anormal". As preocupações com a saúde do filho, em qualquer caso, tendem a permanecer ativas ao longo da vida e fazem parte da preocupação parental primária, aquele momento normal de preocupação em que cada espirro do neném faz os pais se encherem de cuidados.[169]

Nesse sentido, a preocupação hipocondríaca dos pais pode ser um traço neurótico da ligação com o filho, que oscila entre o excesso (procura de atendimentos, medicamentos, consultas paramédicas, avaliações e *sites* de informação) e o descuido (não procurar atendimento apesar de sinais de doença real numa criança). Entre esses polos extremos, há o desafio de ser para si mesmo e para outro, uma mãe ou um pai "suficientemente hipocondríaco", já que, de fato, é preciso cuidado com os pequenos nos estágios iniciais.[168] Nesse sentido, Winnicott talvez seja um dos pesquisadores do campo da preocupação parental que mais falou sobre esse assunto. Ele chega a dizer que as pessoas que cuidam de um pequeno são tão desamparadas em relação ao desamparo do bebê quanto o bebê o é. "Talvez haja até mesmo um confronto de desamparos", é o que nos diz o pediatra, diante das dificuldades que surgem neste momento.[170] Ciente dessa situação, ele diz que os *pais saudáveis precisam de orientação, mas aqueles mais adoecidos necessitam, acima de tudo, de reasseguramento.* Qualquer que seja a modalidade do sintoma ansioso apresentado por pais e mães, por trás desse sofrimento sempre está um pedido de ajuda.

Neurobiologia da ansiedade

Embora o objetivo deste tópico não seja a neurobiologia da ansiedade, a título de ilustração, escolhemos a Figura 6 para mostrar a inter-relação de sistemas ligados à regulação do estresse.[171] A ansiedade crônica tem consequências para a saúde do indivíduo. Na Figura 6, à esquerda, temos a condição de saúde, em que existe uma comunicação permanente entre os sistemas nervoso, imunológico e endócrino fundamentando a homeostase do organismo. Em particular, o eixo hipotálamo-hipófise-adrenal (HHA) e o sistema nervoso autônomo interagem estreitamente com o sistema imunológico para gerar respostas adaptativas ao estresse agudo. Os ajustes constantes desses três sistemas fundamentais às inúmeras mudanças ambientais são responsáveis por um equilíbrio dinâmico, garantindo a sobrevivência dos indivíduos em quase todas as situações. Essas influências recíprocas do sistema nervoso central, do sistema imunológico e do sistema endócrino são mediadas principalmente por neurotransmissores (NT), citocinas (CK), neuro-hormônios (NH) e/ou hormônios (H).

À direita, observamos que, quando o organismo vivo enfrenta situações de estresse crônico, a perturbação duradoura da homeostase pode, em última análise, levar a doenças. De fato, uma comunicação inadequada entre os sistemas neuroendócrino e imunológico pode contribuir para o surgimento de distúrbios associados a alterações imunológicas, como a síndrome da fadiga crônica ou doenças autoimunes. Em tais condições de má adaptação, o estresse desencadeia alterações duradouras nos níveis de NH, NT, CK ou H. O desequilíbrio subsequente da homeostase do organismo leva a disfunções nas respostas ao estresse, no crescimento, no comportamento sexual e/ou nas respostas imunológicas, o primeiro passo na programação de distúrbios mais graves, como diabetes tipo II, hipertensão arterial ou obesidade. Em situações extremas, em que o organismo não consegue retornar à homeostase, tais perturbações podem, em última análise, causar graves adoecimentos aos indivíduos.

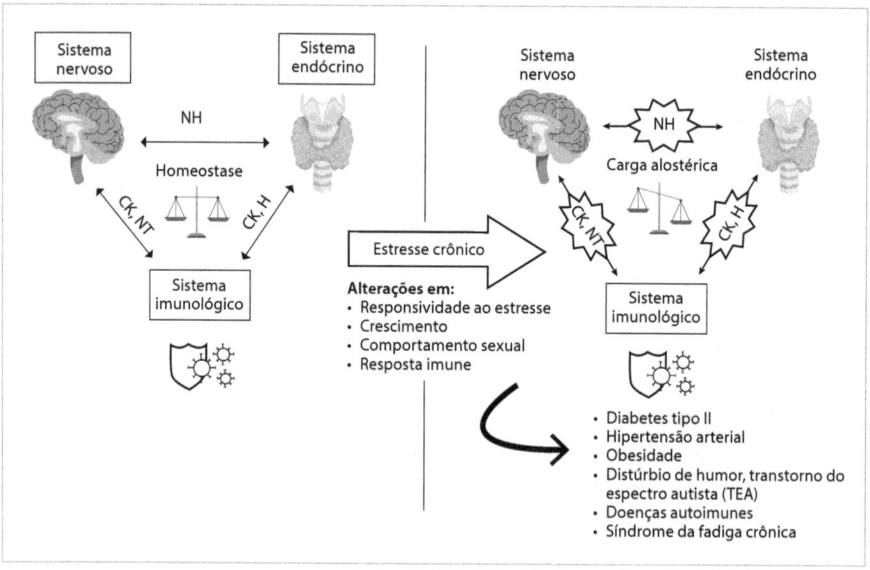

Figura 6 Inter-relação de sistemas ligados à regulação do estresse.
Fonte: adaptada de Viltart e Vanbesien-Mailliot.[171]

Hot-spots:

- A angústia é um afeto universal. Ela se liga ao desamparo e pode ser pensada como um "medo interno", relacionado à percepção de um perigo para a identidade ou ao conceito que o sujeito tem de si, assim como o risco de ser excluído do grupo social e o medo de enfrentar o novo.
- Os transtornos de ansiedade perinatais paternos são comuns e se confundem com as reações ao estresse dessa fase.
- O pico da ansiedade paterna, que aumenta durante a gravidez, acontece próximo ao parto.
- Pais podem vivenciar a experiência do parto como traumática e, em geral, não têm sua angústia reconhecida nesse momento.
- O mero reconhecimento da ansiedade do pai diante do novo, quando encontra no seu meio espaços de escuta para falar e nomear suas angústias, tem efeito positivo na prevenção do seu sofrimento mental.
- O TOC, a hipocondria, os pensamentos obsessivos e as fobias masculinas aumentam na fase perinatal.
- Existe grande comorbidade entre a depressão e os transtornos de ansiedade paternos.
- A ansiedade aumenta o risco masculino do abuso de substâncias e álcool.
- Como um afeto-limite entre o somático e o psíquico, a angústia tem muitos correlatos orgânicos, e a ansiedade crônica traz agravos à saúde.

Anexo I: aspectos cognitivos e biológicos da ansiedade

Um outro modo de imaginarizar a questão da angústia/ansiedade, do ponto de vista cognitivo, é explicar as ideias e percepções que se ligam aos mecanismos ansiosos por meio do conceito de crenças e reações automáticas. Essa concepção explicita a noção da angústia como um medo exagerado, ligado a fatos e pensamentos que não representam perigo real, mas foram assim aprendidos pelo sujeito que sofre de ansiedade. Aquilo que a pessoa recebe do ambiente e introjeta como certo ou errado é uma complexa rede de significados que se torna automática à medida que o senso de si fica mais sofisticado. Chega o momento em que até mesmo o perigo de sofrer, internamente, com a desaprovação que o próprio sujeito tem em relação a si mesmo pode ser um gatilho para a angústia. Dentro de nós, há uma instância julgadora que nunca descansa. Ela nos diz o que devemos fazer, mas também nos torna angustiados toda vez que falhamos com a expectativa ou os ideais que construímos para nós mesmos.

Dessa maneira, quando se pode trazer tais conexões à consciência, alguns gatilhos da angústia podem ser "desarmados", pois quando ideias que estão aparentemente desconectadas entre si são religadas dentro da pessoa, aquele medo descabido pode ser atenuado. Embora o trabalho a este nível nem sempre dê conta de resolver o problema que gera a insegurança e o conflito, tornar as coisas mais claras pode fazer diferença na experiência de quem está angustiado. Sob essa perspectiva, os automatismos mentais da abordagem cognitiva explicam os mecanismos aprendidos por modelagem e reforçamento, cristalizados no modo de ser de uma pessoa, cuja finalidade primeira era evitar o sofrimento, mas que se tornaram padrões mal adaptativos de funcionamento.

Se, ao invés de nos trazer movimento, a angústia gera inibições e sintomas incapacitantes, ela se torna um problema, e não mais um aspecto inerente à incerteza do viver. A pesquisa sobre a ansiedade, do ponto de vista biológico, tem demonstrado os fatores predisponentes ao desenvolvimento de padrões ansiosos de resposta e a tendência de cada um a apreender a realidade de forma diferente. Essa visão não exclui a questão do ambiente e, principalmente no campo do trauma, há grande intersecção entre as ideias psicodinâmicas e os correlatos biológicos ligados à experiência do desamparo. Por outro lado, mecanismos neuroendócrinos complexos ligados às doenças que têm na ansiedade sua característica marcante estão sendo cada vez mais estudados. Se a angústia, como um afeto inerente à natureza humana, faz parte do viver, a angústia-sinal é um mecanismo adaptativo do psiquismo. Mas se estamos diante de um transtorno de ansiedade ou de um trauma, o corpo todo entra em sofrimento. Este sofrimento gera uma ativação generalizada dos sistemas de alerta e defesa filogeneticamente determinados para produzir reações de enfrentamento do perigo,[139,171] entre eles o eixo hipotálamo/hipófise/adrenal (HHA).

Assim, a pesquisa sobre os aspectos biológicos da ansiedade vem avançando no estudo dos mecanismos de ativação e desregulação de hormônios e neurotransmissores que atuam de forma cerebral e sistêmica. Eles se ligam à modulação do sistema imune e dos mediadores inflamatórios que estão aumentados nesses casos. O eixo HHA, que regula a secreção e a ação da adrenalina, noradrenalina e cortisol, é conhecido há bastante tempo e funciona bem para o estresse agudo, mas no caso do estresse crônico, contribui para uma série de desequilíbrios orgânicos. Além da desregulação do mecanismo de sono e vigília, atenção e aprendizagem, os estados ansiosos crônicos desencadeiam uma série de mecanismos de compensação que levam a adoecimentos. Um deles é a própria depressão.[160,171] Pode-se produzir, em modelos animais, um quadro semelhante à depressão com alterações de comportamento e produção de vários mediadores inflamatórios cerebrais a partir do estresse crônico, provocado, por exemplo, em uma cobaia impedida de dormir e apresentada a estímulos aversivos de forma imprevisível.

Nesse sentido, uma pesquisa que nasceu no seio da psicanálise, mas se tornou difundida em outros campos, foi a teoria do apego. Este tema interessa ao estudo da parentalidade porque o condicionamento dos padrões de apego se liga à relação da criança pequena com seus cuidadores. Experiências observacionais no campo do apego mostram que, se a criança não se sente segura, se não encontra uma certa previsibilidade no cuidador, ela tende a desenvolver ansiedade e dificuldades de relacionamento no futuro.[19,161]

Esses estudos, em somatória, mostram como nossas relações imprimem marcas em nosso corpo, e como o psiquismo e o corpo não são separados entre si. A ansiedade é um afeto que permanece entre o psíquico e o somático. Cuidar dela – seja por meio da terapia pela fala, de medicamentos que atuam nas reações corporais que provoca, ou de técnicas como respiração, meditação e outras práticas complementares – constitui um conjunto de abordagens igualmente relevantes no tratamento dos transtornos ansiosos.

A respeito da inter-relação entre alguns dos sistemas orgânicos afetados pela ansiedade, a Figura 6 ilustra a complexidade dessas relações. Até certo ponto, a ansiedade como defesa liga esses sistemas entre si para proteger a vida. Mas, se ela passa de um determinado nível, existe o adoecimento. Como um paciente me dizia ao falar da sua dor crônica e tensão constante, ligada aos seus padrões rígidos de comportamento: *"Eu respondo no corpo, eu levo tudo para o corpo para permanecer calmo em minha mente"*. Nesse sentido, a ideia de uma ansiedade, como energia "não distribuída", tem algo a nos dizer sobre casos como o desse paciente.

VIOLÊNCIAS PATERNAS

> *"O privilégio masculino é também uma cilada e encontra sua contrapartida na tensão e contensão permanentes, levadas por vezes ao absurdo, que impõe a todo homem o dever de afirmar, em toda e qualquer circunstância, a sua virilidade."*
>
> *P. Bourdieu*[119]

Neste capítulo sobre as patologias na paternidade, não poderia faltar uma abordagem à questão da violência. Aqui, vamos nos deter sobre as formas violentas de manifestação do mal-estar paterno, a relação entre a violência e a saúde mental e o aspecto sistêmico desse grande mal, tão enraizado em nossa sociedade. Para pensar as inúmeras violências, optei por enfatizar as violações masculinas que têm consequências sobre a criança. Dar atenção ao efeito da ação traumática sobre o psiquismo de quem a sofre é uma mudança em relação aos tópicos anteriores. O leitor poderá sentir que falaremos menos do pai, e mais da família, ao abordar este assunto. Aqui, a ênfase está no aspecto relacional das violações familiares. Traçando um roteiro deste tópico, começamos por definir as formas de violência, especificando mais detalhadamente as relações conjugais problemáticas e o abuso sexual infantil. E, finalmente, exploramos os quadros paternos que mais concorrem para a violência doméstica.

O tema da violência no campo do cuidado é uma "doença" que não aparece nos manuais psiquiátricos e constitui desequilíbrios que não podem ser tratados com "remédios", como no caso da depressão ou ansiedade. Nem por isso é um tema que deixa de interferir, e muito, no campo da saúde mental. As inúmeras violências podem estar ligadas ao descuido ou à violação da criança, e, conforme o caso, são chamadas de negligência, agressão ou abuso. São nomes diferentes para situações diferentes que, no entanto, apresentam pontos em comum. Existe uma relação inversa entre a presença dessas situações e a parentalidade responsável. Portanto, pode-se supor que, ali onde há violência, existe uma doença do "pai", seja o pai como pessoa ou o pai como função, instância maior, do cuidado e da proteção.

Não se pode pensar a violência somente a partir de um ponto de vista, e é isso que torna o seu estudo tão complexo. Aqui, então, o leitor pode notar uma alternância do olhar sobre o individual, o relacional e o coletivo. Partindo do "maior" para o "menor", pode-se costurar o sentido do ato violento e suas consequências, numa tentativa de contornar as lacunas que o tema, por sua própria natureza, sempre produz.

O que é violência?

Para começar, vamos às definições: a palavra "violência" vem do latim *violentia* e se liga ao verbo "violar". Sua raiz semântica (*vis*) significa força, vigor ou potência. O sentido etimológico desta palavra envolve a ideia de "força em ação" e implica a imposição de uma parte sobre outra, mediante o emprego de força ou poder. A ação violenta liga-se ao ato de profanar e ultrapassar limites, associando-se a uma quantidade de ação que passa da medida, desrespeita, rompe acordos e regras que ordenam relações.[172] Assim, pode-se considerar violento aquilo que extrapola os limites de cada um, invadindo e desestruturando sua subjetividade.[172]

É justamente a qualidade de profanar e desrespeitar os limites do outro que diferencia a violência da pura agressividade. As inúmeras violências estão invariavelmente ligadas a algum contexto, às normas que caracterizam os comportamentos. Isso explica a variabilidade da sua percepção conforme as circunstâncias históricas e culturais. Assim, o rompimento dessas normas nunca é neutro, mas tem conotações de valor negativo, ou positivo, vinculadas à ideia da transgressão deste limiar.

Na contemporaneidade, a categoria violência comporta múltiplos significados, entre os quais a violência de gênero e sexual, o racismo, a negligência e os maus-tratos à criança.[172] A partir do direito, tais abusos guardam a noção da perturbação de uma ordem, a qual muda com os tempos e passa a qualificar como violentas certas práticas que, antes, não eram percebidas dessa forma. Na antiguidade, o "pátrio poder" incluía o direito de vida e morte sobre as crianças. À medida que a sociedade muda, o poder do pai deve conhecer limites. Hoje, a violência doméstica, o racismo, a sedução infantil, a agressão à mulher e o ato de forçá-la ao sexo sem consentimento são crimes tipificados pelo código penal. O efeito do questionamento do patriarcado na família é justamente a percepção de que crianças e mulheres devem ser ouvidas. Assim, as inúmeras violências sofridas por elas ao longo dos tempos deixam de ser normalizadas, aceitas, silenciadas – ao menos em algumas partes do mundo.

Como a violência é uma qualidade da relação entre pessoas ou grupos, tem sempre sua contrapartida. O complemento da violência é a passividade de quem a sofre, como no caso de pessoas abusadas que podem, inclusive, transferir a culpa a si mesmas.[172] Dessa forma, tanto a violência do perpetrador como o silenciamento da vítima servem para construir uma determinada ordem, um determinado sistema de poder.

O leitor pode se recordar que, em no capítulo anterior deste livro, comentamos a violência contra a mulher sob o ponto de vista da masculinidade, quando articulada como defesa em relação às representações do feminino (ver página 177). Não comentamos, porém, o fato de que as pessoas que mais morrem em função da violência são os homens jovens, sendo também os homens que cometem mais suicídio, em qualquer faixa etária. Está aí a *cilada* de que nos fala Bourdieu.[119]

Sob esse ponto de vista, na relação violenta, ninguém "ganha" de verdade. Este mal, quando sistêmico, tem o costume de se espraiar e afetar a todos que estão à sua volta. Ele se liga a ideologias e crenças, à divisão entre as pessoas segundo critérios de valor e à dominação de uns sobre outros. Por isso, o estudo da violência inclui a dimensão social – não se pode pensar a violência paterna somente a partir do psiquismo deste ou daquele homem em particular.[172] Em certo sentido, a masculinidade tem uma "licença" social para expressar e dar vazão a uma maior agressividade nas relações, e isso se reflete no comportamento do pai, quando se expressa, por meio do ato agressivo, na família disfuncional.

Mas a violência é um modo de relação que não se resume à raiva ou à brutalidade explícita, pois tem outras formas de se manifestar.

Violência e agressividade

Nos estudos que buscam compreender as origens da violência, uma das primeiras questões investigadas é sua relação com a agressividade. Esta, quando adaptativa, é normal e se expressa desde o começo da vida, como reação ao estresse. Os atos agressivos, do ponto de vista neurofisiológico, têm um componente automático e figuram entre as reações animais de luta e fuga diante das ameaças. Da mesma forma, uma certa voracidade pode fazer parte da busca pelo alimento, da busca pela sobrevivência. Na etologia, que estuda o comportamento dos animais, encontram-se padrões violentos ligados a instintos e organizações específicas em várias espécies, como hierarquias, rituais, acasalamentos, e até os comportamentos patológicos e a autoagressão.

Entretanto, devemos diferenciar a agressão adaptativa, que se constitui diante do perigo, e a violência. Esta tem um aspecto disruptivo e consiste na agressão direcionada a um alvo, com a intenção de causar dano. Nesse sentido, é considerada um comportamento mal-adaptativo, além de ser vista como indesejável sob a perspectiva moral. Como seres humanos, temos reações semelhantes às dos outros seres vivos, mas a agressividade em nossa espécie se torna mais complexa, admitindo essa nova dimensão que tem outros componentes.

Por isso, a vertente da psicologia e o estudo do comportamento que reconhece a natureza agressiva do ser humano não implica a desculpabilização da violência. Mesmo que o estado de "paz" entre pessoas e grupos que estabelecem relações de dominação entre si seja uma utopia, e mesmo que os comportamentos violentos sejam comuns, a psicologia não os normaliza. A pesquisa sobre o trauma e seus impactos na saúde mental e no desenvolvimento, bem como o lugar da violência nas relações familiares e sociais, é uma das ramificações deste campo do conhecimento. Esse estudo vai além da ligação entre a violência e os atos e intenções explicitamente agressivos, mostrando como as violações às quais as pessoas estão expostas nem sempre são óbvias. A integridade de uma pessoa pode ser violada tanto de forma física, quanto moral, pois há um componente simbólico inerente à ideia da violação que ultrapassa a noção de injúria corporal.

Nesse sentido, a ideia do "abuso" fala mais do componente imaterial ou sutil de certas violações. É o caso do abuso sexual sem violência presumida, que qualifica a violação de uma pessoa que se faz, muitas vezes, por meio da sedução que parte de alguém íntimo e conhecido. No caso dos pequenos, são as "cócegas", "carinhos" e "brincadeiras" que mascaram a natureza violenta do abuso sexual perpetrado pelo adulto, tão traumático para a criança quanto a violência física.[173,174] O componente imaterial do abuso também aparece na violência psicológica. Nem sempre explícita, essa forma de agressão pode ser imposta em pequenas doses, na forma de coerções e humilhações veladas, contínuas, que levam o humilhado a introjetar um senso inconsciente de desvalor. Assim, a violência tem "mil disfarces", e só mesmo olhando de perto a relação em que ela se estabelece para enxergar suas formas mais sutis de manifestação.

A partir do entendimento dos diversos tipos de violência, a associação entre as violações e os traumas a ela ligados, do ponto de vista psíquico, tornam-se mais evidentes. E são importantes para nosso estudo das patologias paternas, pelas suas consequências para a criança, para a mãe e para as relações do pai com as figuras importantes da sua vida. São três conceitos que estão ligados, mas não são equivalentes: o ato agressivo, a violência, e o trauma de quem sofre esse tipo de ação por um outro. Se pode haver violação sem a presença da agressão explícita, nem toda ação violenta, necessariamente, levará o sujeito a desenvolver um trauma.[175] *Contudo, para efeito do nosso estudo, consideraremos os casos em que os traumas realmente ocorrem em função da violência do pai.*

A partir dessa ideia, pode-se explorar a violência intrafamiliar do ponto de vista da mulher que sofre violações pelo parceiro íntimo e o abuso sexual da criança. Essas duas formas de abuso são paradigmáticas da "loucura" paterna, tão comuns, mas que não costumam se ligar à "loucura" que aparece nos manuais de psiquiatria, estando entre os tipos mais silenciados de violência e denunciando uma subversão profunda da função parental de proteger e cuidar.[176]

Aspectos vinculares: violência conjugal

A violência entre casais é tão frequente que os estudiosos do assunto a consideram uma questão de saúde pública.[172] Pode acontecer de forma não somente física, mas moral ou sexual.[177] Nesse caso, mesmo que a prole seja poupada de agressões diretas, a violência na família sempre afeta a criança. O pai violento, na maioria das vezes, é também um parceiro violento, mas o parceiro que vitimiza *somente* a mãe também está, indiretamente, traumatizando os filhos.

Sobre a violência nos casais, os agravos físicos são mais visíveis e acabam sendo mais notificados nas pesquisas que levantam os altos números de agressões do homem contra a mulher.[177] Mas as agressões podem ocorrer de outras formas. No Brasil, uma a cada três mulheres relata já ter sofrido violência física ou sexual por parte do companheiro ou por um homem não parceiro, pelo menos uma vez na vida. Essa também é a realidade em vários países do mundo, quer os níveis de escolaridade dos perpetradores sejam mais altos ou mais baixos, pois a violência se repete em todas as camadas sociais.[178]

Nos estudos sobre a família, encontra-se um número espantosamente alto de comportamentos violentos de homens, tanto em relação à mulher como em relação aos filhos. Traçando um perfil destes homens, encontram-se históricos de reações inadequadas ao estresse, incapacidade psicológica de se relacionar e abuso prévio.[178,179] Em um estudo que analisou a violência masculina em diversos países, o fato de ter presenciado, na infância, a mãe sofrer violência pelo pai, aumentava o risco desses meninos se tornarem violentos em 2,5 vezes.[178] O peso das experiências passadas – sofrer ou presenciar violência durante a infância, tanto no caso dos autores como das vítimas – parece determinar uma tendência aos modos violentos de vinculação.[180]

É comum, inclusive, que os perpetradores enxerguem a si mesmos como vítimas, diante do próprio descontrole, atribuindo a(o) parceira(o) a responsabilidade pela agressividade: "*Ela me provoca, me despreza, me humilha...*" Ou, falando da criança: "*Ele estava pedindo para apanhar.*" Não deixa de ser curioso que, se a mulher tem mais escolaridade que o companheiro ou, por exemplo, se ganha mais dinheiro do que ele, ou tem uma posição considerada superior em relação ao trabalho, tem mais risco de ser agredida do que na situação contrária. Esse dado reforça a ideia da masculinidade mais frágil, que tem que afirmar a virilidade diante da mulher.

Com relação aos casais, existe um padrão comum: a violência cíclica e progressiva, com picos de agressividade seguidos de períodos de "lua de mel", reconciliações e arrependimentos.[177] Às vezes, apesar da violência, o elo entre os parceiros que se relacionam dessa maneira é muito forte. Isso precisa ser levado em conta quando se pretende encarar tal situação, encaminhar algum tipo de tratamento para o problema.

Mas, e no caso das parceiras? O que se sabe sobre elas é que, comumente, são as vítimas e repetem o padrão abusivo da história da família, a transmissão transgeracional da violência. A dificuldade de se proteger pode se estender também à dificuldade de proteger a prole de abusos de diversas ordens. Alguns estudos mostram que, em números, é justamente a pessoa vitimizada quem mais corre o risco de dar palmadas numa criança.[181] A violência, dessa forma, circula em suas diversas modalidades, de modo que o vínculo violento passa a envolver aspectos físicos, morais e psicológicos, e também a relação da mãe com os filhos.[182]

Pensando, assim, na agressividade do pai para com a parceira, o estudo deste tema envolve a consideração dos elos que ligam abusadores e abusados, *o vínculo violento, que não é simples de entender.* Para abordar este problema, é preciso trabalhar as representações do vínculo, além das questões pessoais de cada um, e isso mesmo nos tratamentos individuais. Olhar para a vítima, sem deixar de lado a questão do abusador, é o que mais "funciona" nos atendimentos dos casais, porque a violência se faz na relação e é por isso que, nestes casos, atendimentos de casal e de grupos são interessantes.[105,141,179] Pode haver menor chance de mudança quando se trabalha exclusivamente com a vítima se, paradoxalmente, o trabalho exclusivo com a mulher pode tornar a relação ainda mais destrutiva. É comum que o abusador se sinta acuado com as mudanças que vão ocorrendo e se torne mais agressivo para voltar a ter o controle da situação.

A esse respeito, e como já dissemos que o tema da violência "nunca é neutro", quem trabalha ou atende casos de abuso tenderá a direcionar seu esforço na proteção e cuidado das vítimas, e isso é realmente imprescindível.[177] Obviamente, é mais fácil perceber a necessidade daquele que sofre o abuso do que entender a importância do trabalho com o pai ou parceiro agressor. E, já que estamos enfocando a questão paterna, este tema controverso envolve inevitáveis discussões éticas sobre o risco da "psicologização" da violência e sua consequente desculpabilização enquanto crime. Alguns partem do pressuposto de que atender agressores, investir na psicoeducação ou em grupos de apoio seja uma substituição para a penalização da violência, um reforço para a impunidade.[183]

Contudo, o reconhecimento da necessidade de olhar para os agressores, sob todos os ângulos possíveis, não exclui sua imputabilidade e responsabilização. O trabalho com o abuso (inclusive na vertente sexual) tem uma intersecção com a política e o direito, mas isso não exclui a pesquisa e as ações em saúde, diante de um fenômeno tão prevalente e que tem tantos desdobramentos nesse campo.

A violência é um fenômeno de muitas camadas, e o ato agressivo do pai pode ser somente a ponta do *iceberg* de um sistema de relações abusivas que o antecede e se organiza, inclusive, nos diversos meios em que ele está inserido.[172]

Família violenta

Quando se estuda o vínculo violento entre parceiros íntimos, percebe-se que a violência psicológica entre os membros da dupla costuma ser recíproca.

Embora não se possa fazer uma generalização nesses casos, a complementaridade de uma parelha pode estar ligada a aspectos patológicos, que fazem com que o casal se identifique de forma inconsciente. Apesar de, aos olhos de quem está de fora, a maior agressividade ficar do lado masculino da dupla, as diversas violações circulam e se reforçam mutuamente no casal. Assim, tanto o pai agressivo como a mãe vitimizada podem ser violentos de forma física ou psicológica entre si e com as crianças. Assim, o tema da violência paterna fica mais complexo quando pensamos, sistemicamente, a família, o efeito da relação tóxica do casal sobre a prole e as consequências dos abusos sofridos pelas mães em sua própria condição de cuidar.[182]

É preciso considerar de que modo a violência da mãe em relação a si própria – que pode ser comum, nesses casos – liga-se às comorbidades entre os transtornos mentais parentais e o uso de substâncias e álcool. O abuso sexual infantil e a negligência também são mais comuns nessas famílias, pois existe uma relação entre esses tipos de violência que tem sido apontada pelos estudos.

Assim, a ideia de uma família violenta como um grupo que não consegue estabelecer limites claros entre seus membros é presente nos diversos estudos sobre os fatores de risco para os diversos abusos, inclusive sexuais. Neste caso, alguns estudos buscam classificar os estilos parentais presentes no abuso infantil, utilizando métodos quantitativos para buscar os padrões existentes nos grupos onde mais ocorrem. A ideia de uma violência circulante entre os membros, e nas suas diferentes formas, aponta a associação entre a negligência e o abuso físico com o risco aumentado para a violência sexual.[172,184] Esta, mais frequente no âmbito doméstico, é uma forma de violação que transcorre, em geral, no mais absoluto segredo, e às vezes é identificada, *a posteriori*, quando o adulto aprende a nomear como abuso aquilo que sofreu na infância.

Esse aspecto foi ressaltado num levantamento paulistano, que estimou, em 20% das mulheres e 5-10% dos homens entrevistados, a presença de violência sexual quando estes sujeitos eram crianças.[184] Em um levantamento populacional maior, os números foram 17,7% e 12,5%: uma em cada seis meninas e um em cada oito meninos no Brasil – dados divulgados em um estudo que estimou esses índices em 204 países.[185] Tomados em conjunto, os estudos mostram que as famílias violentas não são todas iguais. Pode ali haver um estilo parental mais autoritário ou permissivo – a agressividade explícita ou a negligência. Mas, em todos esses casos, as "premissas da violação" – rompimento de limites – estão presentes em suas diferentes formas, no modo de se relacionar dessas famílias.

Ainda em relação à complexa questão dos limites, o que os estudos quantitativos nomeiam como estilos parentais são aspectos que têm sido profundamente investigados em outros tipos de pesquisa. Esses estudos buscam identificar, nas dificuldades precoces e primeiros vínculos da criança, a predisposição a abusos futuros.[176] "Ser invadido" é algo que faz parte da nossa vida e nos constitui, de certa forma, quando muito pequenos.[120] Mas as relações iniciais (primeiros vínculos da criança) podem determinar uma maior vulnerabilidade para sofrer violência, se excessos ou carências no campo do cuidado dificultam aqueles primeiros processos de diferenciação, descritos no início deste livro.

Aqui, uma atenção é dada aos excessos, extravios da função materna, que nem sempre são identificados quando, lá na frente, a criança vem a ser abusada por um membro masculino da família.

Porém, como os autores de diversos trabalhos apontam, as pesquisas que tentam identificar as vulnerabilidades das vítimas correm sempre o risco de receber duras críticas. Alguns podem imaginar que isso significaria "culpar" o sujeito pela violência sofrida. É um pensamento análogo ao que rechaça qualquer tentativa de "compreender o abusador", como se isso implicasse na desculpabilização da pessoa violenta. E, realmente, não é disso que se trata. A questão é muito complexa, e toda delicadeza é pouca quando se trata deste tema – violência não nos deixa neutros. Mas visões parciais, simplistas, não ajudam a pensar estratégias de pesquisa eficazes, nem tampouco táticas de enfrentamento do problema que, na clínica, traz muita dificuldade aos que atendem pessoas traumatizadas.

Estes são sujeitos que trazem consigo um modo de se relacionar que demanda do terapeuta muito cuidado, atenção e compreensão, para realmente ajudar estes pacientes a adquirirem um pensamento próprio, uma maior condição de viver seus relacionamentos de uma forma menos submissa.[173]

Mas há ainda um outro ponto a considerar, a respeito da família e dos vínculos violentos, neste caso, em relação ao nosso tema, o pai perpetrador de abusos e violações em relação ao filho. Entender que a violência não é uma exclusividade paterna é tão importante quanto evitar a associação imediata entre aqueles abusos e a presença de doença mental neste pai. Há uma zona cinzenta entre o campo do estudo da violência e o da saúde mental, que precisa de muito diálogo e pesquisa, para ser mais bem-compreendida. Contudo, homens que cometem a violência doméstica reportam necessidades de saúde mental não tratada duas vezes mais do que aqueles que não a cometem,[141] existindo uma ligação entre a depressão masculina e a misoginia.

E é importante notar que, se nem sempre o agressor tem um transtorno mental, como a ansiedade ou a depressão, no caso das vítimas, o sofrimento psicológico e a relação entre a saúde mental e os diversos tipos de abuso são claros. Depressão, transtorno de personalidade, aumento do risco de suicídio, gravidez precoce, baixa autoestima, problemas com a lei e aumento da morbidade geral (inclusive em relação às doenças físicas) são alguns dos efeitos tardios da violência sofrida na infância. No caso das mulheres que sofrem agressão pelo parceiro íntimo, a lista também é extensa. O problema é tão comum que pesquisadores da área recomendam que os profissionais perguntem ativamente às mulheres sobre isso, quando procuram atendimento por dores pélvicas recorrentes ou fazem visitas frequentes ao clínico com queixas inespecíficas que não fazem sentido em relação aos achados de exame.[177]

No caso dos pequenos, já dispomos de várias coortes (pesquisas longitudinais) comprovando a associação entre o abuso, a violência e a doença mental. Pesquisas com base na neurociência demonstram alterações do funcionamento cerebral e desenvolvimento, "cicatrizes" neurobiológicas dessas feridas.[186] Essas cicatrizes são condizentes com os estudos sobre o trauma, que afeta a autorregulação, o desenvolvimento cognitivo, a atenção e o controle de impulsos nas crianças que tiveram cuidadores violentos ou negligentes. Aliás, em se tratando da infância, a negligência é uma forma bastante comum de violência. E, como os estudos salientam, é por meio dessas cicatrizes que os sujeitos que viveram numa família violenta, quando adultos, demonstram forte tendência a repetir o que viveram, dessa vez com os parceiros, filhos e filhas que venham a ter no futuro. Por isso, no Anexo II, o leitor encontrará algumas considerações sobre o trauma e as nuances do tema que fazem diferença na maneira como podemos amparar essas pessoas em nossa prática, dentro e fora do campo da saúde mental.

Abuso sexual infantil

Entre os modos de violência perpetrados pelo pai, talvez o abuso sexual da criança seja o mais difícil de elucidar. É uma agressão que pode se dar de forma diferente da violência física, embora a presença de uma dessas modalidades possa se associar à outra. O abuso sexual não precisa envolver a penetração ou o uso da força, como se pensa, geralmente, em relação ao estupro de um sujeito adulto. Os jogos sexuais que envolvem as crianças e os adolescentes podem acontecer sob mil disfarces, como a chantagem, o exibicionismo e o voyeurismo, além do assédio. E, agora, com a questão das redes sociais, o envolvimento dos menores a partir de mensagens ou imagens solicitadas e compartilhadas com eles.

Na grande maioria dos casos, crianças e adolescentes são sexualmente abusados por pessoas conhecidas, sejam os pais, familiares, amigos ou vizinhos, educadores e até profissionais de saúde. E os agressores, em sua maioria, não são aqueles pedófilos que volta e meia aparecem nas mídias, mas pessoas que praticam atividades heterossexuais corriqueiras e consentidas com outros adultos. Geralmente, são familiares muito próximos e acima de qualquer suspeita: o pai, o padrasto, o avô, o tio que é casado, o padrinho, o primo.[174] Os dados epidemiológicos apontam que a maioria das vítimas são meninas, entre 10-13 anos de idade, e os perpetradores, em mais de 40%, são os pais e os padrastos.[187] Os meninos também sofrem abusos, mas estes são menos notificados e muito mais "desmentidos", por ferirem os estigmas da masculinidade.

Diante desses dados, o tema do abuso sexual traz pontos importantes a serem esclarecidos diante da relação entre a criança/adolescente e os adultos, pois a maioria dos casos de abuso dessa natureza ocorre sem a presença de violência presumida, dentro da família e no ambiente da casa. Isso nos leva a pensar que, em algum momento, é mesmo o pai ou o companheiro da mãe que "sai da linha" em relação à pessoa vulnerável, aproveitando-se da intimidade com ela, e para o seu próprio prazer.

Mas, então, precisamos entender também o quanto a criança ou o adolescente jovem, por confiar neste adulto, tem dificuldade até de perceber ou discriminar suas intenções. Muitas vezes, a aproximação entre os mais vulneráveis e o adulto cuidador é recíproca, o que ajuda a entender a culpa da criança e até a subnotificação dos abusos por parte dela. Não é raro que, só mais tarde, um jovem ou uma jovem consiga nomear como abuso algo que viveu no passado.[174,184]

Confusão de linguagens

Existem dois pontos a considerar em relação aos abusos sem violência presumida, tema espinhoso, que esbarra na questão da curiosidade infantil, da família e dos limites entre o que é e o que não é violência, neste campo em particular.

O primeiro desses pontos é a constatação da presença da sexualidade, no sentido da busca do contato e do prazer, desde o início da vida.[115,116] Pode causar estranheza o termo "sexualidade infantil", ainda mais quando estamos no terreno perigoso dos abusos. Para o senso comum, sexualidade diz respeito à genitalidade, à expressão adulta da atração e das trocas entre pessoas já maduras sob esse ponto de vista. Quando dizemos "sexo", pensamos, então, na relação sexual dos adultos.

Mas a criança tem a sua própria sexualidade, ampla, muito menos "direcionada" que esta outra, e a sexualidade da criança é completamente normal, pois faz parte do desenvolvimento. A sexualidade infantil está presente na relação do bebê com o seio, no erotismo muscular, nas brincadeiras, nas sensações agradáveis da pele e da área genital e anal, que fazem parte do modo como a criança se relaciona consigo mesma, com seu corpo e com o adulto que cuida dela. É claro que, nesse sentido, pode-se dizer que existe uma grande inocência nos pequenos, uma diferença muito grande na forma como vivenciam tudo isso e a sexualidade adulta. Poderíamos usar um outro nome para falar do prazer da criança, por conta dessa inocência e das diferenças em relação ao prazer do adulto, cujas intenções, concernentes à sexualidade, são mais específicas, mas, olhando de perto, o que se percebe é que a sexualidade é uma só e acompanha o desenvolvimento.

Chegamos assim ao segundo ponto importante na consideração do abuso dos vulneráveis, que esclarece melhor a diferença entre a criança e o adulto, e faz muita gente até estranhar a ideia de uma "sexualidade infantil". As crianças, sim, são inocentes, mas não porque não sentem prazeres no corpo e no contato com as pessoas. O que acontece, na verdade, é que a sexualidade humana tem uma natureza bifásica. No início, a sexualidade está lá, mas não de uma forma madura. A maturidade sexual chega bem mais tarde na espécie humana, que tem particularidades em relação a outros animais porque, como demoramos muito a amadurecer, temos um longo período de vida, ao qual chamamos de infância, em que não há capacidade biológica para a reprodução.

Essa imaturidade se traduz pela dependência, pela necessidade do contato próximo com o cuidador por longos períodos, até que o sujeito possa finalmente se tornar um adulto responsável e independente. Nem por isso as pessoas crescidas perdem completamente o acesso aos prazeres infantis, após passarem pela adolescência e acederem à sexualidade adulta. O indivíduo maduro adquire, com o desenvolvimento, outros comportamentos, pensamentos e intenções, ligados às mudanças no corpo e no psiquismo que caracterizam o abandono da posição infantil em função do amadurecimento sexual.

Um outro modo de dizer isso é considerar que o adulto é regido pela linguagem da "paixão", o que significa afirmar que ele enxerga "malícia" onde a criança não é capaz de enxergar.[173] A partir dos seus próprios modos de satisfação sexual, de excitações quantitativa e qualitativamente diferentes, ser adulto é ter acesso a um novo código,[116] é ser atravessado pela linguagem da atração sexual. Essa linguagem traz uma outra interpretação para os gestos, corpos e relações quanto à interpretação que se tinha antes, quando se era criança.

Os pequenos, que estão muito abertos ao contato, possuem a vontade de tocar e serem tocados, mas não possuem a intenção e o conhecimento que têm os adultos, possuidores de uma linguagem que só se adquire a partir da maturação sexual.

Diz-se que a linguagem da criança é a linguagem da ternura, pois ela convida o adulto a se aproximar, a afagá-la, segurá-la, confortá-la. O que ela espera do adulto é o cuidado e a brincadeira. A natureza bifásica da sexualidade faz com que as brincadeiras da criança sejam uma preparação para o que vai se passar mais tarde. Um adulto que tem uma boa dose de saúde recebe as mensagens da ternura e compreende o que elas são, sabe muito bem dessa diferença: a diferença entre a linguagem da ternura e da paixão. Mas a criança não sabe, ela ainda só conhece uma linguagem.

É por isso, então, que, com toda propriedade, pode-se classificar como violência a confusão do adulto em relação à criança quando endereça a ela gestos, mensagens, carícias, quando aborda a criança a partir da própria sexualidade adulta, excitando-se com ela, ou excitando-a, propositalmente, de uma forma que ela não pode compreender bem. Essa é confusão de linguagens entre a criança e o adulto que está na origem do abuso. A sutileza da ideia da confusão de linguagens[173,175] está em dizer que quando um adulto e uma criança se relacionam e o amor está entre eles, isso também significa excitação. Mas o adulto saudável sabe do seu limite, sabe da diferença entre um abuso e uma brincadeira.[176] Por isso, é dele a responsabilidade por tudo o que pode ocorrer nessa cena, e não da criança, nem do adolescente, que não está maduro para entender e assumir a responsabilidade pela sexualidade adulta.

Neste caso, aquele *delay* de que falamos no primeiro capítulo, em relação ao psiquismo "correndo atrás" das modificações do corpo, é ainda mais forte na adolescência e puberdade. São pessoas muito jovens, com um corpo que se torna adulto, mas um psiquismo ainda em maturação. Obviamente, elas se arriscam mais nesse campo e, por vezes, enviam mensagens ao adulto como que "brincando" com os novos códigos da linguagem da paixão, que estão começando a conhecer. Por isso, justamente, precisam da atenção ambiental para trilharem seu caminho de amadurecimento, coisa que está se tornando cada vez mais rara em nossos tempos de deterioração do cuidado. Talvez, esse seja um dos fatores responsáveis pelo adoecimento psíquico, cada vez maior, das pessoas dessa faixa etária.

A respeito das excitações e invasões, não enfatizamos ainda este aspecto do que pode ser traumático para um sujeito, *mas as excitações que vêm de dentro*, sem poderem ser integradas ou direcionadas, podem desorganizar o psiquismo da mesma maneira que a ameaça externa. O abuso sexual tem essa natureza, por desorganizar a pessoa a partir de dentro. Isso torna as percepções e a narrativa sobre a sua ocorrência confusas, ainda que se passe muito tempo, quando o sujeito tenta explicar a alguém o que aconteceu. Ao atender um paciente com esse histórico, a perplexidade também costuma se fazer presente para quem olha a situação "de fora", como num dos primeiros casos que atendi, uma mocinha de 14 anos abusada desde os 5 pelo parceiro da mãe.

Nesse caso, a paciente procurou o atendimento por crises dissociativas, e me chamou a atenção a maneira como se vestia e se maquiava, muito "adulta" para a idade. Ela tinha um comportamento sério, contido, de forma que aparentava ser mais velha do que era realmente. A respeito do abuso, a adolescente não conseguia contar como tudo tinha começado e, apesar da situação, tinha afeto pelo padrasto. Quando a mãe descobriu o abuso, continuou com o companheiro. Apesar de levar a garota ao tratamento, o que mais me chocou no atendimento foi o desmentido que construiu. Um desmentido que eu só consegui entender com a ajuda do meu supervisor, pois a mãe não negava o ocorrido, mas desmentia justamente a linguagem da ternura da sua filha, enxergando-a mais como uma rival do que como uma pessoa vulnerável e abusada pelo adulto. Na entrevista com a mãe, ela disse que a menina era "agarrada", que "se jogava" no colo do padrasto, que desde pequena não sabia "se comportar". Perguntei como era que isso acontecia e ela respondeu "com 6 anos, 7 anos". Em minha inexperiência, tentei (inutilmente) explicar à mulher que, com essa idade, uma menina não está "se atirando" para um homem.

Mas a mãe realmente enxergava intenções sexuais na filha, quase a culpando, explicitamente, por seduzir o adulto desde tão jovem. Fiquei muito perplexa, confusa com aquele "triângulo", e contei para o supervisor que, neste caso, onde eu enxergava a criança e a adolescente, a família enxergava a mulher. A mãe, por sua vez, era bem jovem e tinha engravidado da minha paciente com 15 anos. Nessa família incestuosa, a violência contra a mulher se repetia por gerações. Essa mãe, também adoecida, ao enxergar a filha como rival, deixava a menina num duplo desamparo.

Aquele atendimento se passou há quase 30 anos, mas, atualmente, a internet e o celular abriram um campo ainda mais extenso de possibilidades de abuso, principalmente no caso de crianças um pouco maiores e púberes, que facilmente são ludibriadas a se exporem e receberem conteúdos sexuais (e violentos) pela rede social ou celular. Aqui a confusão de linguagens também está presente, pois os pequenos têm a curiosidade e os meios, mas não são capazes de interromper ou interpretar um contato que passa a se tornar invasivo e desrespeitoso. Isso ocorre, principalmente, porque o meio virtual é ainda mais propício ao desmentido, ao anonimato, ao fluxo acelerado de trocas de imagens e vídeos que os sujeitos vulneráveis têm ainda menos condição de identificar como abusivos. Nem por isso o trauma decorrente do contato com esses conteúdos é menor.

Violências ocultas

A respeito dessas situações, em primeiro lugar, é importante nomeá-las como violentas. Na contemporaneidade, o mundo virtual e seus atalhos perigosos estão ligados à negligência sistemática com os mais vulneráveis. Essa negligência vem sendo encoberta por um desmentido generalizado, volta e meia desmascarado por um suicídio, um ato violento, um ataque nas escolas. Nesse campo, os pais muitas vezes são negligentes com os filhos, mesmo sem perceber. A violência tem muitas faces, e esse certamente é um dos seus aspectos menos barulhentos: sussurros que traumatizam tanto quanto gritos que, por sua natureza, são mais fáceis de ouvir.

Sobre esse tipo de violência, atendi, há alguns anos, um menino de 6 anos que desenvolveu sintomas obsessivos depois de a família se mudar para um condomínio. Ali, começou a frequentar a casa de um amigo cujo irmão mais velho compartilhou com os pequenos cenas de conteúdo sexual explícito. Citei, também neste livro, o seriado *Adolescência*, que aborda a influência nefasta da internet, no caso de um rapaz de 13 anos que mata a colega, influenciado pelo conteúdo misógino de *sites* que acessava.[117] Temos visto como os meninos, expostos à pornografia, sofrem abusos de outra ordem, assimilando um padrão violento de masculinidade ligado àquelas imagens de dominação.

Além disso, já se sabe que a exposição a telas, principalmente no caso das crianças menores, é um estímulo ruim para o neurodesenvolvimento. Como as gerações atuais já estão chegando ao mundo imersas na tecnologia, tem se acumulado um número cada vez maior de evidências dos prejuízos para a aquisição da linguagem, da autorregulação e da integração psicossomática (que é uma das principais "tarefas" do psiquismo da criança), tudo isso ligado ao uso das telas. Hoje, já temos até um diagnóstico psiquiátrico novo, com base na dependência às telas e aos jogos por crianças e adolescentes. Essa também é uma violência ligada a um excesso de estímulos não metabolizáveis pelos pequenos, que os prejudica a partir de "microtraumas" repetidos e cumulativos, em cérebros e psiquismos em estado de formação. Uma das questões que me faço, na clínica, é em que medida o onipresente "TDAH" tem aumentado em função desse traumatismo pelas telas. Diz-se que os desatentos se viciam facilmente em qualquer coisa, inclusive nas telas. Mas, e se o inverso for verdadeiro?

E há casos muito graves de violência que continuam a nos chocar, embora a sociedade ainda esteja com dificuldade em entender, classificar e barrar a verdadeira "inundação" de conteúdos impróprios às crianças que circulam pelas redes. Enquanto escrevia este capítulo, ao ler o jornal de manhã, fiquei impressionada com a notícia de uma menina de 8 anos que morreu ao realizar o "desafio do desodorante", ao qual teve acesso pela rede social TikTok. Sarah, depois de chegar da escola, inalou uma grande quantidade de desodorante no sofá da sala. Foi encontrada desfalecida pelo avô que estava em casa, mas não no mesmo ambiente, quando o fato aconteceu. O celular foi encaminhado para investigação e prossegue o debate sobre a responsabilização pelo crime. O TikTok se defende, explicando que, diariamente, retira da plataforma milhares de vídeos suspeitos e que a recomendação do uso da rede é para adolescentes acima de 13 anos. Especialistas da área consideram complexa a questão da responsabilização. O controle parental, que devia ser a primeira barreira para o encontro das crianças com estes conteúdos, e o papel da escola, da educação digital, vão sendo relembrados como estratégias preventivas para esse tipo de tragédia.

"É um absurdo, uma loucura", disse a médica intensivista que atendeu a menina, que chegou ainda viva no hospital.[188] Como não chamar de violenta a mensagem que Sarah recebeu, sem condição de, aos 8 anos, ter crítica sobre o perigo de se expor ao inalante que a levou a óbito? Quando pensamos a violência, todo um campo se abre em relação à responsabilidade parental sobre o bem-estar da criança, e questionamos o papel maior da organização da sociedade, que está muito adoecida em relação ao cuidado de forma geral.[9]

Escutar a violência

Por tudo isso, a questão da infância, da violência e da relação com o "pai" se desdobra no estudo do ambiente, representante maior do cuidado, já que a família não existe como uma "bolha" no espaço e sofre influência do seu entorno. O ambiente pode ser violento de uma forma tão sutil e "desmentida" que mesmo os pais bem-intencionados acabam enredados na negligência (involuntária) para com as crianças. Acho que isso é particularmente verdadeiro em relação às telas.

Contudo, em qualquer caso, escutar a violência é difícil. Se o leitor é um profissional de saúde, já deve ter se deparado com uma situação em que pensou: *"Não é possível! Será mesmo?"* Porque a recusa, a negação, é uma defesa comum diante da maldade, diante da violência; e quando se trata de crianças *"nem se fale!"* (a força de expressão não está aí por acaso).

É preciso treino e atenção aos sinais indiretos e os efeitos de abusos vividos ou presenciados, inclusive na vida de fantasia da criança. Vou contar aqui um outro caso, que não se trata de um abuso sexual, mas de uma história de violência física, que também atendi no começo da minha formação. Por muitos anos, trabalhei com um menino seriamente perturbado, que encenava brigas e agressões nas sessões de análise, sem que houvesse um fato "real" que explicasse tais cenas. Até que foi fazer uma avaliação neuropsicológica, pois não conseguia aprender a ler. E foi a neuropsicóloga que suspeitou de alguma coisa. Investigando mais a fundo, descobriu-se que a vizinha, com quem a criança passava as tardes, tinha um vínculo violento com a filha mais velha e lhe dava muitas surras, pois a mocinha era "namoradeira" e estava sempre desobedecendo a mãe. Atendendo o menino em análise, eu pensava que as cenas violentas eram somente o produto do mundo de fantasia desse garoto adotivo, que tinha sofrido sérias negligências por parte dos pais biológicos no começo da vida. Mas, sob as vistas de todos, meu paciente presenciava verdadeiros espancamentos, que aconteciam na realidade, na casa da cuidadora. Embora aquelas surras não o atingissem diretamente, traumatizaram a criança da mesma maneira. Esse caso me fez aprender muito.

Violência paterna e doença mental masculina

Chegando ao final deste capítulo, resta a necessidade de esclarecer um pouco mais a relação entre as violações perpetradas pelo pai e a sua saúde mental. Recapitulando o que dissemos até agora, chegamos à compreensão de que a violência masculina não é um assunto simples. Viemos comentando essa questão desde o início do livro, pois um dos jeitos de o pai demonstrar sofrimento é "explodindo" e ficando agressivo.

A agressividade aparece na depressão e nas reações mal-adaptativas do homem diante dos afetos e sentimentos que o desorganizam ao tornar-se pai. A construção da masculinidade tem um componente cultural, de aprendizagem, que se soma a aspectos biológicos – sempre passíveis de questionamento – e que inegavelmente aparece nos números da violência. E são eles: uma em cada três mulheres agredida, pelo menos uma vez na vida, por um homem, o suicídio masculino (quatro vezes maior do que o feminino), a predominância de perpetradores masculinos de abusos sexuais.

Assim, é importante – urgente – estudar a relação entre a violência e os transtornos mentais do homem, especialmente no contexto da paternidade, pelos motivos já comentados até aqui. Entre eles, estão a importância do pai para o desenvolvimento da prole, a influência da sua patologia no adoecimento da mulher e dos filhos, e o impacto da doença na deterioração das relações. Há inúmeras consequências para o próprio pai quando, adoecido, parte para a agressividade em relação aos seus. E o que nos dizem os números a esse respeito?

Sobre isso, e ao contrário do que se pensa, os atos violentos não estão associados, prioritariamente, à presença dos transtornos mentais comuns (TMC), como a depressão e a ansiedade, e nem mesmo aos quadros mais graves de transtornos psicóticos em homens. Os "loucos furiosos" que estão no imaginário da população representam apenas uma pequena parte dos perpetradores de violência na população geral.

Para a psiquiatria, o diagnóstico que se associa mais comumente à violência é o de "transtorno de personalidade", padrão mal-adaptativo de comportamento que faz parte do "jeito de ser" do indivíduo, e que está presente em 10-15% da população. Além disso, a questão do abuso de substâncias, também ligada à violência, pode se associar a qualquer diagnóstico, aumentando a periculosidade do sujeito em relação a si mesmo e aos próximos.

Por isso, finalizamos este capítulo com algumas considerações sobre os problemas de personalidade paternos e as questões ligadas à dependência e ao abuso de substâncias. Esses dois grupos de patologias, somados aos quadros de bipolaridade, psicose e depressão com sintomas externalizantes, possivelmente perfazem a maioria dos casos de comportamentos violentos paternos, *quando secundários a um quadro mental.* Contudo, como apontado no início deste texto, a relação entre a violência e a saúde mental não é linear. Qualquer sujeito, sob certas circunstâncias, pode se tornar violento. Nem a impulsividade, nem a dificuldade de lidar com o estresse podem ser consideradas, por si só, "doenças mentais". E, certamente, a totalidade das violações paternas não é explicada pela psiquiatria, mas pela questão social, cultural[172] e, talvez, por algo que jamais elucidaremos completamente. Em algum sentido, "o mal é sem porquê".[189]

De fato, nem mesmo o sadismo é capaz de explicar todo o desamor e a destrutividade humanos, que tantas vezes visam somente à aniquilação do seu semelhante. Numa cultura violenta, num país violento como o nosso, só mesmo uma grande miopia para resumir os extravios do lugar do cuidado a partir da "doença" de um pai (ou mãe) individualmente. E, na realidade, nem mesmo em relação ao abuso sexual infantil, temos 100% de adultos sabidamente perversos nas situações encontradas na clínica.[190] Este é um campo que não pode ser abarcado sem a consideração da violência como um fenômeno humano e social.

Ainda assim, a partir daquilo que nos cabe elucidar por meio da nossa ciência, o tema da personalidade é um tópico importante para pensar o comportamento, e considerações a este respeito podem ser úteis ao profissional de saúde. De forma geral, sintomas "psiquiátricos" como ansiedade, depressão, dificuldades relacionais, agressividade e o uso de substâncias são mais prevalentes entre pessoas portadoras dos chamados transtornos de personalidade. Como esses transtornos são relativamente frequentes, têm relevância epidemiológica na compreensão da violência intrafamiliar e das situações perinatais. Vamos, então, a algumas considerações sobre esse grupo de distúrbios e sobre a maneira como são compreendidos pela psiquiatria.

O caso dos transtornos de personalidade

Para começar a pensar este tema, o profissional de saúde não desconhece o que sejam esses transtornos. Mesmo que não tenha "o nome" para identificar tais sujeitos, já deve ter percebido em sua clínica aquelas pessoas cuja vida, relações e jeito de entender o mundo as coloca, quase sempre, em dificuldades com os demais. Atendendo e trabalhando com pessoas, percebemos cedo que alguns pacientes precisam que nos esforcemos muito mais para que aceitem e até compreendam nossas orientações, enquanto outros têm um jeito particularizado de perceber o mundo, uma tendência a se ressentir com pequenos detalhes ou uma dificuldade em perceber os limites entre o que podem receber de nós e o que não podemos lhes dar. São pessoas mais difíceis de ajudar e que, no entanto, estão entre as que mais procuram os atendimentos em saúde. Elas têm um alto nível de sofrimento em suas relações pessoais, que as predispõe a diversos adoecimentos. Mas o que seria um transtorno de personalidade, e no que ele se diferencia das doenças mentais comuns? A personalidade, como um modo de ser que tende a se manter relativamente estável durante a vida, pode se organizar de uma forma patológica, predispondo o sujeito a problemas em diversos campos. Por isso, sua importância para o estudo das dificuldades em relação à paternidade.

Como um primeiro ponto a ser levantado aqui, há a questão de o que é a personalidade e o que significa exatamente a saúde da personalidade, quando pensada de forma mais geral.[161] São tantas as definições e opiniões a respeito que, para simplificar um pouco as coisas, prefiro ficar do lado da tradição. Quando perguntaram a Freud o que significa a saúde, ele se referiu à capacidade de amar e trabalhar: *"No final, precisamos começar a amar, para não adoecer."*[24] Pensada dessa maneira, a personalidade se revela saudável na proporção da sua maturidade, que também envolve um aspecto adaptativo, ou seja, o quanto um sujeito é capaz de se relacionar com o mundo e encontrar nele o seu lugar.

Contudo, isso não significa a submissão. Neste capítulo sobre os transtornos mentais, salientei, nos comentários a respeito da depressão e ansiedade paternas, o quanto o conflito, a angústia e a necessidade de fazer lutos fazem parte do viver. Da mesma forma, a análise da personalidade que salienta somente a adaptabilidade da pessoa ao mundo incorre num erro "normalizador", que impede a compreensão aprofundada da questão. A personalidade implica também no estabelecimento de um senso de identidade, a capacidade de lidar com a realidade, com a alteridade (entender que o outro não lhe pertence) e, principalmente, a flexibilidade comportamental para levar as situações da vida.

Nesse sentido, todo transtorno de personalidade se liga a algum tipo de rigidez, de falta de maleabilidade.[19] Contudo, também a adaptabilidade excessiva pode ser problemática, de modo que não podemos tomar a máxima de Freud ao pé da letra, à custa de associar a "boa personalidade" à conformidade a todas as regras sociais. Pelo contrário, um ponto importante para pensar a saúde também é a capacidade de "ser um si mesmo", de encontrar um meio de expressar a própria criatividade no mundo. Isso se expressa, entre outras coisas, naquelas características pessoais que fazem com que sejamos únicos e possamos "nos parecer conosco", a maior parte do tempo. Com relação a isso, nas "doenças" da personalidade, aquele jeito rígido de ser aparece como um exagero do que todos expressamos, em termos de "qualidades" e "defeitos", como se costuma dizer na linguagem cotidiana. Se a personalidade é uma marca pessoal, no caso de certos indivíduos, essa marca, como um modo de ser e reagir ao mundo, é mais uma caricatura do que um perfil, é mais deformação que semblante. Traços exagerados de uma ou outra característica deformam todo o conjunto, sendo isso que, por fim, define o que seja um transtorno de personalidade.

O segundo ponto a respeito da personalidade e seus distúrbios é a questão da sua classificação. Apesar do que acabei de dizer, a respeito da originalidade de cada um, expressa na sua *persona*, os modos de ser, quando tomados em conjunto, costumam seguir padrões. Alguns são mais agitados, outros mais pacatos, uns mais organizados e metódicos, outros impulsivos, alguns mais ligados ao mundo externo, festeiros e extrovertidos, enquanto outros são mais analíticos, introvertidos, e assim por diante. Pensando em agrupar e qualificar essas características, uma das avaliações mais utilizadas, em relação à personalidade, distribui os traços de caráter em cinco eixos.[191] São eles: abertura à experiência, conscienciosidade, extroversão, amabilidade e neuroticismo. Para fins de um maior detalhamento da personalidade, tal classificação é útil, embora possa apresentar aquele "viés normalizador" que, infelizmente, costuma acompanhar as abordagens sobre esse assunto.

A respeito desses cinco eixos, a *abertura à experiência* liga-se à disponibilidade para lidar com o novo, a curiosidade, vida de fantasia e receptividade aos sentimentos. A *conscienciosidade,* por outro lado, diz respeito à organização e à perseverança, o senso de dever e a autodisciplina. A *extroversão* é ligada à sociabilidade, uma característica reforçada em nossos tempos, que valoriza a pessoa que tem mais facilidade de se aproximar dos outros, ser amigável e estabelecer redes de conexões. (Hoje, "ver e ser visto" são consideradas habilidades importantes, tornando os mais "tímidos" cada vez mais deslocados na nossa sociedade hiperconectada).

Por outro lado, o aspecto adaptativo da personalidade é mais reforçado no item "*amabilidade*". Este gira em torno da ideia de confiança no ambiente, honestidade, conformidade, capacidade de inibir a própria agressividade, mas também a preocupação com o bem-estar dos outros. Já o *neuroticismo*, que procura mensurar emoções negativas e o excesso de reatividade ao ambiente, é a característica que mais aparece nos estudos sobre os transtornos mentais. É o que costumamos pensar das pessoas mais "difíceis" ou "sensíveis", aquelas que têm dificuldade de se autorregular, que sofrem mais diante das dificuldades, por serem muito reativas ou imaturas. O neuroticismo pode ser medido em seis dimensões: tendência à ansiedade; à depressão; à hostilidade e à raiva diante da frustração; impulsividade; dependência de outros; e maior vulnerabilidade ao constrangimento e à vergonha.

O leitor pode perceber que a classificação nos cinco eixos prediz, em grande medida, a adaptabilidade de um sujeito e sua capacidade de lidar com o mundo de uma forma mais ou menos conflitiva.[191,192] Nessa abordagem, os transtornos da personalidade seriam desequilíbrios marcantes entre aqueles aspectos. Mas nem sempre a pessoa com problemas de personalidade é aquele sujeito "encrenqueiro" que costumamos associar a esse conceito. As personalidades dependentes, por exemplo, podem ter uma alta amabilidade, uma enorme inibição da agressividade e serem tão patológicas quanto as personalidades beligerantes e irritadiças que estão sempre "brigando" com tudo e todos. Com relação à violência e agressividade, há combinações de características mais "explosivas" em termos de predisposição a esses comportamentos. É a existência de um alto neuroticismo (tendência à ansiedade, reatividade, depressão, raiva) e baixas conscienciosidade e amabilidade (impulsividade associada à pouca empatia e à preocupação com o outro), que, somadas, aumentam a chance de que um sujeito seja violento em suas relações.

Nas classificações psiquiátricas, as combinações de características dos tipos de transtorno de personalidade levaram alguns pesquisadores a colocá-los em grupos que compartilham entre si "traços" semelhantes.[19,161,191] Embora essa tendência não esteja mais presente na classificação da Organização Mundial da Saúde (OMS), é útil para nós,[192] pois são justamente os problemas de personalidade do tipo "B" (personalidade narcisista, antissocial e o transtorno *borderline*), nessa classificação por grupos, que mais se ligam à agressividade nas relações pessoais. Para fins de informação ao leitor, os transtornos de personalidade do tipo "A" se ligam à excentricidade, e os do tipo "C", definidos como "ansiosos", compreendem as personalidades evitativas, dependentes ou fortemente obsessivas.

Pensando em todos esses quadros, indivíduos com a personalidade antissocial e com o transtorno *borderline* são os mais sujeitos aos arroubos de violência contra o próximo. Não por acaso, é também nestes casos que se encontra o maior índice de problemas com o álcool ou o uso de substâncias. Existe uma relação entre esses problemas e as características comportamentais mais ligadas a essas descompensações. Especificamente, pessoas com características *borderline* têm um índice de neuroticismo muito alto e impulsividade, enquanto a amabilidade dos antissociais é muito baixa, pois esses sujeitos não se preocupam com o bem-estar dos outros: seu senso de honestidade é deficitário, e a conformidade ao ambiente só se constitui na medida do ganho de vantagens pessoais.

A respeito do transtorno antissocial, as mais graves sociopatias estão ligadas ao crime, às perversões e à crueldade para com o semelhante, mas pode haver formas mais leves do problema, que se caracteriza pela ausência de culpa e sentimento de responsabilidade pelo bem-estar do semelhante. Por isso, em maior ou menor grau, pessoas com este transtorno tendem a não considerar as consequências de suas ações, em relação ao sofrimento do outro, e apresentar dificuldade no controle dos impulsos. Além disso, podem ser fisicamente agressivas e irritarem-se facilmente.

O portador do transtorno de personalidade antissocial, para o senso comum, é chamado de "psicopata". Dentro desse grupo de indivíduos, existem discrepâncias intrigantes, como, por exemplo, a capacidade cognitiva preservada, junto a distorções de pensamento ligadas a situações sociais. Da mesma forma, o desejo sexual existe (e pode ser até exacerbado), sem a contrapartida do afeto e consideração pelo outro. Isso pode fazer com que os vínculos formados por estes sujeitos estejam mascarados, disfarçados, por um verniz social, o que facilmente engana as pessoas que não os conhecem profundamente. Assim, mesmo sem qualquer disposição para a empatia e o cuidado, pessoas com este problema costumam ter filhos e formar família.

A relação dos portadores da personalidade antissocial com a violência é grande. Afinal, a violação se caracteriza pelo rompimento do limite e do respeito para com o outro, limite este que o pai que se estruturou dessa maneira tende a ignorar. A característica que define o transtorno de personalidade antissocial é justamente a ausência do sentimento de culpa pela violação do outro, pela violação das regras. Aqui somente o bem-estar pessoal e os próprios desejos são levados em conta. Aquela velha máxima, que diz que "as aparências enganam", pode ser particularmente verdadeira nestes casos. E a presença ou ausência do sentimento de responsabilidade e culpa é um ponto importante para diferenciar as violências presentes no *modus operandi* dessas pessoas, quando comparadas aos atos agressivos cometidos por homens em outras situações.

Já os quadros de personalidade *borderline*, quando se associam à violência, estão mais ligados à desregulação emocional, à impulsividade e à instabilidade relacional, que podem ser ainda mais gritantes quando o sujeito faz uso ou é dependente de substâncias. O nome *borderline* se origina da percepção de que, nesses pacientes, há aspectos psicóticos ou "defesas" psicóticas – formas mais primitivas de se defender da angústia – que geram um padrão de personalidade instável.[161] As pessoas com características *borderline* costumam ser explosivas, reativas e lábeis. Existem problemas no funcionamento de aspectos do *self* (identidade, autoestima) e na dificuldade de desenvolver e manter relacionamentos satisfatórios, o que tende a ser um padrão, no curso da vida desses sujeitos. Essa é uma combinação de fatores que, certamente, dificulta o enfrentamento das crises, entre as quais a entrada na parentalidade. No caso dos pacientes *borderline*, particularmente, a experiência da triangulação (como é a chegada de um bebê para um casal) pode ser difícil, pois suas relações amorosas tendem a ter uma característica mais adesiva, com pouco espaço para tolerar a decepção. Para estes indivíduos, existe uma maior chance do desenvolvimento de depressão, ansiedade e os famosos *acting outs* tão comuns às descompensações paternas.

À parte todas as classificações e maneiras de tentar encaixar os problemas da personalidade em grupos específicos, o que se passa, na clínica, é que os traços comportamentais tendem a "se misturar" um com o outro, e existem tantos jeitos de ser disfuncionais quanto ambientes que os podem agravar ou atenuar. Resumidamente, traços disfuncionais demonstram que uma personalidade não amadureceu o suficiente, tanto no sentido de uma identidade estável como no desenvolvimento da capacidade para o amor. Assim, além do sujeito antissocial, *borderline* ou narcisista, que tem na dificuldade das relações interpessoais a marca da sua problemática, qualquer ponto de imaturidade ou dificuldade nos relacionamentos pode ser crucial quando se pensa o pai diante das demandas da parentalidade.

A chegada de um filho, para muitos homens, é o que faz desmoronar as organizações defensivas que podiam estar mantendo, até então, a sua organização mais frágil numa aparente calmaria. E, nessa crise, relações com características abusivas podem degringolar para aquelas situações difíceis que encontramos na clínica, violências de diversas ordens, descompensações das relações familiares que surgem no momento da chegada do bebê.[193] Isso costuma impedir que aquela hospitalidade necessária à recepção da criança possa se estabelecer na família, sendo terreno propício para o desenvolvimento de graves situações de negligência ou violência contra a criança.

Violência e uso de substâncias

Para terminar este capítulo sobre as patologias paternas, vamos falar sobre a questão do álcool, do abuso e da dependência de substâncias. Se esse problema for tomado em relação às doenças psiquiátricas em geral, notaremos que é mais prevalente que a depressão, a psicose, o TOC, e até a maioria dos transtornos de ansiedade, sendo um problema sistêmico, que ultrapassa o campo da medicina e, por isso mesmo, não é simples de compreender.

Quando eu ainda estava na formação médica, nos plantões na unidade de emergência de psiquiatria, eram os casos de abstinência alcoólica, de tentativas de suicídio e de violência associados à intoxicação por drogas e álcool que compunham o "arroz com feijão" dos nossos atendimentos. Atendíamos os pacientes no térreo e depois subíamos para falar com o professor no quarto andar, para receber as orientações sobre as condutas. Nunca me esqueci, porque na época eu fiquei bem exasperada, de uma discussão com um velho professor da faculdade, num daqueles plantões. Cheia de "ficha" para atender, eu queria saber logo como acudir o paciente intoxicado para poder atender os próximos, e o professor começou a me fazer umas perguntas que achei descabidas para o momento:

"Você sabe qual a prevalência do abuso de álcool na população? Imagina a idade do início da experimentação de álcool na adolescência? Você sabe quantos bilhões a indústria da cerveja movimenta no país, quantos empregos gera? E etc.

Aquela conversa deve ter se passado em 1993 ou 1994. Levei uns bons anos para entender o que o professor estava tentando me dizer. Para a sociedade, aquela pequena porcentagem de pessoas que tem sua vida literalmente arruinada pelo álcool e pelo uso de substâncias é desprezível em relação aos lucros de uma indústria bilionária. Por isso, a máquina social se move a partir do incentivo ao uso de álcool e considera que aqueles que vão se perder pelo caminho são um mero "efeito colateral" dessa prática vantajosa para a economia. As respostas para aquelas perguntas, hoje, são: 1. com relação aos homens, cerca de um em cada quatro faz uso abusivo de álcool no Brasil[194] (o estudo São Paulo Megacity encontrou uma prevalência ainda mais alta);[195] 2. a idade de experimentação do álcool vem se reduzindo, e as adolescentes, agora, já bebem quase tanto quanto os garotos, começando a experimentação de álcool aos 12 anos ou antes; 3. somente a indústria cervejeira fatura, anualmente, 277 bilhões de reais e gera milhares de empregos em nosso país.[196]

Se o leitor, como eu naquela época, não se atenta para o peso desses números, pode estar, sem perceber, participando do grande desmentido social em relação à violência: sua ligação com o álcool. Essa ligação aparece nos estudos, mas é ignorada pelo estado e dentro dos lares (como no caso do médico Caio, que "dava umas palmadas" no filho, mas veio tratar comigo sua depressão sem referir as "bebedeiras" do fim de semana – ver página 140).

Por isso, a relação entre a violência e a dependência ou abuso de drogas e álcool, apesar de óbvia, também é complexa. O álcool, em várias culturas, está presente nos processos de socialização, marcando a passagem do jovem para a vida adulta,[197] e se liga a quase todas as festividades, aos entretenimentos, à indústria cultural. E, se o álcool e as substâncias psicoativas podem comprometer o juízo e o equilíbrio mental, são desejados justamente por esses efeitos, pois a desinibição é buscada pelo sujeito que faz esse uso para "desopilar" e se divertir. A maioria das pessoas não se vicia em substâncias, pois existe a questão da predisposição individual à dependência e ao abuso. E, mesmo nestes casos, a relação entre o abuso de substâncias e o adoecimento psiquiátrico não é linear. Ou seja: o abuso e as intoxicações por drogas psicoativas estão associados ao crime, aos surtos psicóticos, aos acidentes e ao suicídio, mas há uma dimensão social na experimentação e no uso desses "entorpecentes", que não pode ser reduzida ao campo da doença.

De forma geral, entre os três elementos – doença psiquiátrica, abuso de substâncias e violência – são os dois últimos que se encontram mais fortemente ligados. Com resultados extremamente prejudiciais, o abuso de substâncias e a violência por parceiro íntimo se sobrepõem, na medida da desinibição dos impulsos agressivos e piora do ciúme, conhecido como forte motivador da violência contra a mulher.[105] De forma semelhante, o abuso sexual é favorecido pela mesma desinibição. Nos estudos, o álcool é descrito como propiciador, influenciador, motivador e desencadeador da violência intrafamiliar. Em pelo menos metade dos casos notificados desses agravos, a intoxicação ou o sintoma de abstinência da substância estava presente no momento em que a violência ocorreu.[198]

E o leitor pode se perguntar: em quantos desses homens que praticam violências, sob efeito do álcool ou substâncias, existe uma outra doença mental associada? Vamos então aos números. Já citamos a associação entre a depressão masculina, a violência e a comorbidade com o abuso de substâncias e álcool.[15] E, tomando os diagnósticos comuns em psiquiatria, o uso de álcool é quase a regra nos casos de homens com transtorno de ansiedade (cerca de 80%).[15] De modo geral, para cada duas pessoas com transtornos mentais graves (como bipolaridade ou esquizofrenia), uma será dependente ou usuária de álcool e outras substâncias.[199] No caso do transtorno de personalidade, os "campeões" do abuso de álcool são os tipos antissocial e *borderline* (exatamente aqueles que cursam com os mais altos índices de violência perpetrada), mas as personalidades mais ansiosas ou evitativas também apreciam o álcool e, em muitos lugares do mundo, a *cannabis*, que tem sido amplamente usada por esses sujeitos.

O álcool, por seu efeito relaxante e desinibidor social, é unanimidade entre os introvertidos e as personalidades mais inibidas, que acabam por adotá-lo rapidamente como um "remédio" para se desinibir, ajudar com o sono, "desligar" o estresse e facilitar a socialização ou a aproximação sexual. Quanto aos aspectos de personalidade mais gerais, indivíduos com comportamentos de busca de sensações, baixos níveis de planejamento e impulsividade são, em geral, mais propensos a abusar de substâncias, o que nos leva à identificação do TDAH também como um grupo de alto risco para o problema.[15]

Tanto os indivíduos com personalidade introvertida, que têm na evitação social a característica marcante, como aqueles com transtornos de personalidade "extrovertidos", com padrões mal-adaptativos de relacionamento, estão mais propensos ao uso de álcool e substâncias do que a população geral.[19] Uma exceção a isso são os indivíduos do espectro autista, que têm menor índice de abuso de álcool que os sujeitos neurotípicos ao longo do ciclo vital.[200]

Em suma: onde houver um quadro psiquiátrico mais grave, um transtorno de personalidade mais severo ou marcada ansiedade, pode-se esperar que o abuso de substâncias esteja também no horizonte das complicações na vida desses indivíduos. Situação perniciosa, pois um problema piora o outro, além de o alcoolismo – e o abuso de substâncias – sabidamente atuarem como desencadeantes destes vários transtornos.

Dada a gravidade dessa questão – e como não há boa vontade que possa fazer frente aos bilhões movimentados pela indústria ou pelo tráfico –, os estudos têm buscado identificar os fatores de vulnerabilidade aos problemas com uso de substâncias na população. No caso, há um fator hereditário, pois homens, filhos de pais alcoólatras, são o grupo de maior risco para o desenvolvimento da dependência ao álcool. Sobre a hereditariedade, sabe-se que a transmissão das dependências não se explica somente pela aprendizagem ou convívio com um pai dependente de álcool. Mesmo crianças adotadas, ao nascer, por outras famílias, têm mais chance de desenvolver no futuro o problema de seu pai.[15] Nesse sentido, a predisposição à dependência de outras substâncias também segue um padrão familiar.

E, como já salientado neste texto, em relação aos problemas psiquiátricos em geral, o fator social e o estresse também são considerados indicadores de risco para o alcoolismo. Em nosso meio, o estudo São Paulo Megacity, desenvolvido pela Universidade de São Paulo, identificou 29% dos entrevistados como tendo um padrão de consumo problemático de álcool (uso da substância em grande quantidade, pelo menos uma vez por semana), num grupo heterogêneo de homens e mulheres.[195] Em todas as faixas etárias e em ambos os sexos, quanto mais limitantes socioeconômicos e menor a renda dos indivíduos pesquisados, maior era a chance de exposição aos riscos do consumo excessivo de álcool.[195] Este relevante estudo nos ensina que, se a violência e o uso de substâncias e álcool é um mal "democrático", aparecendo em todas as camadas sociais, é realmente nas camadas mais pobres que o problema se complica, tanto pelos estressores econômicos e sociais, como pelo menor acesso aos recursos de saúde e bem-estar nessa população.

Ainda em relação ao estresse, na minha pesquisa para este livro não encontrei um estudo que relacionasse *diretamente* a entrada na paternidade, ou o estresse decorrente dos conflitos familiares ligados a tornar-se pai, com a piora do alcoolismo ou dependência química. Mas, na medida em que existe, nessa passagem, uma crise, os pais mais suscetíveis frequentemente recorrem a substâncias para apaziguar a angústia. O círculo vicioso da dificuldade em lidar com o estresse, associado ao repertório limitado de estratégias para aliviar a ansiedade, está fortemente relacionado ao uso de álcool em nossa cultura – principalmente entre os homens. Então, a violência e a negligência paternas podem mesmo ser a "cereja do bolo" dessa série de dificuldades masculinas, contribuindo, enfim, para os números desanimadores que o leitor pôde encontrar nas páginas deste trabalho.

Programas de atendimento à violência

Olhando para toda essa complexidade, a OMS sugere um modelo ecológico para abordar a violência, relacionando fatores individuais e externos como influenciadores desse comportamento (Figura 7).[172] O olhar sobre o problema e as estratégias de cuidado e prevenção, assim, são organizados em níveis. No primeiro nível, fatores biológicos e do histórico do sujeito, como impulsividade, uso de álcool e de outras drogas, traumas do passado e saúde mental, contribuem para a *vulnerabilidade pessoal* para o comportamento violento.

No segundo nível, as relações sociais próximas do indivíduo (família e amigos) têm grande influência na reação aos atos violentos (risco de vitimização ou agressão), conforme discutido no tópico sobre a família violenta e relações interpessoais disfuncionais e abusivas do sujeito. O contexto comunitário (escola, bairro, trabalho) define o terceiro nível. Comunidades envolvidas com tráfico de drogas, isolamento social generalizado e alto nível de desemprego e discriminação têm mais probabilidade de viver experiências violentas. O quarto e último nível é a sociedade pensada de modo amplo: normas sociais, culturais, legais e políticas que visam normatizar o convívio na coletividade.[172] Podemos ligar este quarto nível à ideia do pacto social.

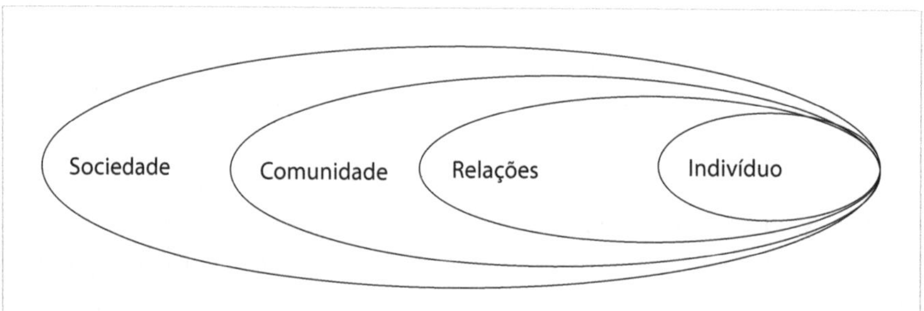

Figura 7 Modelo ecológico para compreender a violência.
Fonte: adaptada de Dahlberg e Krug.[172]

A proposta ecológica enfatiza a violência como um fator ligado a múltiplas causas, sendo que os fatores de risco familiares e ambientais mais amplos da comunidade interagem entre si; daí, a importância do contexto social, cultural e econômico favorecendo, ou diminuindo, as violações nas interações entre pessoas e grupos.

Por isso, problemas de saúde pública, como a violência ou o alcoolismo, requerem mais do que abordagens individuais e dependem de ações abrangentes em todos os níveis. Na família, comunidades, escola e no governo, é importante falar e pensar sobre a violência nas formas de prevenção que podem incluir a educação nas escolas, programas de saúde, até ações políticas e públicas de maior alcance. A OMS reitera que, para muitos que estão em posições decisórias, a ideia de que a violência é somente um problema criminal é contrária àquela visão ecológica.[172]

Ela estimula o autoritarismo e atitudes populistas, como vimos acontecer em nosso país, em que um gesto de apontar uma arma virou uma brincadeira (!) e um meme da política, mostrando como ainda precisamos caminhar muito, no enfrentamento desse problema. Para muitos, combater a violência é exatamente incrementar as abordagens tradicionais do sistema de justiça criminal. Nesse sentido, é claro que as leis e a proteção às pessoas são importantes, mas esse ponto de vista não tem consciência da extensão da violência, em todas as suas formas, naqueles quatro níveis sugeridos pela abordagem da OMS.

O sistema judiciário concentra a atenção na violência mais visível. Mas e o caso da violência de parceiros íntimos, a agressão a crianças e idosos, o desamparo sentido pelas mães de bebês pequenos, principalmente quando pretas, periféricas, sem ter suporte para exercer as funções do cuidado necessárias à saúde dos filhos? O que dizer da questão da internet, essa "terra de ninguém", que incita as agressões nas redes sociais? *Quem* matou a menina Sarah, que inalou desodorante depois de assistir o desafio do TikTok? E no caso do garoto do seriado *Adolescência*? A morte da colega foi perpetrada por ele, mas qual a responsabilidade parental, dos grupos misóginos que frequentava *on-line*, ou daqueles que faziam *bullying* com ele no colégio por não ser tão *masculino* como *deveria* ser?

Estes são casos em que a justiça criminal é menos atenta e eficiente. E, pensando no caso paterno, a dificuldade neste caso é tão ampla, que ultrapassa o campo do direito e nos faz repensar, em muitos níveis, a questão masculina e a necessidade de acolher a família, o pai e os vulneráveis a partir de uma sociedade que reconheça sua própria responsabilidade para com as gerações futuras.

Com relação ao atendimento específico aos pais agressores, temos uma boa literatura que busca avaliar os programas que se voltam para eles, atuando em um dos níveis daquela extensa cadeia de determinação das violências que tem um importante "braço" no estudo dos perpetradores das violações.[105] Os diversos programas costumam ter efeitos modestos, porém positivos, em muitos casos, apesar dos altos índices de desistência, tanto entre participantes voluntários quanto entre os que cumprem medida judicial. Não há ainda a comprovação de que tipo de grupo, ou tratamento, é mais eficaz: mas parece claro que as parcerias com serviços que atuam com mulheres em situação de violência são de grande importância.[172,179,183]

"É uma coisa muito lenta de progresso, de avanços e retrocessos, mas eu acredito que é por aí", diz o profissional de um equipamento de saúde que trabalha com grupos de agressores.[179] O *"trabalho [...] é de formiguinha, criando um vínculo com eles que qualquer situação de conflito eles vêm procurar (a equipe), antes eram só as mulheres que vinham nos procurar"*: é a fala de outro profissional.[179] A sensação de fazer um "trabalho de formiguinha", de "enxugar gelo", é comum quando problemas tão complexos como a violência ou o uso de substâncias são encarados pelos profissionais de saúde. Há algo que ultrapassa a sua possibilidade de atuação e se situa no campo do mal-estar, da própria organização da sociedade. Entretanto, mesmo assim, prosseguimos, e aqui e ali casos difíceis podem se demonstrar passíveis de modificação.

A respeito dos atendimentos individuais a pacientes enredados na questão das violências, o psicanalista André Green estudou profundamente as dificuldades dos sujeitos que se estruturam com problemas em relação aos limites entre o "si mesmo" e o "outro". Ele dizia que, às vezes, são as nossas próprias dificuldades que nos fazem ver num paciente um caso sem solução, uma personalidade *irremediavelmente* patológica. Uma pessoa "difícil", para mim, pode ser menos "difícil" para outro terapeuta, que consegue trabalhar melhor com aquele sujeito.[201] Palavras assim são importantes, pois a violência nos emudece, é disruptiva, mas pode ser sinal de sofrimento no caso do pai que não conhece outra maneira de lidar com o desconforto psíquico.

Em um outro livro, contei o caso de Murilo, paciente que relutei em tomar em análise, porque me pareceu agitado demais, explosivo demais, o que me fez pensar que seria melhor investir numa medicação ou outro tipo de terapia, voltada para o controle sintomático. Murilo foi encaminhado para mim devido à sua agressividade, na época em que fazia um tratamento de fertilidade com a parceira. Ele tinha um padrão abusivo de álcool e depois que iniciou o trabalho analítico, conseguiu lidar melhor com as suas dependências. Tornou-se pai. Finalmente, foi a paternidade o agente da maior mudança no sentido do amadurecimento da personalidade.[202] Realmente, um trabalho de "formiguinha", pensando nos números da violência.

Porém, como sinal de esperança, a paternagem pode ser uma boa "vacina" para o mal "epidêmico" da masculinidade hegemônica, porque cada vez que um homem se engaja, amorosamente, no laço com um filho, está rompendo aqueles padrões, crenças e barreiras que têm colocado os homens do lado "de fora" da ternura há tanto tempo.[193]

Quem sabe a nova masculinidade, representada por este pai, seja também uma forma de prevenção da violência, que começa desde cedo, em cada lar, a partir do engajamento do homem nessa nova subjetividade.

Hot-spots:

- A violência paterna é uma "doença" no campo do cuidado. Tem características sistêmicas e complexas, podendo se manifestar de várias formas, entre elas: a negligência, a agressividade para com a mulher, o racismo, a violência psicológica e o abuso físico e sexual da criança.
- A violência se define pela qualidade de profanar ou desrespeitar os limites do outro, podendo ou não envolver a agressividade. Ela se liga ao conceito de trauma, que depende do efeito da violação sobre o psiquismo da vítima. Se pode haver violação sem a presença da agressão explícita, nem toda ação violenta, necessariamente, leva o sujeito a desenvolver um trauma.
- A violência conjugal por parceiro íntimo é frequente e passou a ser considerada um problema de saúde pública. Nestes casos, é importante trabalhar o vínculo violento entre a vítima e o abusador. Mesmo quando o pai não agride diretamente a criança, a violência para com a parceira leva o filho a sofrer as consequências psicológicas dessa ação.
- No abuso sexual da criança, há uma confusão de linguagens entre ela e o adulto abusador. A linguagem infantil é a da ternura e brincadeira, mas o adulto traz para o contato com a criança a linguagem da paixão. Tal linguagem traz elementos da sexualidade genital e madura, que os pequenos não têm condição de compreender. Isso tem um efeito traumático para a criança.
- O abuso sexual infantil e do adolescente não precisa envolver a penetração ou o uso da força, como se pensa, geralmente, em relação ao estupro de um sujeito adulto. Os jogos sexuais que envolvem as crianças e os adolescentes podem acontecer sob mil disfarces, como a chantagem, o exibicionismo e o voyeurismo, além do assédio. Com a questão das redes sociais, o envolvimento dos menores a partir de mensagens ou imagens solicitadas e compartilhadas com eles também entra na categoria do abuso sexual.
- Há "violências ocultas" que podem afetar os vulneráveis de diversas maneiras, entre elas a pornografia, os conteúdos violentos nas redes e os excessos de diversas ordens que atingem as crianças de modo virtual. O excesso de telas pode afetar o neurodesenvolvimento.
- Dentre os transtornos mentais paternos que mais contribuem para a violência estão os transtornos de personalidade, notadamente o *borderline* e o antissocial, e os problemas decorrentes do uso de substâncias.
- O modelo ecológico de abordagem à violência envolve ações em diversos níveis. Nesse sentido, o entorno do pai é importante: a comunidade onde está inserido, sua situação econômica, as influências da cultura e o pacto social que sustenta a sua função. As instâncias paternas maiores, como o governo e as instituições, também têm um papel na manutenção da violência e uma responsabilidade sobre as estratégias para o seu controle em diversos níveis.

Anexo II: trauma e desmentido: as violências ambientais e suas consequências para o sujeito

Sticks and stones will break my bones, but tears don't leave any scars.[2]

M. Peyroux[203]

A partir do estudo das formas da violência, a questão do que é o trauma, o que ele significa para o psiquismo da pessoa e seus desdobramentos posteriores compõe um vasto campo de estudo. O trauma pode ser pensado como o estímulo ou invasão que excede a capacidade de reação ou compreensão de um sujeito, algo que perturba sua subjetividade, e muitas vezes ocorre de modo inesperado. Pudemos falar um pouco sobre isso quando trouxemos a questão da angústia, no tema sobre a ansiedade paterna. Na caracterização da angústia-sinal, a evocação de uma situação traumática gera a série de reações de alerta que desencadeia o sofrimento a qualquer ameaça de perigo, tudo o que se aproxime (mesmo de forma inconsciente) à experiência original vivida pelo sujeito.[157] A ideia dessa angústia pode nos ajudar a pensar no trauma como essa marca no psiquismo, gerada por uma experiência não assimilada, que leva o sujeito a fazer uma série de esforços no sentido de superá-la. Só que isso não funciona, justamente pelo elemento incompreensível e inesperado da situação traumática. Em outras palavras, pode-se dizer que o trauma é como um "*vírus*" no computador do cérebro, impedido de fazer o processamento emocional

---

2 Paus e pedras vão quebrar meus ossos, mas lágrimas não deixam nenhuma cicatriz (tradução livre).

daquilo que foi vivido. A consequência disso, como sabemos a partir da clínica, é que a experiência traumática permanece ali como um "corpo estranho", gerando defesas diversas e se repetindo indefinidamente dentro da mente da pessoa que a vivenciou.

A partir disso, é importante salientar o fato de que pode haver uma desproporção entre o nível de agressão ou violência presumida a partir de uma interação e o efeito desse evento no psiquismo de alguém, ou seja, a situação traumática é mais definida pelo efeito gerado na pessoa, pela perturbação da sua integridade psíquica e subjetividade do que pela situação em si. Sua ligação com a angústia e as consequências duradouras na organização de um sujeito fazem com que, muitas vezes, um acontecimento só seja qualificado como traumático tempos depois da sua ocorrência. Para o senso comum, é intuitivo ligar a ideia do trauma a um assalto ou a um estupro, por exemplo. Todos compreendemos o medo de sair sozinho num sujeito que foi assaltado na esquina de casa. Mas, principalmente nos casos que mais interessam ao estudo das violências paternas, estamos no terreno incerto das relações familiares, da negligência e dos abusos, mais difíceis de identificar, tratar e até de prevenir.

E por que certas violências são mais difíceis de identificar do que outras? Em qualquer tipo de violência, um aspecto importante, do ponto de vista da vítima (e até do perpetrador), é a nomeação e a compreensão do que foi vivido. Se isso é mais óbvio no caso da agressão física, sofrida numa situação extrafamiliar, o caso mais sutil da violência que ocorre numa relação íntima pode ser complicado de definir. E isso ocorre por algumas razões. Primeiramente, porque nessas relações os sentimentos amorosos estão presentes, e as pessoas estão identificadas umas com as outras: às vezes não percebem bem as barreiras entre elas.[173]

Um exemplo disso é a violência psicológica intrafamiliar, onde é comum que o sujeito não perceba que é desqualificado pelo outro. Ele acaba por absorver aquele senso de desvalor, que começa a fazer parte do seu íntimo, afetando a autoestima, a maneira como ele se relaciona consigo mesmo. Da mesma forma, no abuso sexual, a confusão está sempre presente, em maior ou menor grau. Só que, neste caso, os limites entre o sexo e a brincadeira costumam se borrar. Em que momento o carinho se transformou em violação, em que momento a brincadeira passou da medida?

Mas há um outro motivo para que certas violências menos "explicitamente agressivas" possam ser até mais traumáticas para um sujeito. Em certos tipos de violação, um dos aspectos importantes é o mecanismo de negação: as diversas formas de recusa da realidade que fazem abusador e abusado não se aperceberem daquilo que se passa.

Uma palavra que está muito em voga, o anglicismo *gaslighting*, significa uma forma de abuso psicológico que faz com que a vítima duvide da sua própria percepção a respeito das ações do outro. E isso ocorre também em várias modalidades do abuso sexual. É por isso que, na estruturação do cuidado à pessoa que sofre violência, a construção de uma narrativa compartilhada começa justamente pela validação da percepção do sujeito a respeito do abuso que ele sofreu.[173,175,176] Pois o desmentido, com frequência, é precisamente aquilo que consolida o trauma da vítima de uma violência. Por isso dizemos que o desmentido é o segundo tempo do trauma.[173]

O que significa esse desmentido? Afinal, não é a violência, em si mesma, que causa as sequelas físicas e psíquicas em quem sofreu um abuso? Para entender o papel do desmentido e o que ele significa exatamente, é importante introduzir o elemento ambiental. Descoberto a partir do estudo do trauma, este aspecto não foi destacado nas primeiras teorias sobre a angústia.[173] Contudo, a partir da clínica, que se aprofundou no estudo das relações e estratégias intersubjetivas de controle e dominação, fez-se uma importante descoberta.

Essa descoberta foi a de que o trauma não se passa em um só tempo, ele vai se consolidar num segundo momento, quando a pessoa busca ajuda no seu ambiente, para nomear e entender aquilo que viveu, e tem sua percepção negada pelos outros. É o ambiente que determina este aspecto da vivência traumática, quando falha em ajudar o sujeito a "dar conta" e até a "dar-se conta" daquilo que viveu. Ou seja: é o elemento do desmentido, da negação ambiental de uma violação, que se torna o maior problema da pessoa que se sentiu agredida no seio de uma relação.[173,175]

Assim, o estudo das reações humanas à violência tem nos mostrado que, se num primeiro momento, ocorre a ação violenta, o que vai acontecer a partir disso depende de como o sujeito e seu ambiente lidam com aquele excesso ou agressão. Quando a pessoa se dá conta do que aconteceu e tem sua percepção invalidada pelo outro, que nega a intenção violenta ("*não foi bem assim, você que interpretou assim*"), ela fica confusa acerca daquilo que viveu. E, quando compartilha, com uma terceira pessoa, a mesma experiência e recebe uma resposta como essa, é então que a violência não pode ser elaborada ou transformada. É isso o desmentido: uma mentira que nega o ocorrido e deixa a pessoa mais confusa, ainda mais desamparada.[176]

É por isso que a violência psicológica, moral, familiar – ou aquela que, por vezes, ocorre numa situação de trabalho onde existe uma hierarquia – é uma forma de violação diferentes daquelas agressões mais "óbvias", que não deixam dúvidas para ninguém. Isso ocorre porque, nas agressões menos óbvias, o componente relacional é mais importante: há um elo, uma ligação, que pode mascarar o aspecto violento da interação. São casos em que o desmentido é comum, e o sujeito agredido, ao ter sua experiência invalidada, perde a chance de encontrar um significado, um nome ou alguma forma de simbolizar aquilo que viveu. O desmentido reforça a sensação de solidão e desespero da vítima, e isso pode levá-la a desenvolver mecanismos psicológicos de rupturas e clivagens em seu modo de perceber a si mesma, existir e se relacionar. *"Se não foi verdade o que vivi"*, pensa o sujeito, *só enlouquecendo um pouco para acomodar em si mesmo o "saber" e o "não saber" sobre o que se passou.*[173]

Nos casos familiares, nas relações amorosas e, principalmente para as crianças, tal situação pode ser muito grave. Quando os pequenos sofrem um abuso, são geralmente pessoas da própria família que cometem e, em seguida, negam o ocorrido.[174,176] Como uma criança vai duvidar de seus pais? Ela acaba, enfim, por duvidar de si mesma.

Consequências do desmentido

A ideia do desmentido tornou mais clara a participação do ambiente na gênese de certos traumas, quando a psicanálise começou a estudar como o *"duvidar de si mesmo"* pode gerar bloqueios, inibições e clivagens psíquicas em quem sofre a violência. Quando uma pessoa passa por esses traumas, isso tem consequências posteriores e se expressa, inclusive, pelo aumento da morbidade psiquiátrica.

Sujeitos que sofreram abusos, principalmente por meio da ação de pessoas próximas, têm maior chance de adoecer mentalmente e cometer suicídio.[19] As clivagens entre o sentir e o pensar, entre o comportamento e a razão, podem ser intensas nessas pessoas.[173,175,176] A violência e a destrutividade, quando internalizadas, obstruem os processos psíquicos ligados à função construtiva da mente, os processos de "ligação", que se destinam à construção de sentido, de integração entre o pensamento e os afetos. O efeito desse processo é a dissociação da personalidade. Não é raro que uma criança abusada se torne um adulto abusador ou que se desenvolva muito bem em certas áreas, mas não em outras, apresentando "explosões" de raiva ou comportamento autodestrutivo, que não sabe como explicar, além de bloqueios de diversos tipos.

E, como as figuras nas quais se depositava a confiança se mostram tão desleais, uma pessoa abusada pode herdar, dessa relação contraditória, a dificuldade de saber qual o limite entre o si mesmo e o outro. Esse "não limite", propriamente, é uma das características principais de todo tipo de violência: a ignorância ou o desprezo pelas barreiras que deveriam existir entre o perpetrador e sua vítima, que o levam a violar o contorno psíquico, ou corporal, desta última.

Assim, a partir da experiência de ser violada, se a criança cresce com uma dificuldade de estabelecer um contorno próprio, gera-se dentro dela um impedimento para o senso da justa distância em relação aos outros. Isso ocorre, principalmente, na relação com as pessoas mais próximas. Nesses casos, o caminho seguido não é se tornar um abusador, mas viver numa constante oscilação em relação aos vínculos. Como num pêndulo, a pessoa oscila, ora em direção ao isolamento, ora em direção à confiança cega na pessoa amada. É uma flutuação entre duas posições de intimidade, aparentemente opostas. Num extremo, o excesso de intimidade e indiscriminação entre o si mesmo e o outro, que leva o indivíduo à idealização dos seus vínculos e ao conflito em cada ruptura. Em outro extremo, o excesso de distância e o sentimento de falta de contato com o outro que joga a pessoa na solidão e a faz reviver o amargor das experiências passadas.

Uma instabilidade desse tipo está presente em muitas pessoas que têm problemas de personalidade, notadamente as personalidades com características *borderline*.[19,84,161] Hoje, sabemos que os traumas e as dificuldades nas relações precoces têm um papel importante na origem desses transtornos. Mas também é verdade que nem todas as pessoas com histórico de violência adoecem psiquicamente ou da mesma forma. Nessa área, não existe uma correlação unívoca de causa e efeito.

CAPÍTULO 3

Novas paternidades

A escolha de falar sobre a paternidade sob o viés da masculinidade hegemônica tem algumas desvantagens. É possível que alguns pais não se sintam representados nessas páginas. Ao reduzirmos o espectro da paternidade às questões do gênero masculino, realçamos particularidades de determinados grupos, mesmo que nossa intenção seja reconhecer, justamente, a relatividade dessa posição. Temos aprendido muito com as outras formas de família, e este livro estaria incompleto sem trazer a questão das outras parentalidades e modos de cuidar. As famílias tradicionais e heteronormativas, embora sejam ainda a maioria, estão se transformando depressa.

Com relação a isso, este capítulo é centrado em dois pontos: as mudanças da família e a parentalidade homoafetiva. Há muito mais para dizer, em relação à parentalidade contemporânea, mas estes dois temas são emblemáticos para pensar as transformações atuais. Nesse sentido, em que lugar estamos? Para o leitor, duas pesquisas populacionais são interessantes para visualizar estes aspectos. A primeira foi publicada por uma organização que, em nível mundial, fomenta o cuidado igualitário. Este grupo publicou, recentemente, os números da situação parental das famílias com filhos em 15 nações.[58] *Em cerca de 40% dos lares pesquisados, a criança não vive com os dois genitores juntos.* Esse levantamento não pesquisou o Brasil, mas a Argentina, o Chile e nações de todos os continentes, numa amostra variada e representativa (Figura 8).

Com relação ao Brasil, temos o censo do ano de 2022. Ele também mostra que os casais que vivem com as próprias crianças já não são a esmagadora maioria, como no passado.[204] A seguir, o leitor pode visualizar alguns achados da pesquisa, organizados num gráfico para melhor compreensão (Figura 9). Neste caso, o gráfico mostra o total das famílias brasileiras *com e sem filhos* – e nos permite entender de forma ainda mais ampla as mudanças sociais dos últimos anos.

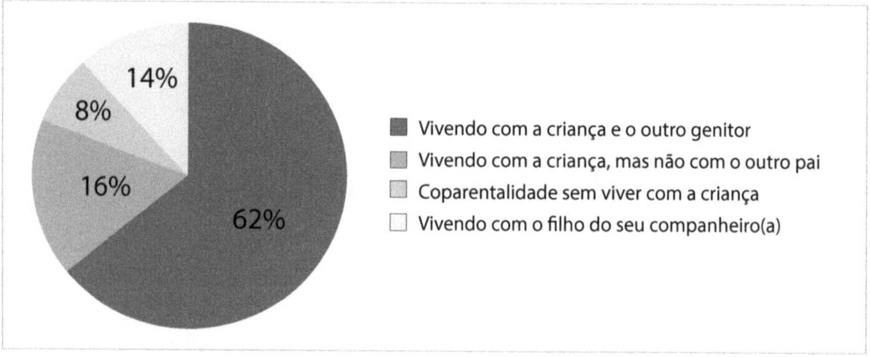

Figura 8 Composição familiar. Homens cis e trans (n = 7,110); mulheres cis e trans (n = 4,702); outros gêneros (n = 187) – Pesquisa da Organização Men Care (15 países).

Fonte: adaptada de van der Gaag et al.[58]

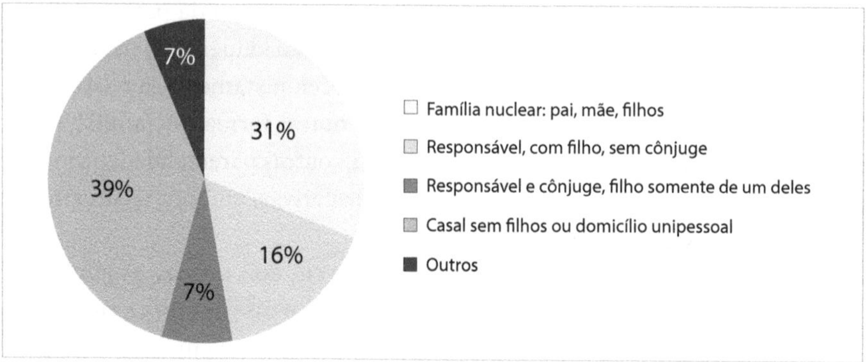

Figura 9 Lares brasileiros segundo o censo de 2022. (Porcentagem aproximada a partir dos dados fornecidos pelo IBGE.)

Fonte: adaptada de Instituto Brasileiro de Geografia e Estatística.[204]

A partir do que se pode observar na figura, é alto o número de famílias uniparentais no país.[205] São famílias geralmente chefiadas pela mulher, e para cada duas famílias nucleares compostas por um casal e seus filhos, há um lar que conta somente com um adulto responsável. Segundo os dados comparativos entre os censos de 2022 e 2010, hoje temos em nosso território mais pessoas vivendo sozinhas e lares com casais sem filhos do que havia no passado. Além disso, a população envelheceu e as famílias "encolheram" (média de 2,8 pessoas/casa *versus* 3,3 pessoas/casa na década anterior). Estamos também mais diversos pois, embora minoritários, os lares com casais do mesmo gênero aumentaram em cinco vezes no mesmo período.[205]

Claros indícios das mudanças sociais dos nossos tempos. Mas será que essas notícias são boas? Ruins?

Depende do ponto de vista. As notícias poderiam ser boas se a sociedade estivesse mais bem-estruturada em relação ao cuidado, pois a dedução que se faz, olhando para a realidade brasileira, é que "falta pai" mesmo, apesar de boas mudanças em relação ao ganho de liberdade em alguns níveis. Os "16%" de casas em que há filhos e somente um adulto responsável por eles, possivelmente são os mais necessitados de estruturas de suporte para o cuidado das crianças. Nesse sentido, precisamos "correr atrás" das transformações que vêm ocorrendo, ao invés de viver na nostalgia do modelo de família que não existe mais.

E aqui cabem as contribuições de alguns pensadores da "falta de pai" e das lacunas geradas pela mudança do modelo de família no país. Para Alexandre de Coimbra Amaral,[206] é verdade que há mais gente desafiando a masculinidade hegemônica e desejando o cuidado igualitário das crianças, mas, só até certo ponto. Para que essas conquistas possam estar garantidas, a mudança de pensamento sobre a questão do cuidado precisa ser encontrada em várias instâncias. E, para muita gente, a transformação da família tradicional não é encarada como evolução, pois surgem reações de ódio e reafirmação dos valores binários dos modelos masculino e feminino. A dobradinha "mãe nutridora/pai provedor" está no imaginário coletivo. E chega-se a afirmar que foi a "dissolução" da família tradicional, a causadora dos males da sociedade. Porém, na verdade, o que se "dissolveu" foi o cuidado: *a contemporaneidade não acompanhou a mudança da família e deixou o lugar do cuidado desguarnecido, quando o velho modelo da mãe dentro de casa deixou de funcionar.*

Da mesma forma, o fenômeno do "novo homem" (e novo pai) pode fazer parte de um "nicho". Amaral, que estuda o assunto, faz grupos terapêuticos com homens há anos e diz que: *"Um pedaço do mundo masculino está em transformação, em direção ao que a gente espera que seja mais dignificante para o mundo, para as mulheres – sobretudo para as mulheres – mas para eles também. E tem um outro pedaço que está em transformação contrária, que está ficando mais conservador, está ficando mais bélico, mais machista, assim, como uma contrarresposta às transformações de gênero na sociedade".*[206]

O pensamento do escritor é elucidativo da polarização atual, que "pega carona" na onda conservadora da sociedade brasileira. E pode-se perceber isso por toda parte. Até mesmo na política, que interessa ao nosso assunto na medida em que as pessoas que governam e fazem as leis podem ter uma visão mais ou menos amistosa para com o cuidado paterno, e até com o cuidado *de forma geral.*

Escrevendo este livro, fico atenta a tudo o que é notícia sobre paternidade/ masculinidade que sai nas mídias. E encontro, num jornal de grande circulação, de 21 de maio de 2025, matérias aparentemente opostas, mas que versam sobre o mesmo tema. No "miolinho" do caderno, o jornal comenta um livro sobre a depressão masculina, o qual diz que os homens *negam a depressão para não admitir a sua vulnerabilidade.*[207] Muito interessante! Mas, na primeira página desse encarte do jornal, o que encontramos? Um enorme close do "Tom Cruise", que dispensa dublês no novo *Missão: Impossível.* No filme, o herói invencível e invulnerável derrota, desta vez, o "vilão" da Inteligência Artificial.[208] Ou seja, apenas num pequeno suplemento de jornal, temos o "nicho", representado pelo livro que problematiza o estereótipo da masculinidade e o ícone da "macheza" invulnerável, que vende como água, e certamente muito mais do que a obra daquele escritor! (E, aqui, a vontade dessa autora é fazer um *P.S.* e lembrar ao herói, tão ingênuo, que a "inteligência artificial" não é páreo para o exército de um homem só. *Missão impossível,* mesmo, *é um pai sozinho barrar a força das redes que mataram, só aqui nas páginas deste livro, duas meninas: a Sarah, do desafio do TikTok, e a mocinha que foi esfaqueada no seriado Adolescência.* Esta, mesmo sendo uma personagem fictícia, também causou grande comoção nas mídias quando o seriado foi lançado).

Fatos como a polarização e os números da violência são exemplos das contradições e complexidades do nosso tema, que deixam essa autora insegura para fazer qualquer afirmação categórica sobre "o novo pai" ou "o novo homem", que é tema deste capítulo. Ele existe, de fato, assim como as mudanças da família, mostradas nas Figuras apresentadas anteriormente. Mas essas mudanças não se dão de forma contínua, nem homogênea, de modo que o patriarcado "não sai da cabeça" das pessoas (e governantes) facilmente. Isso se expressa nos números mundiais da licença-paternidade, que nos mostram que ainda falta muito para que o mundo acolha a nova paternidade (Figura 10).

A licença-paternidade, pensada como o reconhecimento social da importância do pai, é indicadora do quanto a "mudança" da mentalidade sobre o cuidado realmente existe, *na prática,* em determinada nação. Na publicação que divulgou o mapa a seguir, afirma-se que os homens *estão* fazendo e querem fazer mais, porém as barreiras para o cuidado igualitário permanecem. E são estruturais, "baseadas em normas, individuais e financeiras" que não são transformadas facilmente. Apesar de muitos assumirem mais responsabilidades de cuidado, de mais empresas e países implementarem planos nacionais de cuidado e licenças remuneradas, *"os dados revelam que muito poucos locais de traba-*

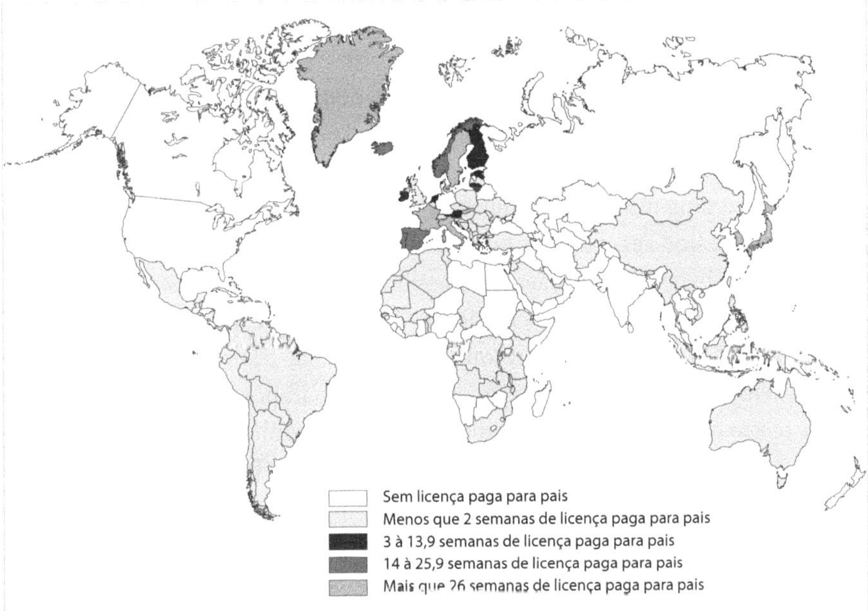

Figura 10 Licença-paternidade no mundo. Nos países cuja licença-paternidade é paga em 100% dos ganhos anteriores, vivem apenas 30% dos pais de todo mundo.
Fonte: adaptada de van der Gaag.[58]

lho apoiam o cuidado dos homens, muito poucas políticas e políticos sequer consideram o cuidado dos homens, e muito poucos meninos crescem vendo isso demonstrado por seus próprios pais."[58]

Ou seja, a composição da família mudou primeiro do que a mentalidade das nações. A meu ver, o resultado disso é o desamparo e uma injeção de sofrimento extra para a parentalidade, que já lida com as mazelas do seu tempo, como pudemos discutir ao longo deste livro.

Ao olhar o mapa da licença-paternidade, imagino que o leitor tenha procurado, na legenda, a situação do nosso país e percebeu que estamos no grupo das nações que dão menos de 3 semanas de afastamento para o pai, após a chegada do bebê. Na verdade, a partir da constituição brasileira de 1988, o pai passou a ter direito a uma licença de 5 dias para acompanhar o filho. Depois, com a criação do Programa Empresa Cidadã, foi determinado um incentivo fiscal para empresas que prorrogam em mais 15 dias esse período.[193] Mas isso é opcional. Agora, dois projetos de lei procuram implantar a licença-paterna remunerada de 30 dias (PL 3773/2023; PL 6216/2023 no senado e câmara dos deputados).

Estamos na torcida. Queremos mudar de cor na legenda e figurar entre os países "amigos da paternidade" no mapa da Figura 10.

E, se a licença-paternidade for estendida, poderá fazer parte do rol das mudanças legislativas que, apesar da polarização da sociedade, vem incorporando as transformações contemporâneas. Colocar o pai no centro do cuidado, junto com a mãe, é uma mudança de mentalidade. Foi assim com o casamento entre pessoas do mesmo sexo; a recente possibilidade de se registrar um filho com o nome de dois pais ou duas mães; e a possibilidade de um padrasto ou madrasta registrarem a criança de quem cuidam, ao lado do nome dos genitores. A legitimidade civil das novas famílias reconhece os laços não heterossexuais e a filiação afetiva, reforçando a ideia de que, acima de tudo, o importante é a responsabilidade e o laço com as crianças. Estamos, com isso, reconhecendo o valor da escolha, da doação e do desejo dos pais em relação ao filho. Tudo o que dissemos até agora neste livro, mas que sem o apoio da sociedade, fica difícil de realizar.

PARENTALIDADE HOMOAFETIVA

A primeira coisa a dizer e – talvez a mais importante – sobre a parentalidade exercida por casais homoafetivos masculinos é que os filhos criados por essas famílias seguem crescendo tão saudáveis como qualquer criança. E, se existem problemas específicos a esses arranjos, a maioria se relaciona com o fato de serem minoria, num mundo heteronormativo, e não a dificuldades intrínsecas àqueles casais. Afinal, o pai gay, em geral, não se torna pai "por acaso", como no caso de muitos homens heterossexuais.[160] Embora a literatura sobre o assunto não seja numerosa, quando se mede a satisfação parental, o ajustamento psicológico e a qualidade dos cuidados das crianças, não se encontram diferenças importantes em relação aos casais heterossexuais. (Em uma metanálise de dez trabalhos sobre o psiquismo infantil, os melhores resultados estavam com os filhos de casais masculinos, quando comparados aos pares provindos de famílias tradicionais.[49])

Da mesma maneira, as motivações para ter filhos, nas famílias não heteronormativas, são semelhantes às apresentadas pelos casais heterossexuais.[209] O desejo de filho, cujos elementos foram discutidos no primeiro capítulo deste livro, "não tem preconceito" quanto à orientação sexual do pai, comprovando-se estar mais ligado à natureza humana do que, propriamente, à masculinidade hegemônica existente na cultura. Com relação aos estudos sobre a maneira como os casais homoafetivos se tornam pais, homens gays e bissexuais podem ter filhos a partir de relacionamentos heterossexuais, doação de sêmen, cessão temporária de útero, paternidade e maternidade compartilhada, adoção e acolhimento familiar. Mas, independentemente dos caminhos para alcançar seu objetivo, estes pais costumam ter um forte desejo de filho,[209] o qual se liga à paternidade cuidadosa e responsável, como tenho presenciado em meu contato com essas famílias. De fato, alguns homens que amam outros homens fazem da paternidade um critério fundamental para o namoro, o que significa que consideram a paternidade um aspecto essencial de sua busca por amor e intimidade.[209,210]

Outro fator, percebido na clínica e nas pesquisas, é que os pais em um casal homoafetivo costumam se dividir entre as funções do cuidado das crianças de forma mais parceira.[209] Aliás, em relação à divisão do trabalho, o aspecto mais igualitário da divisão das responsabilidades está diretamente ligado à satisfação no relacionamento. As disputas de poder (quem cuida, quem "manda", quem está mais junto da criança) podem surgir, assim como nas famílias heteronormativas. Contudo, encontram-se diferenças de gênero ligadas a particularidades do casal masculino no sentido de estes pais enfatizarem as funções cognitivas, comunicação verbal e explicitação de regras para as crianças.[209] Mas isso não se reflete em diferenças significativas em relação ao envolvimento nas atividades dos filhos, nível de intimidade, resolução de problemas parentais, tempo gasto com eles, incentivo à autonomia das crianças e envolvimento emocional.[49,209] Vamos, assim, aprendendo como todas essas coisas dependem mais do amor e da personalidade do que da orientação sexual.[210] E, sobre isso, os pais gays, em relação aos homens heterossexuais, têm a vantagem de um repertório mais rico de expressão emocional, possivelmente por terem, desde cedo, desafiado os padrões rígidos de gênero presentes na cultura.

Quanto à experiência subjetiva dos homens, a narrativa dos pais e casais homoafetivos trazem os mesmos elementos dos relatos masculinos de outros tipos de família. As pesquisas apontam as mudanças nas prioridades – inclusive no trabalho – com o nascimento do filho, ajustes no estilo de vida e diminuição do "romance" e da intimidade pessoal com o parceiro. São efeitos de uma triangulação que afeta a todos, não sendo uma "exclusividade" da parelha heterossexual.[209,210]

Por outro lado, alguns problemas podem ser diferentes nas famílias homoparentais. A frequência do envolvimento social dos pais gays diminui, como em geral, quando um casal passa a se dedicar a uma criança. Mas, neste caso, pode haver uma maior socialização com pais heterossexuais que passam pelas mesmas questões (p. ex., terem o filho na mesma escola), e o afastamento em relação ao grupo de pertença anterior. Alguns homens relataram ter perdido as amizades antigas desde que se tornaram pais, o que pode reforçar o sentimento de solidão diante de uma sociedade pautada pelos referenciais heteronormativos.[209]

Nesse sentido, a importância de um ambiente acolhedor às diferenças pode determinar uma transição mais suave do casal masculino para a paternidade. E se isso não acontece, surge um sentimento de incompreensão, desajustamento, que está mais ligado ao preconceito social do que a dificuldades intrínsecas aos pais. Um casal cuja criança fazia tratamento comigo, nas sessões de orientação, relatou que se sentiam "um peixe fora d'água" nas reuniões e eventos da escola do filho. Não eram chamados para alguns encontros, não foram convidados pelo grupo *de mães* do *Whatsapp*, e acabavam por não saber de muitas das "fofocas" e programações que rolavam naquele grupo. Não por acaso, o filho do casal sofria *bullying* na escola e os pais sentiam que tratavam sua criança de forma diferente. Tudo mudou quando decidiram trocar o filho de colégio. O menino melhorou tanto, que seus sintomas foram desaparecendo, de modo que pôde ter alta do atendimento psiquiátrico.

Assim, na clínica, o que as famílias de casais homoafetivos nos trazem são conflitos relativos à condição de minoria – inclusive quanto ao acolhimento por parte dos próprios amigos gays, ao se tornarem pais. Paralelamente, surgem dilemas comuns a todo ser humano diante do crescimento dos filhos, como a questão de como "colocar limites" na criança.[210] Aqui, à semelhança dos casais heterossexuais, não existe homogeneidade entre os casais masculinos em relação aos impasses da criação. Alguns desses casais claramente ainda aspiram à parentalidade vinculada à ideologia familiar do tipo "mãe-nutridora, pai-provedor", podendo ficar inseguros quanto à divisão de papéis na hora dos conflitos.[209] Em algum nível, se enxergam a maternidade como primordial para a boa parentalidade, podem achar difícil se reconhecerem como pais suficientemente bons. Havendo insegurança, sua tendência será reproduzir, em termos de papéis, os lugares "masculino" e "feminino" ligados à família tradicional.[209]

Por isso, um desafio se impõe aos pais em parelhas homossexuais: *abandonar a identidade parental tradicional*, encontrar conforto em sua própria identidade como pais, reconhecer outras famílias não heteronormativas – buscando reconhecimento, modelos e mentores – e identificar os pontos fortes de ser um pai com essa particularidade. *Enfim, ser o pai que se pode ser, criando sua própria maneira de lidar com o filho sem ter que se agarrar demais a um modelo que não serve bem para sua família.*

Os mesmos desafios são explicitados em um estudo qualitativo brasileiro, que aponta a carga "extra" de estresse por ser pai numa situação diferente da usual.[210] "Ser pai traz enormes desafios para qualquer um" dizem os autores do estudo. Mas, no caso do casal masculino "os conflitos são potencialmente maiores pelas críticas de um mundo predominantemente heterossexual, que não aceita o diferente" e pode ser ainda mais cético em relação ao potencial do casal de homens, no sentido do cuidado do bebê e da criança pequena.[210] Por isso, os casais masculinos sofrem ainda mais preconceito que as parelhas lésbicas, e esse preconceito pode partir, inclusive, de outros integrantes da comunidade LGBTQIAPN+. Além disso, os amigos sem filhos podem ter suas reservas em relação às hipocrisias da parentalidade hegemônica, e considerar essa "acomodação" masculina como uma "capitulação" diante dos estereótipos que buscam combater.

Essa "capitulação", porém, não é um fato que se comprova realmente. À medida que mais e mais famílias compostas por pais homossexuais puderam se formar nos últimos anos, esse preconceito veio se enfraquecendo. A paternidade dos casais de pais catalisou uma reconstrução de identidade nesses homens, em função das mudanças de estilo de vida que os fizeram perceber que a *identidade "gay"* e a *identidade de pai* podem, sim, existir lado a lado. A vinda do filho emergiu, então, como uma maior validação dessas masculinidades, constatada por maiores níveis de adaptação psicológica, senso de crescimento pessoal e contentamento em ser pai, em comparação com pais gays com identidades não integradas à orientação sexual, ou pais heterossexuais.[209]

Um caso especial é o daqueles pais que "saem do armário" depois de um casamento heterossexual, cujo caminho pode ser mais tortuoso do que o daqueles que decidem ter um filho já mais confortáveis com sua identidade.[209] Sobre isso, a situação paterna é pautada por outro tipo de conflito. Mas, em certos casos, é justamente *porque* tiveram um filho que muitos homens decidem encarar essa verdade sobre si mesmos. Assim, a vinda da criança lhes traz o desejo de serem melhores, mais autênticos em relação ao seu desejo, pois saem da relação com a mãe do filho em um movimento de saúde para si mesmos e para o casamento que se desfaz.[125,209]

Existem alguns casos, porém, em que uma relação homossexual pode estar mais relacionada a um "acting out" paterno, na época perinatal, do que a uma mudança de posição na escolha afetiva e conjugal heteronormativa. Se o encontro homoerótico foi buscado como forma de aplacar a angústia da fase, o questionamento sobre a própria masculinidade pode surgir então, a partir desse desejo. A questão da sexualidade masculina e seus impasses na perinatalidade é complexa, mas os "acting outs" relativos a outras realizações eróticas, nos homens que não se entendem como bissexuais, são vividos com menos culpa do que os encontros com outros homens ou mulheres transexuais. Quando uma relação extraconjugal é vivida no terreno do "acting out", pode estar ligada à maior impulsividade, envolvimento em situações de risco e, não raro, momentos de desorganização psíquica. Assim, certas experiências paternas, ligadas a esse tipo de encontro, podem ser traumáticas para o sujeito. Posteriormente, o pai necessitará de ajuda para ressignificar a crise vivida nesse momento e retomar o relacionamento consigo mesmo, a parelha amorosa, e o filho que chegou. Neste caso, o que está em jogo é o conflito em relação à própria masculinidade e ao enfrentamento do novo papel[16,124].

Um outro ponto a considerar, que se conecta com a questão da parentalidade homoafetiva, não se restringe somente a ela e se trata da reprodução assistida. Em um estudo italiano, 30 homens gays cujos filhos nasceram por "barriga de aluguel" compartilharam suas angústias neste processo, em casos nos quais a distância geográfica da barriga de aluguel aumentou sua percepção da perda de controle sobre a gravidez.[80] Esses pais imaginizaram sua ligação com o filho pensando a gestante como uma pessoa da família, uma "tia" que, mesmo à distância, mantinha um relacionamento com eles. A paternidade por reprodução assistida, quer o pai seja hetero ou homossexual, é um outro campo que nos traz o entrecruzamento entre o desejo de o homem ter um filho e as angústias particulares à sua posição.

A este respeito, a série israelense *Um corpo que gera*,[211] embora conte a história de um casal "hetero" bem tradicional, é um retrato sensível das angústias de gerar um filho de forma diferente da usual. A meu ver, é uma das melhores produções a respeito dos conflitos que podem surgir em processos assim. Tanto na adoção, como na reprodução assistida, o psiquismo do pai faz um trabalho extra, lida com uma carga ainda maior de "externalidade" em relação ao filho. E esse aspecto é especialmente abordado na série.

O enredo traz a história de um casal (Ellie e Iddo) que não consegue levar uma gravidez a termo e, depois de vários abortos, recorre à ajuda de uma cessão temporária de útero. Ellie, que doa o óvulo para a inseminação, considera-se mãe desde o início, mas lida com a "externalidade" da gestação de forma diferente do pai. No plano da fantasia, a mulher já se coloca em posição materna desde o início, enquanto o lugar do pai é distinto, o que o leva a lidar melhor com o "descontrole" de ver seu filho sendo gestado por outra pessoa. O seriado aborda vários pontos interessantes, como a experiência de Chen, a mãe gestante, que cede temporariamente o útero a este casal. Podem-se perceber as defesas que ela utiliza para lidar com o fato de que está "alugando" seu corpo para gestar um filho que não será seu, e o seriado é honesto em representar a ambivalência sentida pelos personagens deste trio. A ambivalência e os conflitos também podem se fazer presentes quando um casal homoafetivo recorre ao mesmo método de reprodução.[80]

Nesse sentido, as fantasias dos pais podem se relacionar ao modo como decidem fazer a inseminação para gerar o embrião. No caso, existe a possibilidade de se utilizar o sêmen de um ou outro pai, ou os dois sêmens misturados. Um casal de homens que conheci gerou o filho dessa maneira e não queria saber de qual deles o filho recebeu o material genético. A situação tem suas complicações, pois as características fenotípicas da criança, neste caso, podem gerar aquelas velhas dúvidas que já conhecemos "de cor" nos dramas familiares dos casais heterossexuais. Mas, como todas as questões nessa seara, tudo depende de como a família lida com a maneira como a criança foi gerada.

Um caso diferente acontece quando o homem decide, por exemplo, ter um filho com uma amiga. É uma situação diversa em relação à história da "barriga de aluguel". Mas, assim como nesses casos, os impasses que podem surgir para o pai ou casal de pais trazem o risco de complicações que não imaginavam vivenciar. Não é a orientação do desejo sexual que impedirá aqueles sentimentos mais arcaicos ligados ao narcisismo e ao gênero. E, "de repente", a melhor amiga, que está gestando o filho do pai gay, pode se transformar numa "usurpadora de sementinhas", exatamente da mesma maneira que acontece em relação ao pai heterossexual. Presenciei uma situação assim na clínica: a mãe e o pai eram muito amigos e decidiram ter um bebê; ele tinha uma orientação exclusivamente homossexual e ela, não. Tudo foi muito bem até que a criança chegou e começaram a disputar "a autoria" da criança exatamente como muitos casais heterossexuais o fazem. Eles achavam que estariam "imunes" às "picuinhas" da família tradicional por causa da pureza do amor da sua amizade, mas isso não ocorreu. Aquela amizade imaculada, na verdade, tinha se tornado uma idealização contra as desavenças e conflitos, tão frequentes no processo de se tornar pai e mãe. E eles tiveram de brigar um bocado para desfazer aquele "idílio assexual" que tinham criado, de modo a realmente se colocarem em uma *parceria mais fértil*, em prol do cuidado da criança que tinham gerado juntos.

Enfim, poderia citar outros exemplos aqui, mas são justamente as situações pouco usuais da parentalidade e da reprodução assistida que melhor nos esclarecem o quão pouco sabemos sobre o que significa ser pai ou ser mãe para uma pessoa... e como podem ser misteriosos os caminhos pelos quais o inconsciente parental se arranja em relação às fantasias, ao desejo de filho e *à posição que sujeito tomará em relação à criança.*

Nesse sentido, fico com os autores da psicanálise que nos explicam que as teorias e crenças que construímos sobre sexo e gênero, afinal, são maneiras de *tentar* dar conta do sexual, sempre enigmático, sempre nos escapando, no que tem de múltiplo, polimorfo e inconsciente.[212] Há algo que permanece não simbolizado para todos nós, por mais "resolvidos" que julguemos ser, nesse aspecto. E acredito que muitos impasses da clínica da parentalidade (hetero, homo ou trans) têm relação com isso. Tendemos a nos "agarrar" às nossas "certezas", justamente porque este tema nos traz angústia, ao abalar a ideia do casal homem/mulher que nos parece tão reconfortantemente familiar.

E, assim, quanto mais nos afastamos daquilo que se considera "o natural", mais abertos precisamos estar em relação à incerteza e à relatividade da *normalidade* da família tradicional. Isso ocorre na paternidade transgênero, que é um jeito bem único de se tornar pai, principalmente se o homem transgênero engravida e/ou amamenta. Aqui, ele vive em seu corpo, que tem útero, as sensações e transformações ligadas ao processo biológico da gestação e puerpério, sem estar identificado com o gênero feminino. É pai, mas tem a experiência psicossomática da mãe: certamente a vivência dessas pessoas tem muito a nos ensinar sobre esses processos. Similarmente, a mulher transgênero, ao amamentar, experimenta com o bebê a partilha do seu corpo, como tradicionalmente o faz a mãe cisgênero. E, independentemente da filiação biológica da criança, homens e mulheres "trans" podem compor parelhas homo ou heterossexuais.

Termino aqui essa reflexão sobre a paternidade homoafetiva com as recomendações de um trabalho sobre o tema, que procura dar ao profissional de saúde umas "dicas" para o atendimento às pessoas e casais homoparentais e transgênero. Tais pacientes, que sofrem preconceitos de muitas formas, têm naquela questão do "desmentido" um tema bem sensível. Pior do que sentir estranheza em relação à diversidade, é negar o maltrato sentido pelos pais que sofrem discriminação a partir da nossa atitude para com eles. É preciso, por isso, que haja um preparo para que o cuidado possa ser hospitaleiro com todo tipo de família.

O leitor realmente acredita que *qualquer maneira de amor vale a pena*?[213] Se esse não é o caso, certamente seu paciente perceberá isso, pelos seus "ditos" e pelos seus "não ditos". E, talvez, mesmo sem querer, o lugar do cuidado se torne também um lugar de violência,[214] o que, certamente, não é o nosso desejo como profissionais de saúde (Quadro 1).

Quadro 1. Preparação para o local de atendimento.

A familiaridade com a terminologia relacionada à orientação sexual e gênero, e o conforto em abordar os diversos caminhos para a parentalidade LGBTQIAPN+ pode promover a abertura e a aliança clínica positiva com essas famílias no atendimento em saúde. A seguir, a terminologia adequada para abordar certos termos ligados ao gênero:

- Abordagem verbal
  - Uso de formas neutras em termos de gênero (evitar os termos "mãe", "pai").
  - Perguntar como o pai gostaria de ser chamado (p. ex., "co-mãe", "pai").
  - Usar a linguagem sobre orientação sexual e gênero com naturalidade, pela equipe e clínicos.
  - Ter familiaridade com o uso da linguagem sobre os diversos modos de acesso à parentalidade.

- Abordagem não verbal
  - Formulários com linguagem neutra em termos de gênero (p. ex., "pai/mãe 1", "pai/mãe 2").
  - Bandeiras de arco-íris, broches, ímãs ou outros símbolos LGBTQIAPN+ visíveis.
  - Políticas de não discriminação em destaque.
  - Linguagem inclusiva em materiais impressos, formulários e presença *on-line*.
  - Conversas frequentes entre a equipe sobre pressupostos heterossexuais.

Fonte: adaptado de Webster e Telingator.[215]

CONCLUSÃO

Estamos mesmo preparados para acolher os pais?

Chegando ao fim deste livro, percebo que a questão dos casais homoafetivos e das novas famílias converge para um ponto que já não diz respeito aos governantes, ou à política, nem mesmo às questões da sociedade. Em certo sentido, é mesmo *dentro da nossa cabeça* que a idealização dos gêneros e dos papéis parentais precisa se transformar. E, assim, o pai ganhará espaço à medida que, em nosso imaginário, possamos valorizar seu papel no cuidado e entender que a paternidade é um tema importante para os estudos na área da parentalidade.

A meu ver, as mudanças da contemporaneidade apontam, claramente, para essa necessidade.

A respeito da questão paterna, confesso que eu mesma demorei um tempo para pensar sobre ela. Foi por questões da minha própria história, enfim, que desejei saber mais sobre o processo de tornar-se pai. Mas, mesmo assim, quando decidi pesquisar o tema, tive algumas dúvidas. Qual o meu lugar de fala para pensar a paternalidade? Como escrever sobre a experiência do homem, sendo que eu mesma nunca a vivenciei? É possível que o olhar dessa autora seja um pouco "apaixonado", motivado pelo desejo feminino de trazer o pai para mais perto. Ou que este trabalho pense as falhas paternas, mesmo não intencionalmente, a partir dos seus efeitos sobre a criança e a mulher.

Contudo, depois de refletir um pouco, cheguei à conclusão de que, do meu lugar feminino, posso, sim, trazer boas contribuições para o tema da paternidade. Sem deixar de lado a ideia do "lugar de fala", prefiro a bem-humorada colocação de Margaret Mead.[29] A antropóloga escreveu uma das obras que constam nas referências deste livro. E nos conta que, entre seus pares, sabe-se que não podemos ser imparciais a respeito dos assuntos humanos. Por isso, ao comunicar os resultados das suas pesquisas, os antropólogos fazem uma brincadeira, começando qualquer conversa sobre seus trabalhos com a máxima: "*From where I sit...*". A tradução da expressão, algo como "a partir do meu ponto de vista" me parece bem simpática, mostrando que sempre, em qualquer pesquisa, o olhar do observador influencia naquilo que ele percebe e é capaz de descrever.

E foi por saber da limitação da minha posição como psiquiatra e psicanalista, mulher, de meia-idade, brasileira, mãe, branca e heterossexual, que me pus a ler relatos de homens. Pesquisas, depoimentos, materiais midiáticos – tudo que pudesse me aproximar da experiência de ser pai, para escrever este livro. Contudo, acima de qualquer coisa, foram meus pacientes que me ensinaram. Além da experiência como esposa, filha e mãe, o que conheci da paternalidade me foi trazido a partir da clínica. Uma maneira de amar é tentar conhecer. Em nossa profissão, realmente, os pacientes pagam para nos ensinar.[216]

A partir disso, também encontrei boas obras literárias sobre o tema, sobre a conexão – e desencontros – de homens e mulheres com seus pais. São livros cujas lições são tão valiosas que eu não conseguiria reproduzi-las aqui. Para mim, a arte, a ficção, pode ser uma das formas mais verdadeiras de chegar perto da experiência de alguém, porque a obra de arte fala conosco não somente por meio da inteligência, mas também do coração.

E esse foi o caso do livro do chileno Alejandro Zambra, que fala sobre a paternidade.[217] Nele, uma das partes de que mais gostei é o relato das idas e vindas da relação do autor com o próprio pai. Alejandro, que começa a narrativa com o nascimento da sua criança, termina contando sua experiência como filho. De como o laço com o pai se transforma a partir do momento em que ele mesmo se enxerga a partir dessa posição. Uma pequena frase, nas últimas páginas, marcou-me especialmente. Ele diz: "*Essa violência tão masculina, essa irmandade tão masculina, essa falta de comunicação tão masculina*".[217] Uma elaboração profunda das dificuldades na expressão do afeto entre o autor e seu pai.

Então, estando já adiantada nas páginas da escrita do meu livro, fiquei meditando sobre as palavras de Alejandro Zambra. E começou a se formar, mais claramente para mim, a ideia de como eu gostaria de encaminhar a conclusão que apresento agora ao leitor.

Primeiramente, as palavras de Zambra me lembraram o pensamento de Winnicott a respeito do que para ele significa ser "um homem", em termos da *descontinuidade formadora da identidade masculina*. Porque essa identidade é construída, justamente, a partir da separação radical do menino em relação à mãe. Falei disso num capítulo deste livro, mas aqui vou retomar este ponto a partir da visão deste autor.

Winnicott não especifica se suas colocações são exclusivas em relação ao homem cisgênero, mas dirige sua atenção à relação inicial do bebê, sem fazer essa distinção.

Profundo conhecedor da natureza humana, Winnicott também falou a partir do seu ponto de vista de homem inglês, heterossexual, branco e nascido no final do século XIX. Ainda assim, muitas de suas colocações permanecem bem atuais. Este autor estava especialmente atento à vulnerabilidade da identidade masculina, e percebeu que o menino tem uma maior necessidade de se diferenciar da mae do que a menina, para conquistar essa identidade. É claro que as coisas não são tão fáceis para as mulheres, mas seus caminhos de diferenciação seguem outra trajetória, que não coloca sua identidade nesse tipo de "perigo" que o menino enfrenta bem precocemente. Winnicott diz que, se há uma inveja masculina em relação à mulher é porque, "todo homem e toda mulher *vieram de uma mulher*".[218] Todos um dia dependemos profundamente dessa *mãe*. Mas, quando um menino se percebe menino, ele precisa buscar um outro referencial.

Assim, se as mulheres conseguem lidar com sua relação com aquela mãe poderosa dos primeiros tempos, identificando-se com ela, para os meninos é um pouco diferente. Winnicott diz que: "*Para toda mulher, há sempre três mulheres: 1. a menina bebê; 2. a mãe; e 3. a mãe da mãe*". E, "independentemente de ter bebês ou não, uma mulher está presente nessa série infinita [...] porque ela começa já sendo três, enquanto o homem começa com um impulso forte para ser um só. Um é um e completamente só, e o será cada vez mais. O homem não pode fazer o que a mulher faz, esse fundir-se na linhagem, sem violar a essência de sua natureza".[218]

Essa formulação, um tanto complexa, é influenciada pela teoria freudiana do Complexo de Édipo, mas enxerga a questão da identidade masculina a partir de um referencial ainda mais amplo. Aqui, não se trata simplesmente da passagem para uma posição de identificação do menino com o pai, numa fase específica do desenvolvimento, mas de uma fratura, uma ruptura na primeira conexão do menino com a mulher. Essa conexão, que ocorre nos estágios iniciais, não acontece no campo da escolha do objeto de amor, mas da sensação de ser UM com aquela pessoa, uma sensação que todo bebê experimenta na fase da dependência absoluta em relação à mãe.

A percepção de Winnicott nos leva à ideia da descontinuidade, da separação... e me parece ser um ponto de vista interessante para imaginar a identidade masculina em relação às questões levantadas neste trabalho. Descontinuidade, separação, falta de comunicação. Fiquei com esse pensamento, que me pareceu fazer sentido nas histórias dos pais que venho atendendo e até nas pesquisas compiladas para a escrita deste livro. O que poderia significar, na prática, esse "impulso forte para ser um só"? Percebo que tal ideia permeou os capítulos deste livro, quando, "*from where I sit*", dispus-me a pensar sobre a questão paterna na perinatalidade.

Assim, no primeiro capítulo deste trabalho, trouxe a questão da esquiva masculina pensada sob vários ângulos, mas também o lugar paterno, como o que faz suporte e dá o corte, o limite, para a relação dual entre a mãe e o bebê. Contei de pais que enlouqueceram, o Venâncio do romance *Tudo é rio*, e o malvado Darth Vader da saga *Star Wars*. Esta, para mim, é a releitura do mito edipiano explicado a partir de uma psicose paterna – a história do sujeito que se desorganiza totalmente, diante do medo de perder a mulher. Seguimos com as doenças psiquiátricas do pai na perinatalidade. E a questão da violência masculina, esse jeito extremo de o homem expressar a sua descontinuidade em relação ao outro, o seu "ser um", levado às últimas consequências, no sentido da aniquilação do outro, da sua destruição.

Foi então que percebi o que eu estava procurando compreender melhor na pesquisa que motivou a escrita deste livro. E o que eu estava tentando elucidar partia da minha percepção de que a violência é a doença, o extremo patológico, daquele ser UM que pode ser especialmente complicado no caso masculino. Este "ser um" que leva os pais a se fecharem tanto quando mais precisam conversar, compartilhar os seus sentimentos, diante dos desafios representados pela crise de se tornar pai. Este "ser UM" que faz o homem temer e até odiar a mulher, e que pode estar ligado, de forma profunda, aos adoecimentos masculinos nessa fase – pelo menos em nossa cultura...

Nesse sentido – e peço que o leitor me acompanhe nessa digressão -, aprendi com a minha primeira professora de psicanálise, a Amélia de Vasconcelos (que também foi pediatra), uma coisa importante sobre a avaliação do paciente que encontramos pela primeira vez. E desejo extrapolar esse conceito para o pensamento desenvolvido neste livro, uma vez que a vontade de compreender melhor a "doença" paterna foi a maior motivação dessa pesquisa. Trata-se da *fantasia de doença* e da *fantasia de cura*.[219] São fantasias que estão em estado latente na mente do sujeito, desde o momento em que ele formula o desejo de se consultar conosco, buscar nossa ajuda. No momento de escrever esta conclusão, percebi que, desde o início, também eu tinha formulado as minhas hipóteses para a "doença" e a "cura" da paternidade. E fui costurando cada capítulo de modo a responder a esta pergunta: qual seria a "cura" para a paternidade esquiva, desconectada ou violenta, que encontramos na clínica perinatal?

Tarefa que não é fácil, como se pode imaginar; o que impede qualquer conclusão mais taxativa sobre o assunto. Por isso, eu me indagava quando cheguei ao final deste livro: para onde me encaminhar agora? Falar sobre grupos de pais? Tratamentos baseados em evidências para as patologias paternas? Ou será que caberia fazer um capítulo final sobre o pai nas outras fases da vida da criança, para não restringir o livro ao tema dos primeiros anos? Faltou aqui falar do luto perinatal, dos tratamentos para os pais, dos padrastos e avôs, da adolescência do filho, e até das psicoses paternas que foram historicamente importantes para as descobertas da psicanálise. Mas esses assuntos ficarão para outro dia! As pesquisas sobre o pai, agora que o mundo "descobriu que ele existe", certamente não vão parar por aqui. De minha parte, quero terminar este livro com uma reflexão pessoal sobre o trabalho com os pais, que possa trazer sentido a essa jornada corajosa do leitor, comigo, por essas páginas.

Afinal, se chegamos até aqui, certamente percorremos assuntos densos e perturbadores: sexualidade, violência, emoções e doença mental. Não é pouca coisa! Em um dado momento, percebi que este livro é como se fossem dois: uma primeira parte mais "psicológica" e uma segunda, "psiquiátrica". Desejei, então, no final, escrever algo que trouxesse a ideia de uma junção, uma conexão... Já que a ideia da desconexão masculina esteve o tempo todo presente, guiando a escolha dos assuntos, a ordem dos capítulos, a convicção da importância de pensar e estudar a subjetividade do pai. E assim, para concluir, minha ideia é simples, e se baseia na possibilidade de trabalhar esse binômio conexão/desconexão a partir de uma abordagem compreensiva em relação às dificuldades paternas. Para o profissional de saúde, seria este o recado: Seja um facilitador da conexão entre o pai e o bebê, o pai e seus afetos, o pai e a sua parelha amorosa, neste momento de crise vital. Porque, no mais das vezes, diante do sofrimento ele tenderá a se afastar.

Olhe para o pai, pergunte por ele, convide-o a se sentar, e falar.

Contudo, leitor, não se engane! Não é porque é simples que se torna fácil. Na clínica, chamamos os pais para a consulta, **e eles não vão**. A mãe com depressão pós-parto conta que o marido está bebendo muito. Mas, se a gente pergunta, ele costuma negar. Ou nem aparece na "convocação" para que venha acompanhar a parceira no tratamento. Primeira consulta da família, para avaliação da criança, e a mãe aparece só. E, então? Como trazer o pai para mais perto?

Muita gente vem pensando sobre isso e parece ser uma constante, naqueles que trabalham com os pais, a percepção de que o homem precisa falar, mas não quer se sentir acuado. Nem se aproximar *a partir da chave da vulnerabilidade.* É algo que precisamos respeitar e aparece no livro de Alejandro Zambra, que nos dá a "dica de ouro" quando cita "essa irmandade tão masculina" depois de falar a palavra "violência", numa formulação poética em si mesma, que também traz em si as ideias de doença e cura. Aqui, (alerta de *spoiler!*) o autor chileno está falando das contendas entre ele e o pai, que melhoravam quando iam juntos para a *pescaria.* A pescaria ou o futebol (Alejandro também fala sobre isso) são "senhas" para que os dois homens se aproximem em uma certa "irmandade": um jeito de estarem juntos sem ferir a solidão essencial. O espaço entre o *"um"* e o *"outro"* que, segundo Winnicott, faz parte da sua constituição identitária.

É claro que, com isso, não estou dizendo que os homens não chorem ou não peçam ajuda *de forma direta* para as suas questões emocionais. Mas, para alguns autores, a aproximação indireta *voltada a um objetivo* pode ser mais atraente para os homens do que uma abordagem focada no problema, do tipo *"você está doente, precisa ser ajudado".* Isso tem feito muita iniciativa de suporte para eles fracassar, já em seu nascedouro.

Fica, portanto, mais claro para mim (e espero que para o leitor também) que a minha "fantasia de doença" sobre o pai é a sua dificuldade com a vulnerabilidade, que o deixa em maus lençóis diante da crise da passagem para a paternidade. Mas, por outro lado, a fantasia de cura que eu "inventei" para o pai não é o contrário de ser forte, longe disso! Depois de estudar este assunto, a minha fantasia de cura para o pai é que ele possa se conectar e se reconectar consigo mesmo no momento de se tornar pai. A "cura" está na conexão, nessa "chance" ímpar que se abre para o homem que tem um filho, de pegá-lo no colo e "topar" a travessia da vida com ele. Conexão, ligação.

Como isso pode se demonstrar, na prática?

Vou dar aqui uns exemplos. No Brasil, já existe o pré-natal do parceiro, uma iniciativa que, a pretexto de trazer os pais para o controle pressórico e de exames de saúde geral, traz o homem ao posto de saúde, enquanto a mulher segue com as consultas pré-natais de rotina.[59] Da mesma forma, grupos de apoio ou de conversa para homens demonstram ser efetivos em vários contextos.[206] E, até onde possa ir a nossa criatividade, nos equipamentos de saúde e nas situações de atendimento à família, pode-se pensar em iniciativas para "fisgar" esses sujeitos. Os homens têm mostrado que só estão esperando "uma deixa" para começarem a falar.

Contei, em um dos capítulos deste livro, sobre a gratidão dos homens que narraram sua experiência de se tornarem pais, na pesquisa conduzida por Simone Guidugli em seu doutorado.[56] Só de poderem contar para ela as suas angústias, já sentiram a paternidade de forma diferente. E o leitor pode se lembrar do trabalho inglês que citei, no tópico sobre a ansiedade paterna, que abordou a experiência traumática do parto, sob o ponto de vista masculino (página 168).[164] Como os pesquisadores chegaram aos entrevistados? Por meio da internet, por meio de uma pergunta direta sobre a experiência de medo vivenciada no parto da parceira. Os trabalhos que buscam "chamar" os homens para as conversas e as intervenções têm dado especial atenção *ao modo como se pode oferecer ajuda* a eles. Sobre isso, há lacunas que podem direcionar mais pesquisas no sentido da prevenção dos problemas paternos na perinatalidade.

Com base nessa ideia, um trabalho irlandês analisou as falhas e lacunas das estratégias de ajuda para homens em sofrimento psicológico.[220] Não é uma pesquisa que foca, especificamente, a paternidade, mas os pesquisadores perceberam que há elementos que podem atuar como barreiras para que os homens encontrem apoio no seu ambiente, para pedir ajuda diante do estresse. Considero este trabalho muito rico, por nos oferecer algumas "dicas" de como melhor acessar os homens com dificuldades nas transições da vida.

E o que dizem esses pesquisadores? Primeiramente, num contexto de grupos de apoio ou atendimento em saúde, é preciso que o sujeito sinta uma conexão genuína com a pessoa que os atende, para que possa falar abertamente sobre sua depressão. *"Se você for e conversar com alguém... você tem que confiar plenamente que ele não vai sair pela rua contando às pessoas sobre você"* – é a fala de um participante de grupo de homens, citada por esse estudo.

Em segundo lugar, existe a clara preferência por terapias que proporcionem uma atmosfera aberta, não controladora, livre de julgamentos, onde se possa encontrar apoio, mas que permita ao sujeito participar de quaisquer decisões tomadas. Se o senso de autonomia e autocontrole é ameaçado, o homem tende a não aderir ao grupo de apoio ou tratamento proposto para sua dificuldade. Por isso, é preciso "personalizar" e direcionar intervenções de saúde para a população masculina, que pode responder melhor a certos tipos de intervenção, de forma diversa da população feminina.[220]

Em terceiro lugar, algumas observações sobre a maneira como os homens comunicam o sofrimento psíquico. No mesmo trabalho irlandês, os autores referem que existe um consenso na ideia de que "os homens não falam". Mas, analisando de forma qualitativa 13 grupos de trabalho com homens em situação de risco psicológico, o trabalho ressalta que eles buscam apoio, sim, mas de maneiras que podem não ser reconhecidas pelo ambiente. Nesse quesito, houve referência à importância de encontrar os homens "no seu nível", em vez de lhes impor uma maneira "certa" de comunicar suas questões de saúde mental. Há a questão da "calibragem" da escuta, mas também a ideia de que, tipicamente, os homens preferem formas de apoio mais práticas ou "diretas", que lhes permitam manter um senso de "normalidade" (masculina). O medo de ser tratado de maneira diferente, de não ser visto como "normal" após a revelação de um problema, aparece como uma barreira importante para a busca de ajuda (apesar de não trazer uma grande discussão sobre isso, os homens pesquisados neste trabalho compartilham um modelo de masculinidade hegemônica que pode explicar algumas dessas particularidades).

E há ainda um dado curioso, relativo às dificuldades de comunicação dos participantes daquele trabalho irlandês. Esse ponto, a meu ver, deveria ser ainda mais pesquisado em trabalhos futuros sobre o tema específico da paternidade. *Alguns homens em dificuldade acham contraproducente comentar seus problemas com as pessoas mais íntimas.* Há uma preocupação quanto a ultrapassar um limite ao buscar ajuda de um ente querido – e não haver como voltar atrás ou escapar da pressão que a revelação do problema pode ocasionar.[220] (Dada a situação do pai na fase perinatal, acredito ser bem possível que a "ocultação" dos seus sintomas, dúvidas e problemas também possa se referir ao fato de que as pessoas que parecem ter mais "direito de pedir um colo", nessa hora, são a mãe e o bebê. Assim, o que poderia parecer lógico sob certo ponto de vista, ou seja, o fato de que devemos pedir ajuda às pessoas próximas, não se aplicaria nestes casos. Pode ser que o sujeito entenda como uma fraqueza o fato de não estar conseguindo resolver seus problemas sozinho. Assim, vai evitar os familiares justamente por esse motivo. Nessa situação, pessoas mais distantes, mais neutras, podem ser uma rede de suporte mais desejável para o pai).

Um outro aspecto importante dos trabalhos sobre a questão das dificuldades masculinas, dentro e fora da paternidade, é o quanto os grupos são valiosos para diminuir a sensação de exclusão e distanciamento presentes nos seus adoecimentos mais graves.[105] *Contato, pertencimento, espaço para se expressar, confiança no ambiente, ausência de julgamento*: parece ser isso o que os sujeitos em sofrimento mental procuram, na tentativa de "curar" a desconexão com os outros e consigo mesmos, que surge em situações de violência e nas depressões.[105,179,220]

"Os homens precisam pertencer em relacionamentos, no local de trabalho, na família, nas escolas e na comunidade"; nos traz uma terapeuta de grupo que trabalha com prevenção do suicídio masculino.[220] Ou: *"quando o homem se deprime... ele afunda mais depressa do que a mulher"* – diz uma enfermeira, entrevistada no mesmo trabalho irlandês.[220]

Tomados em conjunto, os estudos sobre a abordagem aos homens em sofrimento psicológico sugerem que é preciso pesquisar melhor as causas da sua desconexão em relação a instituições sociais-chave, como família, trabalho e comunidade. Além disso, é necessário sensibilizar os profissionais de saúde e construir capacidades para acolher as necessidades desses pacientes, sua forma de expressar o sofrimento e pensar as melhores maneiras de oferecer ajuda efetiva a eles.

Se, no caso da paternidade, a doença está na desconexão, a "fantasia de cura" dessa autora para esses sujeitos está na conexão com o bebê, com a família e consigo mesmos. Precisamos abrir espaço para os pais e, como dizia o poeta, lançar pontes através da noite.[221] Na fase perinatal, há oportunidade para isso e o profissional de saúde tem um lugar privilegiado para facilitar a construção dessas pontes.

Agradecimentos

Agradeço ao meu amigo Eduardo Goldenstein pela leitura atenta e amorosa deste livro, a partir do olhar de pediatra, pai e avô. E também à todos os amigos do Núcleo de Saúde Mental da Sociedade Paulista de Pediatria, que tanto me incentivaram na escrita destas páginas.

Aos colegas do ProMulher do Instituto de Psiquiatria da USP, da Casa Curumim e do Instituto Gerar (especialmente Joel Rennó Jr, Honorina Almeida e Vera Iaconelli). Nos encontros e trocas promovidos por estes espaços, encontrei ressonância para pensar uma clínica viva, enriquecida pelo trabalho conjunto e estudo dos temas relativos à parentalidade.

Aos amigos do LIPSIC e programa de pós-graduação da PUC/SP, onde essa pesquisa se iniciou sob a gentil orientação de Elisa Maria de Ulhoa Cintra.

Aos atuantes e inspiradores pais que se dispuseram a ler este livro, pelos comentários encorajadores e disponibilidade calorosa: Alexandre Coimbra, Marcos Piangers, Marcus Renato de Carvalho e Ricardo Telles de Deus.

Aos meus queridos amigos do "Grupo terapêutico": Ângela, Carla, Claudinei, Cleyton, Diana, Eleonora, Gilca, Gina, Katia, Maria Helena, Odelis, Viviane e à saudosa Cecília, que trouxe Winnicott para tão perto de nós.

À Evelise Paulis e à Ana Araújo, atentas revisoras deste texto, e ao Luís Carlos, pela disponibilidade de pensar, no projeto deste livro, as imagens da ternura paterna.

À Amélia de Vasconcelos *(in memoriam)*, Rosa Worcman, Janice Rechulski, Elide Giunti Melo e à minha mãe, Maria Gabriela, que me transmitiu o gosto por aprender, a alegria de cuidar e o prazer da transmissão do conhecimento.

Posfácio

Nem sempre a gestação e o nascimento de um bebê são acompanhados pela "gestação" e pelo "nascimento" de um pai. Muitas coisas podem acontecer e não acontecer em tal contexto, prejudicando, ou mesmo inviabilizando, o gradual desenvolvimento da paternidade. Em certos casos, tal processo parece sofrer uma interrupção; em outros, uma implosão ("pais-natimortos"); e, por vezes, uma não-concepção. Fatos que se expressam, no plano clínico, em diferentes tipos de adoecimento paterno. Decorrem daí problemas espinhosos e de difícil solução para qualquer sociedade. Inclusive a nossa, brasileira. Foi com o propósito de intervir neste delicado panorama que Arianne Angelelli, com base em sua vasta experiência como psiquiatra e psicanalista, elaborou o presente livro. Escrito em linguagem acessível, desprovida de jargões técnicos, mas sem perder o rigor clínico e científico, o livro convida o leitor a repensar o tema da paternidade. A desconstruir, à medida que avança na leitura, mal-entendidos e ideias errôneas, que ocultam, sob elas, o que há de não linear e paradoxal no processo de tornar-se pai. Embora destinada, sobretudo, aos profissionais da área da saúde, a obra também pode ser lida, com proveito, por um público mais amplo. Pessoas estas renovadas, sonha a autora, em sua curiosidade pelo fenômeno, e, quem sabe, em sua capacidade para ofertar cuidado aos pais que lhe solicitam ajuda.

Ricardo Telles de Deus

Psicanalista. Pós-doutor em Psicologia Clínica pela PUC-SP, docente do curso de formação em psicanálise e coordenador do Núcleo "Psicanálise e Psicoses" do Centro de Estudos Psicanalíticos. Membro pesquisador da Associação Universitária de Pesquisa em Psicopatologia Fundamental.

Referências bibliográficas

1. Gasques J. São Cristóvão: no volante da fé, o santo protetor dos motoristas e viajantes. São Paulo: Paulus; 2023.
2. Veiga E. São Cristóvão: a história e a lenda do santo padroeiro dos motoristas. BBC News Brasil. 2023.
3. This B. O pai: ato de nascimento. Porto Alegre: Artes Médicas; 1987.
4. Filha MMT, Baldisserotto ML, Leite TH, Mesenburg MA, Fraga ASCA, Bastos MP, et al. Nascer no Brasil II: protocolo de investigação da saúde materna, paterna e da criança no pós-parto. Cad Saúde Pública. 2024;40(4):e00249622.
5. Davoudian C. Mas para onde foi o pai? In: Marin IK, Carvalho MTV, Aragão RO. (Orgs.). Quem é o bebê hoje: a construção do humano na contemporaneidade. São Paulo: Blucher; 2022. pp. 123-35.
6. Porta dos Fundos. Castelo de neve e gelo e outras coisas | não importa #01 [Internet]. YouTube; 2025.
7. JusBrasil. 11 milhões de mães solo no Brasil: entenda os desafios e direitos no cenário das famílias monoparentais. [Internet]. 2024.
8. Associação dos Registradores de Pessoas Naturais do Estado de São Paulo (ARPEN/SP). Brasil registrou mais de 172,2 mil crianças sem nome do pai em 2023. São Paulo: ARPEN/SP; 2024.
9. Figueiredo LCM. As diversas faces do cuidar: novos ensaios de psicanálise contemporânea. São Paulo: Escuta; 2009.
10. Winnicott DW. Nota sobre o relacionamento mãe-feto. In: Winnicott C, Shepherd R, Davis M. (Orgs.). Explorações psicanalíticas. Porto Alegre: Artmed; 1994. pp. 127-28.
11. Azoubel Neto D. A couvade: um estudo psicanalítico a partir de concepções antropológicas. In: Azoubel Neto D. Mito e psicanálise: estudos psicanalíticos sobre formas primitivas de pensamento. Campinas: Papirus; 1993. pp. 95-116.
12. Iaconelli V. Manifesto antimaternalista: psicanálise e políticas da reprodução. São Paulo: Zahar; 2023.
13. Badinter E. Um amor conquistado: o mito do amor materno. 5ed. Rio de Janeiro: Nova Fronteira; 1985.
14. Carvalho MR. Paternidade na gravidez, parto e amamentação. Ebook. Porto Alegre: Simplíssimo; 2016.
15. Misri SK. Paternal postnatal psychiatric illnesses: a clinical case book. Switzerland: Springer International Publishing; 2018.
16. Branney P, White A. Big boys don't cry: depression and men. Adv Psych Treat. 2008;14(4):256-62.
17. De Neuter P, Dorlodot-Marchetti V. L'agressivité paternelle, hier et aujourd'hui. Neuropsychiatr Enfance Adolesc. 2005;53(5):231-7.
18. Lucas G. (Diretor). Star Wars: episódio VI – Retorno de Jedi [Filme]. Los Angeles: Lucasfilm; 20th Century Fox; 1983.
19. Gabbard GO. Psiquiatria psicodinâmica na prática clínica. 5ed. Porto Alegre: Artmed; 2016.
20. Farinati DM. Configurações familiares contemporâneas. In: Avelar CC, Caetano JPJ. (Eds.). Psicologia em reprodução humana. São Paulo: SBRH; 2018.
21. Figueiredo LC. A ambivalência de base e seus destinos em Freud e Melanie Klein. Rev Soc Bras Psic Porto Alegre. 2021;23(2):46-59.
22. Roussillon R. Manual da prática clínica em psicologia e psicopatologia. São Paulo: Blucher; 2019.
23. Pondé LF. M.G.T.O.W. [Internet]. Folha de S. Paulo; 2019.
24. Freud S. À guisa de introdução ao narcisismo. In: Freud S. Escritos sobre a psicologia do inconsciente. Vol. 1. Rio de Janeiro: Imago; 2004.
25. Rank O. O duplo: um estudo psicanalítico. Porto Alegre: Dublinense; 2013.
26. Aberastury A, Salas EJ. Paternidade: um enfoque psicanalítico. 3ed.Porto Alegre: Artmed; 1991.
27. Ribeiro PC, Belo FRR. Narcisismo, gênero e sexualidade: aproximações entre Lichtenstein, Ferenczi, Laplanche e Butler. In: Birman J, Fulgêncio L, Kupermann D, Cunha EL. (Orgs.). Amar a si mesmo e amar o outro: narcisismo e sexualidade na psicanálise contemporânea. São Paulo: Zagodoni; 2016.
28. Leis L. Lutos não validados em reprodução assistida. In: Leis L, Sá PG. Psicologia em infertilidade e reprodução assistida: da teoria à prática. São Paulo: Editora dos Editores; 2023. pp. 47-58.
29. Mead M. Macho e fêmea: um estudo dos sexos num mundo em transformação. Petrópolis: Vozes; 2020.

30. Aulagnier P. A violência da interpretação: do pictograma ao enunciado. Rio de Janeiro: Imago; 1979.
31. LIPSIC. Debate Cine Lipsic: documentário "Eu deveria estar feliz" [Internet]. YouTube; 2023.
32. Moro MR. Os ingredientes da parentalidade. Rev Latinoam Psicopatol Fundamental. 2005;8(2):258-73.
33. Lebovici S. Diálogo Leticia Solis-Ponton e Serge Lebovici. In: Solis-Ponton L. (Orgs.). Ser pai, ser mãe: parentalidade – um desafio para o terceiro milênio. São Paulo: Casa do Psicólogo; 2006. pp. 21-7.
34. Golse B. O que o bebê transmite aos adultos: o conceito de transmissão psíquica ascendente. Cad Psicanal. 2019;41(41):11-20.
35. Corso DL. Juno: Sobre a maternidade adolescente e infertilidade. Sobre psicanálise e cotidiano (blog); 2008.
36. Levinzon GK. Adoção: coleção clínica psicanalítica. Belo Horizonte: Artesã; 2019.
37. Cintra EMU. Complexo de castração e complexo do *Nebenmensh*: diferença, desamparo e violência. Cad Psicanál. 2021;43(45):41-62.
38. Crespin GC. A clínica precoce: o nascimento do humano. São Paulo: Casa do Psicólogo; 2004.
39. Garrafa T. Primeiros tempos da parentalidade. In: Teperman D, Garrafa T, Iaconelli, V. (Orgs.). Parentalidade. São Paulo: Autêntica, 2020, pp. 55-69.
40. Guerra V. O ritmo na vida psíquica: diálogos entre psicanálise e arte. Ide. 2017,40(64):31-54.
41. Spitz RA. O primeiro ano de vida: um estudo psicanalítico do desenvolvimento normal e anômalo das relações objetais. 6ed. São Paulo: Martins Fontes; 1991.
42. van Hoogstraten AMR, Parlato-Oliveira EM, Souza APR. O lugar de enunciação de bebês em sofrimento psíquico e com desfechos distintos de linguagem aos dois anos. Est Clín. 2024;29(2):254-79.
43. Winnicott DW. O bebê como organização em marcha. In: Winnicott DW. A criança e o seu mundo. 6ed. Rio de Janeiro: LCT; 1978. p. 26-30.
44. Marin IK. Prefácio. In: Lacerda ET. (org.). A clínica da constituição do laço: corpo-linguagem-psicanálise. São Paulo: Escuta; 2017.
45. Golse B. A função paterna pré-edipiana. Palestra proferida na jornada: maternidades e paternidades na perinatalidade. *On-line*. Ciclos da Vida Psicanálise; 2024.
46. da Vinci L. A virgem e o menino com Santa Ana. Paris: Musée du Louvre; 2025.
47. Green A. Revelações do inacabado: sobre o cartão de Londres de Leonardo da Vinci. Rio de Janeiro: Imago; 1994.
48. Zarenczansky R. Dissertação de Mestrado em Psicologia Clínica. "Quase da família": um estudo sobre a invisibilização das babás. São Paulo: Universidade de São Paulo (USP); 2023.
49. Miller BG, Kors S, Macfie J. No differences? Meta-analytic comparisons of psychological adjustment in children of gay fathers and heterosexual parents. Psych Sex Orient Gender Divers. 2017;4(1):14-22.
50. Carrascoza JA. Conto para uma só voz. São Paulo: Nós; 2020.
51. Madeira C. Tudo é rio. 10ed. Rio de Janeiro: Record; 2021.
52. Audi CAF, Segall-Corrêa AM, Santiago SM, Andrade MGG, Pèrez-Escamila R. Violência doméstica na gravidez: prevalência e fatores associados. Rev Saúde Púb. 2008;42(5):877-85.
53. Luiz L. Ciúme: que amor é esse? In: Naffah Neto A, Mansano SRV. (Orgs.). Paixões tristes: retratos contemporâneos. São Paulo: Via Lettera; 2013. pp. 69-80.
54. Pessoa F. Poemas completos de Ricardo Reis. Vem sentar-te comigo, Lídia, à beira do rio. In: Pessoa F. Obra poética. Rio de Janeiro: Nova Aguilar; 1994. pp. 256-7.
55. Marinho LCO. Paternidade: o homem e suas angústias. Psic Rev Psic. 2009,22(4):41-53.
56. Guidugli SKN. Tese de Doutorado em Psicologia Clínica. Um estudo qualitativo sobre o pré-natal e o puerpério na perspectiva do pai. São Paulo: Universidade de São Paulo (USP); 2022.
57. Dias-Scopel RP. Abalo de criança. In: Dias-Scopel RP. A cosmopolítica da gestação, do parto e do pós-parto: autoatenção e medicalização entre os índios Munduruku. 2ed. rev. Rio de Janeiro: FIOCRUZ; 2018. pp.109-12.
58. van der Gaag N, Gupta T, Heilman B, Barker G, van den Berg W. State of the world's fathers: centering care in a world in crisis. Washington, DC: Equimundo; 2023.
59. Ministério da Saúde. Secretaria de Atenção Primária à Saúde. Departamento de Gestão do Cuidado Integral. Guia do pré-natal do parceiro para profissionais de saúde. Brasília: Ministério da Saúde; 2023.
60. Angelelli AMM. Dissertação de Mestrado em Psicologia Clínica. Do pai ao pa(i)terno: vicissitudes da constituição da paternalidade. São Paulo: Pontifícia Universidade Católica (PUC) de São Paulo; 2022.
61. Green A. Édipo, Freud e nós. In: Green A. O desligamento: psicanálise, antropologia e literatura. Rio de Janeiro: Imago; 1994. pp. 57-115.
62. Rosa JG. Grande sertão: veredas. São Paulo: Abril Cultural; 1983.
63. Miranda I (@igormirandasite). A Billie Jean da música de Michael Jackson realmente existiu? [Internet]. Rolling Stone Brasil; 2024.

64. Assis M. Dom Casmurro. Rio de Janeiro: Record; 2010.
65. Golubovic S. (Director). Father (Otac). [Filme]. Sérvia, França, 2020.
66. Bly R. João de Ferro: um livro sobre homens. 9ed. Rio de Janeiro: Campus; 1991.
67. Trigo L. Frases de Nelson Rodrigues fixaram traços da identidade nacional. [Internet]. G1; 2012.
68. Cherer EQ, Ferrari AG, Piccinini CA. Tornar-se pai: a paternidade como inscrição subjetiva da finitude. Psic Teor Pesq. 2018;34:e34433.
69. Russo R. Pais e Filhos. In: As Quatro Estações. [Música]. 1989. Letras.mus.br. 2021.
70. Yamaguti AC. Dissertação de Mestrado em Psicologia Clínica. Reflexões hermenêutico-fenomenológicas sobre a condição paterna. São Paulo: Pontifícia Universidade Católica (PUC) de São Paulo; 2015.
71. Trachtenberg S. New essays on rabbit run. Cambridge: Cambridge University Press; 1993.
72. Updike J. Coelho, corre. São Paulo: Planeta de Agostini; 2003.
73. Rosa H. Aceleração: a transformação das estruturas temporais na modernidade. São Paulo: Editora UNESP; 2019.
74. Shady Media. Eminem: Rabbit run (Lyrics) [Internet]. YouTube; 2019.
75. Iaconelli V. Criar filhos no século XXI. São Paulo: Contexto; 2019.
76. Erikson EH. Identidade: juventude e crise. Rio de Janeiro: Zahar; 1972.
77. Gutfreind C. Narrar, ser mãe, ser pai: e outros ensaios sobre a parentalidade. Porto Alegre: Difel; 2010.
78. Violante MLV. Piera Aulagnier: uma contribuição contemporânea à obra de Freud. São Paulo: Via Lettera; 2002.
79. Klein M. Inveja e gratidão e outros trabalhos (1946-1963). Rio de Janeiro; Imago 1991.
80. Carone N, Baiocco R, Lingiardi V. Italian gay fathers' experiences of transnational surrogacy and their relationship with the surrogate pre- and post-birth. Reprod Biomed Online. 2017;34(2):181-90.
81. Ferrari R. Maternidades, assombro e elaboração: uma perspectiva psicanalítica. Porto Alegre: Artes & Ecos; 2023.
82. Frid S. Tese de Doutorado em Ciências. Ética e estética do cuidado nos primórdios da vida: reinventando a prática cotidiana com bebês numa unidade de acolhimento. Rio de Janeiro: Instituto Nacional de Saúde da Mulher da Criança e do Adolescente Fernandes Figueira, Fundação Oswaldo Cruz; 2019.
83. Veloso C. Sampa. In: Muito mais. Rio de Janeiro: Universal Music; 2005.
84. Cidade NOP, Zornig SMAJ. A clínica dos sofrimentos narcísico-identitários e seus dispositivos clínicos. Rev Subj. 2020;20(1).
85. Winnicott DW. Os bebês e suas mães. 3ed. São Paulo: Martins Fontes; 2006.
86. Amelio G. (Diretor). As chaves de casa (Le Chiavi di Casa). [Filme]. Itália, França, Alemanha; 2004.
87. Tezza C. O filho eterno. 12ed. Rio de Janeiro: Record; 2007.
88. Oe K. Uma questão pessoal. São Paulo: Companhia das Letras; 2003.
89. Folha de S. Paulo. O conhecimento da dor [Internet]. 2006.
90. Louis E. Quem matou meu pai. São Paulo: Todavia; 2023.
91. Safra G. Diálogos irreverentes I: do pai à função paterna em Klein, Bion e Winnicott [Internet]. YouTube; 2006.
92. Safra G. Os registros do masculino e feminino na constituição do *self.* J Psicanal. 2009;42(76)77-89.
93. Andrade CD. Amor e seu tempo. In: Andrade CD. As impurezas do branco. São Paulo: Companhia das Letras; 2012.
94. Gil G. Super homem: a canção. In: Realce [Música]. Rio de Janeiro: WEA; 1979.
95. Martini TAD, Piccinini CA, Gonçalves TR. Indicadores de síndrome de *couvade* em pais primíparos durante a gestação. Aletheia. 2010(31):121-36.
96. Freud S. O romance familiar dos neuróticos (1909). In: Freud S. Obras completas volume 8. São Paulo: Companhia das Letras; 2015. pp. 419-24.
97. Riordan R. O ladrão de raios. Rio de Janeiro: Intrínseca; 2009.
98. Rowling JK. Harry Potter e a pedra filosofal. Rio de Janeiro: Rocco; 2000.
99. Parseval GD. A parte do pai. Porto Alegre: L&PM; 1986.
100. Wisnik JM. DNA. In: Pérola aos poucos. [Música] São Paulo: Circus; 2003.
101. Folha de S. Paulo. Lá vem o Wisnik subindo a ladeira [Internet]. 2003.
102. Dias B. Desejo e paternidade em Frankenstein. In: Belo F. (Org.). Paternidades: interpretações a partir de LaPlanche e Winnicott [livro eletrônico]. Independently Published; 2019. pp. 97-114.
103. Hu X. Aristotle's theory of seed: seeking a unified account. Unisinos J Philos 2022;23(1):1-9.
104. Ribeiro PC. Masculinidade e ciúme na perspectiva da teoria da sedução generalizada. Psicol Est. 2012;17(3):445-52.
105. Lattanzio FF. Potencial clínico da paternidade para o trabalho com as construções defensivas das identidades masculinas. In: Belo F. (Org.). Paternidades: interpretações a partir de LaPlanche e Winnicott [livro eletrônico]. Independently Published; 2019. pp. 285-92.

106. Costa P, Glob L. (Diretoras). Olmo e a gaivota. [Filme]. Brasil: Robbins T. (Produtor); 2014.
107. De Neuter P. Malaises et mal-être dans la paternité. Clin Médit. 2001;63(1):49-69.
108. Doja A. Rethinking the couvade. Anthropol Quart. 2005;78(4):917-50.
109. Rivière PG. The couvade: a problem reborn. J Royal Anthropol Inst. 1974;9(3):423-35.
110. Freud S. Sobre as teorias sexuais das crianças (1908). In: Freud S. Obras psicológicas completas de Sigmund Freud: edição standard brasileira: volume IX. Rio de Janeiro: Imago; 1996.
111. Felippe GG. A lógica do mito e o lugar do Outro entre os índios do Chaco. Rev Hist Unisinos. 2016;20(2):120-30.
112. Feldman R, Braun K, Champagne FA. The neural mechanisms and consequences of paternal caregiving. Nat Rev Neurosci 2019;20(4):205-24.
113. Winnicott DW (1957). A contribuição da psicanálise à obstetrícia. In: Winnicott DW. A família e o desenvolvimento individual. São Paulo: Martins Fontes; 2011. pp. 153-63.
114. Camarotti MC. Quando nasce um filho, nasce um pai: considerações a respeito do paternar. Lalalingua; 2025.
115. Freud S. Três ensaios sobre a teoria da sexualidade (1905). In: Freud S. Obras completas volume 6. São Paulo: Companhia das Letras; 2016.
116. Belo F, Guimarães MR, Fidelis KAB. Pode um pai ser cuidadoso? Crítica à teoria da paternidade em Winnicott. Psicol Estud. 2015;20(2):153-64.
117. Graham S. (Produtor Executivo). Adolescência [Série]. Netflix; 2025.
118. Butler J. Corpos que importam: os limites discursivos do "sexo". São Paulo: N-1 Edições; 2019.
119. Bourdieu P. A dominação masculina: a condição feminina e a violência simbólica. São Paulo: Bertrand Brasil; 2019.
120. Laplanche J. A partir da situação antropológica fundamental. In: LaPlanche J. Sexual: a sexualidade ampliada no sentido freudiano 2000-2006. Porto Alegre: Dublinense; 2015.
121. Winnicott DW. Algumas reflexões sobre o significado da palavra "democracia". In: Winnicott DW. Tudo começa em casa. São Paulo: Martins Fontes; 2011.
122. Saint-Exupéry A. Cidadela. Campinas, SP: Artesã; 2016.
123. Fédida P. Dos benefícios da depressão: elogio da psicoterapia. São Paulo: Escuta; 2009.
124. Yazdanpanahi Z, Mirmolaei ST, Taghizadeh Z. Relationship between paternal postnatal depression and its predictors factors among Iranian fathers. Arch Clin Psychiatry. 2021;48(3):162-7.
125. Goldberg AE, Allen KR. (Eds.). LGBTQ-parent families: innovations in research and implications for practice. 2ed. Cham: Springer International Publishing; 2020.
126. Freud S. Mal-estar na civilização. In: Freud S. Obras completas volume 18. O mal-estar na civilização, novas conferências introdutórias e outros textos (1930-1936). São Paulo: Companhia das Letras; 2010. pp.13-122.
127. Leader D. O que é loucura? Delírio e sanidade na vida cotidiana. Rio de Janeiro: Zahar; 2013.
128. Yogman M, Garfield CF, Committee on Psychosocial Aspects of Child and Family Health. Fathers, roles in the care and development of their children: the role of pediatricians. Pediatrics. 2016;138(1):e20161128.
129. Moraes V. Dialética. In: Coutinho A. (Org.). Poesia Completa e Prosa. Rio de Janeiro: Nova Aguilar, 1987.
130. Fisher SD, Cobo J, Figueiredo B, Fletcher R, Garfield CF, Hanley J, et al. Expanding the international conversation with fathers' mental health: toward an era of inclusion in perinatal research and practice. Arch Womens Ment Health. 2021;24(5):841-8.
131. Bruno A, Celebre L, Mento C, Rizzo A, Silvestri MC, De Stefano R, et al. When fathers begin to falter: a comprehensive review on paternal perinatal depression. Int J Environ Res Public Health. 2020;17(4):1139.
132. Rennó Jr J, Azuma AO, Gimenez RD, Angelelli AMM. Depressão perinatal. In: Rennó Jr J, Azuma AO, Angelelli AMM, Ribeiro CC, Ribeiro HL, Gomes IEVM. (Eds.). Tratado de saúde mental da mulher: uma abordagem multidisciplinar. Santana de Parnaíba: Manole; 2024. pp.266-80.
133. Da Costa D, Danieli C, Abrahamowicz M, Dasgupta K, Sewitch M, Lowensteyn I, et al. A prospective study of postnatal depressive symptoms and associated risk factors in first-time fathers. J Affect Disord. 2019; 249:371-7.
134. Baldoni F, Giannotti M, Casu G, Agostini F, Mandolesi R, Peverieri S, et al. The Perinatal Assessment of Paternal Affectivity (PAPA): Italian validation of a new tool for the screening of perinatal depression and affective disorders in fathers. J Affect Disord. 2022;317:123-30.
135. Earls MF, Yogman MW, Mattson G, Rafferty J, Committee on Psychosocial Aspects of Child and Family Health. Incorporating recognition and management of perinatal depression into pediatric practice. Pediatrics. 2019;143(1):e20183259.
136. Matthey S, Barnett B, Ungerer J, Waters B. Paternal and maternal depressed mood during the transition to parenthood. J Affect Disord. 2000;60(2):75-85.

137. Valentine JC, Wong YJ. The sum of it all: meta-analyses and metasyntheses in the psychology of men and masculinities. Psyc Men Masc. 2023;24(4):269-71.
138. Álvarez-García P, García-Fernández R, Martín-Vázquez C, Calvo-Ayuso N, Quiroga-Sánchez E. Postpartum depression in fathers: a systematic review. J Clin Med. 2024;13(10):2949.
139. Poromaa IS, Comasco E, Georgakis MK, Skalkidou A. Sex differences in depression during pregnancy and the postpartum period. J Neurosci Res. 2017;95(1-2):719-30.
140. Wesemann DG, Wilson AC, Riley AR. Parental cannabis use, negative parenting, and behavior problems of young children. Subst Use Misuse. 2022;57(13):2015-9.
141. Silva RP, Melo EA. Masculinidades e sofrimento mental: do cuidado singular ao enfrentamento do machismo? Ciênc Saúde Col. 2021;26(10):4613-22.
142. Folino CSG. Sobre dores e amores: caminhos da tristeza materna na elaboração psíquica da parentalidade. Tese apresentada ao Instituto de Psicologia da Universidade da São Paulo para obtenção do título de Doutora em Psicologia. São Paulo, 2014.
143. Rao WW, Zhu XM, Zong QQ, Zhang Q, Hall BJ, Ungvari GS, et al. Prevalence of prenatal and postpartum depression in fathers: a comprehensive meta-analysis of observational surveys. J Affect Disord. 2020; 263:491-9.
144. Baldoni F, Giannotti M. Perinatal distress in fathers: toward a gender-based screening of paternal perinatal depressive and affective disorders. Front Psychol. 2020;11:1892.
145. Bakermans-Kranenburg MJ, Lotz A, Alyousefi-van Dijk K, van IJzendoorn M. Birth of a father: fathering in the first 1,000 days. Child Dev Perspect. 2019;13(4):247-53.
146. Wang D, Li YL, Qiu D, Xiao SY. Factors influencing paternal postpartum depression: a systematic review and meta-analysis. J Affect Disord. 2021; 293:51-63.
147. Santis L, Barham EJ. Envolvimento paterno: construção de um modelo teórico baseado em uma revisão da literatura. Temas Psicol. 2017;25(3):941-53.
148. Ansari NS, Shah J, Dennis CL, Shah PS. Risk factors for postpartum depressive symptoms among fathers: a systematic review and meta-analysis. Acta Obstet Gynecol Scand. 2021;100(7):1186-99.
149. Fisher SD. Paternal mental health: why is it relevant? Am J Lifestyle Med. 2016;11(3):200-11.
150. Gerhardt S. Porque o amor é importante: como o afeto molda o cérebro do bebê. 2ed. Porto Alegre: Artmed; 2016.
151. Moraes V. Poema enjoadinho. Antologia poética 2ed. rev e aumentada. Rio de Janeiro: Editora do Autor; 1960. p. 242.
152. Pinheiro KAT, Coelho FMC, Quevedo LÁ, Jansen K, Souza LM, Oses JP, et al. Paternal postpartum mood: bipolar episodes? Braz J Psychiatry. 2011;33(3):283-6.
153. World Health Organization (WHO). International Statistical Classification of Diseases and Related Health Problems, 11th Revision (ICD-11). Geneva: WHO; 2022.
154. Quevedo L, Silva RA, Coelho F, Pinheiro KAT, Horta BL, Kapczinski F, et al. Risk of suicide and mixed episode in men in the postpartum period. J Affect Disord. 2011;132(1-2):243-6.
155. Davenport YB, Adland ML. Postpartum psychoses in female and male bipolar manic-depressive patients. Am J Orthopsychiatry. 1982;52(2):288-97.
156. Lacan J. O seminário, livro 10: a angústia. Rio de Janeiro: Zahar; 2005.
157. Freud S. Inibição, sintoma e angústia. In: Freud S. Obras completas volume 17: inibição, sintoma e angústia, o futuro de uma ilusão e outros textos (1926-1929). São Paulo: Companhia das Letras; 2014. pp.13-26.
158. Boulanger CSAL, Baldisserotto ML, Angelelli AMM. Prevenção em saúde mental perinatal: um olhar sobre o vínculo mãe-bebê. In: Rennó Jr J, Azuma AO, Angelelli AMM, Ribeiro CC, Ribeiro HL, Gomes IEVM. (Eds.). Tratado de saúde mental da mulher: uma abordagem multidisciplinar. Santana de Parnaíba: Manole; 2024. pp.203-219.
159. Folino CSG. Dores e amores na parentalidade: caminhos de elaboração da tristeza materna. São Paulo: Blucher; 2024.
160. Rilling JK. Father nature: the science of paternal potential. Cambridge: MIT Press; 2024.
161. Deree: The American College of Greece. Dr. Otto Kernberg Masterclass: "personality and personality disorders: an overview" (Part 3/3) [Internet]. YouTube; 2014.
162. Zecchinato F, Ahmadzadeh YI, Kreppner JM, Lawrence PJ. A systematic review and meta-analysis: paternal anxiety and the emotional and behavioral outcomes in their offspring. J Am Acad Child Adolesc Psychiatry. 2025;64(2):172-97.
163. Philpott LF, Savage E, FitzGerald S, Leahy-Warren P. Anxiety in fathers in the perinatal period: a systematic review. Midwifery. 2019;76:54-101.
164. Etheridge J, Slade P. "Nothing's actually happened to me.": the experiences of fathers who found childbirth traumatic. BMC Preg Childbirth. 2017;17(1):80.

165. Missonnier S. Elogiemos a prevenção clínica pré-natal [Internet]. YouTube; 2024.
166. Walker R, Blackie M, Nedeljkovic M. Fathers' experience of perinatal obsessive-compulsive symptoms: a systematic literature review. Clin Child Fam Psychol Rev. 2021;24(3):529-41.
167. Paul I, Saraf G, Chandra PS, Reddy YCJ. Obsessive compulsive-disorder and reproductive life events. Asian J Psychiatr. 2020;52:102124.
168. Fairbrother N, Abramowitz JS. New parenthood as a risk factor for the development of obsessional problems. Behav Res Ther. 2007;45(9):2155-63.
169. Jean-Dit-Pannel R, Belot RA, Viodé C, Mellier D. Une préoccupation parentale hypocondriaque primaire. La psychiatrie de l'enfant. 2020;63(2):33-50.
170. Winnicott DW. A comunicação entre o bebê e a mãe e entre a mãe e o bebê: convergências e divergências. In: Winnicott DW. Os bebês e suas mães. 3ed. São Paulo: Martins Fontes; 2006.
171. Viltart O, Vanbesien-Mailliot CCA. Impact of prenatal stress on neuroendocrine programming. Sci World J. 2007;7:1493-537.
172. Dahlberg LL, Krug EG. Violência: um problema global de saúde pública. Ciênc Saúde Col. 2006;11(Sup):1163-78.
173. Ferenczi S. Confusão de línguas entre o adulto e a criança. In: Ferenczi S. Obras completas: psicanálise IV. São Paulo: Martins Fontes; 2011, pp. 111-21.
174. Monge AB, Silva FC, Landi CA, Suzuki DC, Vitalle MSS. Intra-family sexual violence: disclosure, harm reduction and prevention. Res Soc Dev. 2021;10(16):e414101624121.
175. Gondar J. Ferenczi como pensador político. Cad Psic. 2012;34(27):193-210.
176. Izoldi CR. Dissertação de Mestrado em Psicologia Clínica. Rexistir: a relevância da função materna na clínica da vítima do abuso sexual infantil. São Paulo: Pontifícia Universidade Católica (PUC) de São Paulo; 2022.
177. Cordeiro MLC, Derballe FLS. Abordagem à mulher em situação de violência. In: Rennó Jr J, Azuma AO, Angelelli AMM, Ribeiro CC, Ribeiro HL, Gomes IEVM. (Eds.). Tratado de saúde mental da mulher: uma abordagem multidisciplinar. Santana de Parnaíba: Manole; 2024. pp.266-80.
178. Fleming PJ, McCleary-Sills J, Morton M, Levtov R, Heilman B, Barker G. Risk factors for men's lifetime perpetration of physical violence against intimate partners: results from the international men and gender equality survey (IMAGES) in eight countries. PLoS One. 2015;10(3):e0118639.
179. Lima DC, Büchele F. Revisão crítica sobre o atendimento a homens autores de violência doméstica e familiar contra as mulheres. Physis. 2011;21(2):721-43.
180. Clare CA, Velasquez G, Mujica Martorell GM, Fernandez D, Dinh J, Montague A. Risk factors for male perpetration of intimate partner violence: a review. Aggress Violent Behav. 2021;56:e101532.
181. Park Y, Volling BL, Maguire-Jack K, Park Y. The role of depression in the relationship between psychological intimate partner violence and mothers' and fathers' spanking: an actor–partner interdependence mediation model. Psychol Men Masc. 2025;26(2):241-53.
182. Coll CVN, Barros AJD, Stein A, Devries K, Buffarini R, Murray L, et al. Intimate partner violence victimisation and its association with maternal parenting (the 2015 Pelotas [Brazil] Birth Cohort): a prospective cohort study. Lancet Glob Health. 2023;11(9):e1393-401.
183. Oliveira AEC, Tavares MS. Entre políticas públicas e ações judiciais: atenção para homens autores de violência contra a mulher no estado da Bahia. Rev Prelúdios. 2019;7(7):51-65.
184. Landi CA. Dissertação de Mestrado em Saúde Coletiva. Violência sexual contra adolescentes e adultos jovens e estilos parentais. São Paulo: Universidade Federal de São Paulo; 2019.
185. Cagney J, Spencer C, Flor L, Herbert M, Khalil M, O'Connell E, et al. Prevalence of sexual violence against children and age at first exposure: a global analysis by location, age, and sex (1990–2023). Lancet. 2025;405(10492):1817-36.
186. Mueller I, Tronick E. Early life exposure to violence: developmental consequences on brain and behavior. Front Behav Neurosci. 2019;13:156.
187. Temer L. Violência sexual infantil: aumentaram os casos ou as denúncias. In: Fórum Brasileiro de Segurança Pública. 17º Anuário Brasileiro de Segurança Pública. São Paulo: Fórum Brasileiro de Segurança Pública; 2023. pp. 201-23.
188. Lopes R. Menina de 8 anos morre no DF após inalar desodorante em spray em desafio do TikTok [Internet] Folha de S. Paulo; 2025.
189. Green A. Por que o mal? In: Green A. A loucura privada: psicanálise de casos-limite. São Paulo: Escuta, 2017. pp. 335-62.
190. Miyahara RP. Tese de Doutorado. Abuso sexual de crianças e adolescentes: um estudo psicanalítico sobre o trabalho de escuta aos sujeitos envolvidos na trama incestuosa. São Paulo: Universidade de São Paulo (USP); 2018.

191. Collison K, Lynam DR. Personality disorders as predictors of intimate partner violence: a meta-analysis. Clin Psychol Rev. 2021;88:102047.
192. Mulder RT. ICD-11 personality disorders: utility and implications of the new model. Front Psychiatry. 2021;12:655548.
193. Bombini R. Paternagem como estratégia de desenvolvimento de novas masculinidades e prevenção às violências. Rev Defens Pub Distrito Federal. 2024;6(2):211-35.
194. Silva LES, Helman B, Silva DCL, Aquino ÉC, Freitas PC, Santos RO, et al. Prevalência de consumo abusivo de bebidas alcoólicas na população adulta brasileira: Pesquisa Nacional de Saúde 2013 e 2019. Epidemiol Serv Saúde. 2022;31(nspe1):e2021379.
195. Silveira CM, Siu ER, Anthony JC, Saito LP, Andrade AG, Kutschenko A, et al. Drinking patterns and alcohol use disorders in São Paulo, Brazil: the role of neighborhood social deprivation and socioeconomic status. PLoS One. 2014;9(10):e108355.
196. Ministério da Agricultura e Pecuária (MAPA). Setor cervejeiro segue crescendo a cada ano, aponta anuário. Brasília: MAPA; 2023.
197. Granja E, Medrado B. Homens, violência de gênero e atenção integral em saúde. Psicol Soc. 2009;21(1):25-34.
198. Soares GN, Fernandes MM, Cunha AMFK, Souza e Souza LP. Ocorrência de violência intrafamiliar relacionada ao consumo de álcool e outras drogas no Brasil. Rev Bras Segur Públ. 2021;15(2):44-73.
199. Grunze H, Schaefer M, Scherk H, Born C, Preuss UW. Comorbid bipolar and alcohol use disorder: a therapeutic challenge. Front Psychiatry. 2021;12:660432.
200. Del Porto JA, Assumpção Jr FB. Autismo no adulto. Porto Alegre: Artmed, 2023.
201. Green A. O analista, a simbolização e a ausência no enquadre analítico. In: Green A. A loucura privada: psicanálise de casos-limite. São Paulo: Escuta, 2017. pp. 69-102.
202. Angelelli AMM. Com o que o pai sonha? In: Ferrari R. Atendimento psicanalítico da perinatalidade e parentalidade. São Paulo: Zagodoni; 2024.
203. Becker W, Klein L, Dan S, Peyroux M. I'm all right. In: Peyroux. Half the perfect world. [Música]. Universal Music Distribution; 2006.
204. Instituto Brasileiro de Geografia e Estatística. Censo Demográfico 2022. Rio de Janeiro: IBGE; 2022.
205. Agência Gov. Mulheres são responsáveis por chefiar quase a metade dos lares brasileiros [Internet]. Agência Gov; 2022.
206. Universa. Alexandre Coimbra conta sobre grupo terapêutico com homens e erros na criação dos filhos [Internet]. YouTube; 2025.
207. Batista EL. Depressão masculina muitas vezes se esconde sob vício e violência, diz terapeuta [Internet]. Folha de S. Paulo; 2025.
208. Sanchez L. Tom Cruise luta contra IA vilã em "Missão: Impossível" que soa como despedida [Internet]. Folha de S. Paulo; 2025.
209. Carneiro FA, Tasker F, Salinas-Quiroz F, Leal I, Costa PA. Are the fathers alright? A systematic and critical review of studies on gay and bisexual fatherhood. Front Psychol. 2017;8:1636.
210. Ogaki HA, Piccinini CA. As funções parentais em casais homossexuais masculinos com bebês. Psicol Estud. 2023;28:e53215.
211. A Body that Works [Série]. Netflix; 2024.
212. Ribeiro PC. Gênero, sexo e enigma no sexual de Jean Laplanche. In: Ribeiro PC, Carvalho MTM., Cardoso MR, Tarelho LC. Por que Laplanche? São Paulo: Zagodoni; 2017.
213. Nascimento M. Paula e Bebeto. In: Minas [Música]. Brasil: EMI-Odeon;1975.
214. Knudsen PPPS. Atendimento à população transgênero. In: Rennó Jr J, Azuma AO, Angelelli AMM, Ribeiro CC, Ribeiro HL, Gomes IEVM. (Eds.). Tratado de saúde mental da mulher: uma abordagem multidisciplinar. Santana de Parnaíba: Manole; 2024. pp.240-51.
215. Webster Jr CR, Telingator CJ. Lesbian, gay, bisexual, and transgender families. Pediatr Clin North Am. 2016;63(6):1107-1119.
216. Winnicott DW. O brincar e a realidade. São Paulo: Ubu; 2019.
217. Zambra A. Literatura infantil: cartas ao filho. São Paulo: Companhia das Letras; 2024.
218. Winnicott DW. Este feminismo. In: Winnicott DW. Tudo começa em casa. São Paulo: Ubu; 2021. pp.217-30.
219. Aberastury A. Psicanálise da criança: teoria e técnica. Porto Alegre: Artmed; 2004.
220. Keohane A, Richardson N. Negotiating gender norms to support men in psychological distress. Am J Mens Health. 2017;12(1):160-71.
221. Saint-Exupéry A. Terra dos Homens. 15ed. Rio de Janeiro: José Olympio; 1970.

Índice remissivo

A

abuso sexual infantil 178, 184, 186, 195, 207
agressão 43, 178, 179, 180, 181, 186, 204, 207
angústia 157, 158, 159, 162, 163, 164, 221, 224, 228
ansiedade 2, 48, 50, 51, 57, 59, 100, 125, 129, 137, 139, 148, 155, 156, 157, 231

C

ciúme 8, 12, 31, 39, 40, 41, 42, 43, 49, 59, 82, 98, 136, 138, 144, 150, 156, 160, 202
comorbidade 139, 151, 174, 202
couvade paterna 49, 86, 87, 94

D

depressão 17, 24, 47, 53, 57, 131, 133, 135, 145, 216, 230, 232

depressividade 144, 145

E

exogamia 14, 15
esquiva paterna XXII, 137, 138, 161

F

função materna 20, 21, 22, 47
função paterna 20, 22, 23, 24, 25, 26, 27, 28, 30, 34, 43, 53, 93, 105

G

generatividade 10, 11, 17, 43, 72, 74

I

inveja 7, 12, 17, 31, 39, 43, 44, 45, 82, 94, 95, 103, 123, 160, 227

M

medo 3, 4, 39, 52, 53, 54, 55, 80, 114

N

narcisismo 6, 10, 75, 76, 77, 121, 223

P

parentalidade XIX, 3, 10, 16, 39, 72, 83, 106, 107, 123, 126, 131, 138, 159, 171, 200, 213, 217, 221, 223, 225
parentalidade homoafetiva 213, 218
perinatalidade XXIII, 131, 168, 170, 171
preconceito 58, 218, 220, 221, 229
passividade 95, 105, 107, 108, 110, 115, 179
passividade feminina 114
psiquismo paterno 1, 4, 73, 94, 105

R

rivalidade 12, 16, 31, 59, 73, 74

S

sentimentos do pai 82, 84, 103
suicídio 154, 179

T

ternura 4, 12, 27, 30, 31, 36, 39, 40, 56, 124, 189, 190, 207
ternura, 189

V

violência 4, 23, 32, 46, 62, 78, 130, 150, 153, 177, 178, 180, 181, 185, 186, 191, 193, 192, 200, 204, 216, 224, 226, 230, 233